ANGELO POLIZIANO

LAMIA

PRAELECTIO IN PRIORA ARISTOTELIS ANALYTICA

STUDIES IN MEDIEVAL AND REFORMATION THOUGHT

EDITED BY

HEIKO A. OBERMAN, Tucson, Arizona

IN COOPERATION WITH

THOMAS A. BRADY, Jr., Eugene, Oregon
E. JANE DEMPSEY DOUGLASS, Princeton, New Jersey
PIERRE FRAENKEL, Geneva
GUILLAUME H. M. POSTHUMUS MEYJES, Leiden
DAVID C. STEINMETZ, Durham, North Carolina
ANTON G. WEILER, Nijmegen

VOLUME XXXVIII

ANGELO POLIZIANO

LAMIA

PRAELECTIO IN PRIORA ARISTOTELIS ANALYTICA

LEIDEN
E. J. BRILL
1986

ANGELO POLIZIANO

LAMIA

PRAELECTIO IN PRIORA ARISTOTELIS ANALYTICA

CRITICAL EDITION, INTRODUCTION AND COMMENTARY

BY

ARI WESSELING

LEIDEN
E. J. BRILL
1986

Published with financial support from the Netherlands Organization for the Advancement of Pure Research (Z.W.O.)

By the same editor:

Lorenzo Valla, Antidotum primum. La prima apologia contro Poggio Bracciolini. Edizione critica con introduzione e note, Assen-Amsterdam (Van Gorcum) 1978 (ISBN 90 232 1597 4)

ISBN 90 04 07738 3

PRINTED IN THE NETHERLANDS BY E. J. BRILL

voor Bernard

CONTENTS

PREFACE

This book contains the first critical edition of Angelo Poliziano's *Lamia*. I am grateful to Prof. G. J. M. Bartelink for his careful scrutiny of my typescript and for drawing my attention to two passages in Seneca that play a part in the *Lamia*. Both commentary and introduction bear traces of Hans Weterman: with his irritatingly pertinent questions about generality and particulars he forced me to reconsider rash conclusions and see unsuspected connections. To Prof. Alessandro Perosa, who pointed out to me Alberti's collection of Pythagorean *symbola*, I owe several valuable suggestions. Useful observations were made by Dr. F. Akkerman. Annie Beukema-Blom spent much time reading the proofs. Finally it is hard to say how much I am indebted to Marijke Beukema, who by now knows everything there is to know about lamias.

The research done for this edition in 1979-82 was financed by the Netherlands Organization for the Advancement of Pure Research, ZWO, who also bore the expense of the translation into English, which is by H. S. Lake, Bussum, and provided a grant to cover printing costs. Prof. H. A. Oberman has been so kind as to accept this book in the Studies in Medieval and Reformation Thought.

Amsterdam, December 1985

ABBREVIATIONS

Poliziano, *Op.* = Angelus Politianus, *Opera omnia*, Basileae 1553. This edition is reproduced in the *Opera omnia* edition by I. Maïer, Torino 1970-1 (3 vols.), vol. I. The *Op.* references correspond to the page numbers of the Basle edition. Quoted passages, however, are taken from the excellent (but unpaginated) *Omnia opera* edition by Aldus Manutius, Venetiis 1498.

Poliziano, *Op.* ed. Maïer = Angelus Politianus, *Opera omnia*. A cura di I. Maïer, Torino 1970-1.

Poliziano, *Le Selve e la Strega* ed. Del Lungo = Angelo Poliziano, *Le Selve e la Strega. Prolusioni nello Studio fiorentino (1482-1492)*, per cura di I. Del Lungo, Firenze 1926.

Poliziano, *Miscell.* II = Angelo Poliziano, *Miscellaneorum Centuria Secunda*. Edizione critica per cura di V. Branca e M. Pastore Stocchi, Firenze 1972. The introduction also in Branca, *Poliziano e l'umanesimo della parola*, Torino 1983, pp. 193-296.

Poliziano, *Prose volgari* ed. Del Lungo = Angelo Poliziano, *Prose volgari inedite e poesie latine e greche edite e inedite* raccolte da I. Del Lungo, Firenze 1867 (reproduced in *Op.* ed. Maïer, vol. II).

Bigi, *La cultura* = E. Bigi, *La cultura del Poliziano e altri studi umanistici*, Firenze 1967.

Branca, *Poliziano* = V. Branca, *Poliziano e l'umanesimo della parola*, Torino 1983.

Burkert, *Weisheit* = W. Burkert, *Weisheit und Wissenschaft. Studien zu Pythagoras, Philolaos und Platon*, Nürnberg 1962.

Delatte, *La vie de Pythagore* = *La vie de Pythagore de Diogène Laërce. Edition critique avec introduction et commentaire* par A. Delatte, Bruxelles 1922.

Del Lungo's translation (of the *Lamia*) = Angelo Poliziano, *Le Selve e la Strega. Prolusioni nello Studio fiorentino (1482-1492)*, per cura di I. Del Lungo, Firenze 1926, pp. 184-229 (text of the *Lamia* + translation).

Ficino, *Op.* = Marsilius Ficinus, *Opera omnia*, Basileae 1576.

Ficino, Plat. *Op.* *Ficino interprete*: see s.n. Plato.

Garin, 'L'ambiente' = E. Garin, 'L'ambiente del Poliziano', in *La cultura filosofica del Rinascimento italiano. Ricerche e documenti*, Firenze 1979[2] (1st edn. 1961), pp. 335-58. This study, also in *Ritratti di umanisti*, Firenze 1967, pp. 131-62, appeared earlier in *Il Poliziano e il suo tempo. Atti del IV Convegno Internazionale di Studi sul Rinascimento*, Firenze 1957, pp. 17-39.

Iambl. *De vita Pyth.* = Iamblichus, *De vita Pythagorica liber* edidit L. Deubner, Lipsiae 1937.

Iambl. *Protrept.* = Iamblichi *Protrepticus* edidit H. Pistelli, Lipsiae 1888 (reprint Stuttgart 1967).

Kristeller, *Supplementum Ficinianum* = P. O. Kristeller, *Supplementum Ficinianum*, Florentiae 1937.

Maïer, *Ange Politien* = I. Maïer, *Ange Politien, la formation d'un poète humaniste (1469-1480)*, Genève 1966.

Perosa, *Mostra* = *Mostra del Poliziano. Catalogo* a cura di A. Perosa, Firenze 1955.

Pico, *De hominis dignitate* ed. Garin = G. Pico della Mirandola, *De hominis dignitate, Heptaplus, De ente et uno, e scritti vari* a cura di E. Garin, Firenze 1942.

Picotti, *Ricerche* = G. B. Picotti, *Ricerche umanistiche*, Firenze 1955.

[Plato] *Epin.* ed. Tarán = L. Tarán, *Academica: Plato, Philip of Opus, and the Pseudo-Platonic Epinomis*, Philadelphia 1975.

Plat. *Op. Ficino interprete* = *Divini Platonis Opera omnia Marsilio Ficino interprete*, Lugduni 1557.

Vasoli, *La dialettica* = C. Vasoli, *La dialettica e la retorica dell'Umanesimo. 'Invenzione' e 'Metodo' nella cultura del XV e XVI secolo*, Milano 1968.

Verde, *Lo Studio* = A. F. Verde, *Lo Studio Fiorentino 1473-1503. Ricerche e Documenti*, Firenze 1973 (voll. I-II) and 1977 (III).

INTRODUCTION

Part One

'Look at Poliziano, the prater, suddenly acting the philosopher.' It was this sneer that Angelo Poliziano took as the starting point for the lecture that he gave at the University of Florence at the beginning of November 1492.[1] He used the occasion — the annual opening lecture introducing the subject of the year's lectures, in this case the *Analytica priora* of Aristotle — to hit back against fierce criticism of his teaching.

After ten years of teaching literature Poliziano, who had been professor of rhetoric at the Florentine university since 1480, refused to allow the traditional demarcations of subjects to prevent him from bringing philosophical texts within the scope of his lectures. True, in 1490-1 he confined himself to a treatise on moral philosophy (Aristotle's *Ethics*), but in the years that followed he persistently took as his subject some treatise on logic, embarking, indeed, on the interpretation of the whole of Aristotle's *Organon*.[2]

Formally there was nothing to stop him. The contracts of appointment which he entered into periodically with the university governors between 1480 and 1487 stated that he was to teach poetry and rhetoric, both Latin and Greek. In addition, by the terms of the contracts of 1481 and 1482 he undertook to give private lessons in Greek grammar. By contrast, the contract of 1488 stipulates 'duas lectiones... in iis facultatibus quibus < vult >', while the contracts of 1489 and 1490 refer to 'cum latine tum graece eas lectiones quas studiosis utiles esse arbitrabitur'. Similarly the contract drawn up in 1491 (which also covered the 1492-3 academic year) speaks of 'quatuor lectiones tum graecas tum latinas... quas ipsemet utiliores et fructuosiores florentinae iuventuti esse cognoverit'.[3] Starting with the academic year 1488-9 it looks as if the university authorities gave Poliziano a free hand in the choice of his subjects, thereby implicitly giving his teaching their final seal of approval.

---

[1] That the *Lamia* dates from 1492 was demonstrated by Del Lungo in Poliziano, *Le Selve e la Strega* pp. 231 and 238-9. The academic year at the university of Florence began — as it still does at Italian universities — on 1 November (cf. Verde, *Lo Studio* vol. I pp. 296, 306, 310, 313, 316, 319, 322, 325 etc.; vol. II p. 4). I do not know on what grounds Maïer bases her assertion (*Ange Politien* p. 45) that the professors at the Studio gave their *praelectiones* on 18 October every year. For the quotation from the *Lamia* cf. 4,6-7.

[2] Cf. the note to 18,7-14. Until 1488 Poliziano's interest in philosophy had been no more than lukewarm (cf. the note to 17,30).

[3] Cf. Verde, *Lo Studio* vol. II pp. 26-9.

Yet in spite of this Poliziano met with resistance. Behind his back he was accused of teaching philosophy without knowing the first thing about it.[4] His opponents, whom he does not name, he describes as 'lamias'. Why lamias? He begins his address by telling a story about lamias, referring to the Italian folklore of his day. Lamias are bloodthirsty, female monsters, a kind of vampire. He then links this theme with a passage in Plutarch's *De curiositate*, in which a lamia is presented as a personification of the meddlesomeness of slanderers and gossips: a mean, sly creature forever poking her nose into other people's business.[5] The title *Lamia*, then, means 'The Vampires' and at the same time something like 'The Busybodies' or 'The Snoopers'.

Who were the lamias?

Whom did Poliziano have in mind with these lamias bent on preventing him from teaching philosophy? In the first place they were colleagues at the university, specifically the philosophers of the Scholastic persuasion,[6] who saw him as a dangerous interloper, a troublemaker who couldn't give a damn for the traditional demarcations of academic disciplines. Besides, had not this champion of the humanistic movement publicly challenged them? That had been in November 1490, when he first moved onto the subject of a treatise by Aristotle. In the first of his series of lectures on Suetonius, which ran parallel with his lectures on Aristotle's *Ethics*, he had accused them of complete ignorance of Latin and Greek and even of failing to comprehend Aristotle himself.[7] Not surprisingly, then, they watched Poliziano's incursion into their territory with irritation. His method of interpretation departed radically from the traditional Scholastic approach. He read Aristotle both in the original and unabridged, not in translations, compilations, compendia, sum-

---

[4] Cf. 16,11 ff. On the teachers whose lectures Poliziano had attended in his youth cf. the note to 17,30.

[5] Cf. the note to 3,3.

[6] From the rolls of lecturers at the Florentine university, published by Verde, *Lo Studio* vol. I pp. 296 ff. and the list of teachers in vol. II it is possible to compile a list of those of Poliziano's colleagues who taught philosophy. I shall confine it to the academic years relevant here. In 1490-3: Oliverius Arduinus de Senis, Laurentius De Lorenzis, Galganus De Galganis de Senis, Ioannes Franciscus De Gennariis de Burgo Sancti Sepulchri, Ioannes de Venetiis, Franciscus De Gallis de Pontremulo and Antonius Furlanus (Della Torre, De Turrianis). In 1491-3: the above, plus Ioannes Rosati de Florentia, Laurentius Tucci and Raphael Del Fachino. In 1490-1: the above, plus Ioannes De Martellinis. From 1492 the Greek Ioannes Lascaris taught at the university, as did Caesar De Ditiatis de Neapoli.

[7] Cf. Poliziano, *Praefatio in Suetonii expositionem, Op.* p. 502. For the dating cf. G. Gardenal, *Il Poliziano e Suetonio. Contributo alla storia della filologia umanistica*, Firenze 1975, p. 3, and L. Cesarini Martinelli's review in *Rinascimento* II[a] serie 16 (1976), p. 119 n.1.

maries and other suchlike Scholastic adaptations. Furthermore his interpretations were based on classical commentaries, preferably Greek ones,
such as those by Alexander of Aphrodisias, Themistius and Ammonius.
At the same time he made no bones about his abhorrence of Burleus,
Erveus, Occam and whatever else the names of such 'barbarian' commentators might be.[8] His efforts were directed towards rediscovering the
original meaning of Aristotle's works, which he placed within their own
historical context.[9] To help him in this endeavour he could call upon an
unequalled knowledge of Greek and its literature which enabled him to
take on Byzantine scholars like Johannes Argyropoulos and Demetrius
Chalcondyles on their own terms.[10] He also advocated a different style of
teaching from the Schoolmen: 'brief, to the point, comprehensible' is
his didactic motto, away with the circumlocutory vapourings of the
Scholastic professors with their aggregations of 'dubia' and 'quaes-
tiones'.[11] In this approach Poliziano was a characteristic exponent of the
evolutionary line marked by such humanists as Petrarch, Valla and
Erasmus.

As Grafton has shown, Poliziano's historico-philological method of interpreting Greek and Latin texts was an enormous advance on the
previous generation of humanists. Poliziano is extremely precise when it
comes to quoting his sources, and he identifies them with care. He
distinguishes between reliable and not-so-reliable sources and follows the
most authoritative, i.e. the one he considers to be the earliest. As regards
textual criticism he distinguishes himself by not attempting to emend cor-
rupt passages by means of conjecture but goes back to the earliest
sources, i.e. the oldest manuscripts. Occasionally he is able to show that
a particular surviving manuscript is the source from which all others are
derived. It is this manuscript, he states, that must be taken as the only
source when determining the correct text.[12] Poliziano's method was thus

---

[8] Cf. the note to 17,31-33. Unfortunately, of Poliziano's lectures on Aristotelian logic
only the *praelectiones* have survived, viz. the *Praelectio de dialectica* (1491; *Op.* pp. 528-30), the
Lamia (1492) and the *Dialectica* (1493; *Op.* pp. 517-28). The *Dialectica* contains an extensive
résumé of the content of the *Organon*. A summary appears in Vasoli, *La dialettica* pp. 124-7.

[9] Poliziano's philological approach to Aristotle, which was calculated to rid the great
philosopher's work of false and confused Scholastic interpretations and thus to restore its
original meaning, was influenced by his Venetian friend Ermolao Barbaro (cf. Branca,
Poliziano pp. 13-18 and 56).

[10] Cf. pp. xviii-xix (on Chalcondyles) and the note to 17,30 (on Argyropoulos).

[11] Cf. the end of Poliziano's *Praelectio de dialectica*, quoted at 18,22-23.

[12] Cf. V. Branca, 'Il metodo filologico del Poliziano in un capitolo della "Centuria
secunda"', in *Tra latino e volgare. Per C. Dionisotti*, Padova 1974, vol. I pp. 211-43, now in
Poliziano pp. 157-81, and A. Grafton, 'On the Scholarship of Politian and its Context', in
Journal of the Warburg and Courtauld Institutes 40 (1977), pp. 150-88, now in *Joseph Scaliger. A
Study in the History of Classical Scholarship*, vol. I, Oxford 1983, pp. 9-44. In recent years
Poliziano's philological work has been at the centre of attention, and publications of his

a break with the practice of the preceding generation of humanists: what
a chasm separates him from the Schoolmen!

In the *Lamia* Poliziano parades Pythagoras as the classic example of a
philosopher. However, the portrait he gives of Pythagoras (4,21-25) is
overlaid with irony, and this may also be said of the way in which the
Pythagorean symbols and the miraculous tales of the she-bear and the
bull are presented (4,25-5,17). It just happens that Pythagoras was held
in high esteem by Marsilio Ficino and the Neoplatonist school, a popular
movement in the Florence of the day.[13] Ficino admired Pythagoras not
only as a precursor of Plato but also as one of the prophets, a tool of Pro-
vidence, an interpreter of the continuing revelation of the divine
mysteries. In the series of the six 'summi Theologi' he was preceded by
Zoroaster, Hermes Trismegistus, Orpheus and Aglaophamus and
followed by the divine Plato.[14]

---

annotations and commentaries on classical authors are appearing with some regularity:
on Ovid's letter from Sappho to Phaon (ed. E. Lazzeri, Firenze 1971), on the classical
comedy and the *Andria* of Terence (ed. R. Lattanzi Roselli, Firenze 1973), on Suetonius
(ed. G. Gardenal, Firenze 1975), and on the *Silvae* of Statius (ed. L. Cesarini Martinelli,
Firenze 1978). Cf. also Cesarini Martinelli, 'In margine al commento di Angelo Poliziano
alle "Selve" di Stazio', in *Interpres* 1 (1978), pp. 96-145; 'Sesto Empirico e una dispersa
enciclopedia delle arti e delle scienze di Angelo Poliziano', in *Rinascimento* II^a serie 20
(1980), pp. 327-58; 'Un ritrovamento polizianesco: il fascicolo perduto del commento alle
Selve di Stazio', *ibidem* 22 (1982), pp. 183-212; A. Perosa, 'Un codice della Badia
Fiesolana con postille del Poliziano', *ibidem* 21 (1981), pp. 29-51; A. Levine Rubinstein,
'The Notes to Poliziano's "Iliad"', in *Italia medioevale e umanistica* 25 (1982), pp. 205-39;
V. Fera, *Una ignota 'Expositio Suetoni' del Poliziano*, Messina 1983, and various chapters in
Branca, *Poliziano*.

[13] On Marsilio Ficino cf. P. O. Kristeller, *Eight Philosophers of the Italian Renaissance*,
Stanford, California, 1961, pp. 37-53; idem, 'L'état présent des études sur Marsile
Ficin', in *Platon et Aristote à la Renaissance (XVIe Colloque International de Tours)*, Paris 1976,
pp. 59-77 (with much bibliographical information); idem, *Il pensiero filosofico di Marsilio
Ficino*, Firenze 1953; and R. Marcel, *Marsile Ficin*, Paris 1958. On his relations with Poli-
ziano: Picotti, *Ricerche* p. 11 and Garin, 'L'ambiente' pp. 344-6. On Florentine
Neoplatonism: A. Della Torre, *Storia dell'Accademia platonica di Firenze*, Firenze 1902
(reprint Torino 1968) (on the members of the Academy: pp. 655-800); Kristeller,
Renaissance Thought and its Sources ed. M. Mooney, New York 1979, pp. 50-65; E. Garin,
Studi sul platonismo medievale, Firenze 1958; R. Klibanski, *The Continuity of the Platonic Tradi-
tion during the Middle Ages*, München 1981 and E. N. Tigerstedt, *The Decline and Fall of the
Neoplatonic Interpretation of Plato. An Outline and Some Observations*, Helsinki-Helsingfors 1974.

[14] Cf. *In Plotini Epitomae*, prooemium, *Op.* vol. II p. 1537 non absque divina providentia . . . factum est ut pia quaedam philosophia quo < n > dam et apud Persas sub Zoroastre
et apud Aegyptios sub Mercurio nasceretur, utrobique sibimet consona, nutriretur deinde
apud Thraces sub Orpheo atque Aglaophemo, adolesceret quoque mox sub Pythagora
apud Graecos et Italos, tandem vero a divo Platone consum < m > aretur Athenis. Cf. also
Ep. lib. VIII 'Quod divina providentia' etc., *Op.* vol. I p. 871; *Theologia Platonica* XVII 1,
Op. vol. I pp. 386 and 394; translation of Mercurius Trismegistus, *Pimander*, argumentum, *Op.* vol. II p. 1836. Cf. Kristeller, *Il pensiero* (cited in the previous note), pp. 16-17
and S. Gentile-S. Niccoli-P. Viti, *Marsilio Ficino e il ritorno di Platone. Mostra di manoscritti,
stampe e documenti. Catalogo*, Firenze 1984, no. 26 p. 37 and no. 115 p. 148.

It looks very much as if in the *Lamia* Poliziano is poking fun at the Neoplatonists' adoration of Pythagoras,[15] so it seems likely that the Florentine Neoplatonists in general and Ficino in particular are also to be counted among the lamias of his lecture.

Later on in the discourse, too, Poliziano appears to be indulging in polemics with Ficino. The passage concerned (6,36-7,1) is an apparently innocuous one in which Poliziano refers to logic as the chief instrument of the philosopher. This is demonstrably a borrowing from the *Epinomis* (attributed to Plato). It just happens that in the *Epinomis* (991 c), according to Ficino, Plato is thinking not of instrumental logic but of metaphysical dialectics, i.e. the path that the human mind must follow in order to come to an awareness of Ideas and — ultimately — of God. Once again we have here a pointer to Poliziano's preference for the concrete, the historically verifiable — a preference which stands in sharp contrast to Ficino's tendency to enter into abstract speculations on the supernatural plane. Poliziano's new interpretation of *Epinomis* 991 c is connected, I think, with the controversy, at its height in 1491, between his friend Giovanni Pico della Mirandola and Ficino. The subject of the controversy, in which Poliziano himself became involved, was Plato's *Parmenides*. This dialogue on dialectic was regarded by Ficino as a document of Platonist theology, but by Pico as nothing more than an exercise in formal logic. Poliziano shared Pico's standpoint, so it is not surprising that Pico's treatise of 1491, *De ente et uno*, in which he set out his view, was dedicated to him. Ficino seems to have taken this treatise rather badly. In his commentary to the *Parmenides*, written between November 1492 and August 1494, he accuses the young Pico della Mirandola ('mirandus ille iuvenis') of self-conceit and incautious behaviour.[16] His wrath presumably also extended to Pico's friend and confederate Poliziano. It is striking that by and large Ficino's complaints correspond to the lamias' criticisms: they too charge him with self-conceit and ignorance of matters philosophical (cf. 16,11-15).[17]

---

[15] Cf. the notes to 4,21 ff.

[16] Cf. Ficino, *Commentaria in Parmenidem* 49, *Op.* vol. II p. 1164 Utinam mirandus ille iuvenis disputationes discursionesque superiores diligenter consideravisset, antequam tam confidenter tangeret praeceptorem ac tam secure contra Platonicorum omnium sententiam divulgaret et divinum Parmenidem simpliciter esse logicum et Platonem una cum Aristotele ipsum cum ente unum et bonum adaequavisse. On Ficino's commentary cf. M. J. B. Allen, 'Ficino's theory of the five substances and the Neoplatonists' "Parmenides"', in *The Journal of Medieval and Renaissance Studies* 12 (1982), pp. 19-44. Pico's *De ente et uno* appears in G. Pico della Mirandola, *De hominis dignitate, Heptaplus, De ente et uno, e scritti vari* a cura di E. Garin, Firenze 1942. On the discussion of *Parmenides* cf. Garin's introduction, pp. 36-7; Vasoli, *La dialettica* p. 118 and Marcel, *Marsile Ficin* pp. 531-3.

[17] In the documents still surviving there is no sign of any open hostilities between Poliziano and Ficino. Poliziano objected to Ficino's mystical speculations and theological con-

It seems very probable that Cristoforo Landino is also to be numbered among the lamias. Landino (1424-98), professor of poetry and rhetoric at the Florentine university since the 1450s[18] and Poliziano's former teacher, was a fervent adherent of Ficino's Neoplatonism. Moreover for the whole of his life he had been a declared opponent of the historico-philological method, which had been gaining ground since before the middle of the century thanks to the efforts of scholars like Lorenzo Valla: according to Landino such an approach would never be able to do justice to the essential nature and content of poetical and philosophical works.[19]

But there were also other followers of Ficino whose wrath Poliziano had called down upon himself, especially with the preface in which he had dedicated his translation of Plato's *Charmides* to Lorenzo de' Medici. Just as fiercely as he was to heap abuse on the Scholastics at the start of his lectures on Suetonius in 1490, here he had inveighed against certain fools 'qui se philosophi nomine maximeque Platonici censere non erubescant'. Bumptious nitwits, he had called them, going on the rampage in the temple of the Academy like impudent curs.[20]

According to Vasoli, *La dialettica* p. 121, Demetrios Chalcondyles (1423-1511) was another of the lamias. There is no doubt that Poliziano's attitude to Chalcondyles, his colleague and rival at the university, was critical.[21] Chalcondyles's chair was originally that of rhetoric and poetry (1475-81), but from 1481 onwards his contracts also referred to

structions. On the other hand his work does show traces of having been influenced by certain aspects of Neoplatonism. On his complex and ambivalent attitude to Ficino's Neoplatonism, see Garin, 'L'ambiente' pp. 344-6, Bigi, *La cultura* pp. 68-79 and 189-92, and the same author's article in *Dizionario critico della letteratura italiana* (dir. V. Branca), Torino 1973, vol. 3 p. 78.

[18] Cf. Verde, *Lo Studio* vol. II pp. 174-5, where 1452 is given as the first year of Landino's teaching.

[19] Cf. R. Cardini, in *Dizionario critico della letteratura italiana* (dir. V. Branca), Torino 1973, vol. 2 p. 360 and his edition of Landino, *Scritti critici e teorici*, Roma 1974, vol. I pp. xx-xxii. In *La critica del Landino*, Firenze 1973, pp. 171-3, Cardini demonstrates that relations between Poliziano and Landino were tense. The praise that Poliziano appears to heap on his former teacher in the *Miscellanea* (I 77, *Op*. p. 287), turns out on closer inspection to be ironic in intent, according to Cardini. This is confirmed by L. Cesarini Martinelli, 'In margine al commento di Angelo Poliziano alle "Selve" di Stazio', in *Interpres* 1 (1978), p. 102. Bearing the above in mind, see also Garin's discussion of the relationship between Poliziano and Landino in 'L'ambiente' pp. 340-1.

[20] *Op*. p. 447 Itaque cum complures id temporis garrulos, nugaces, putidulos, ineptos, eosdem leves, pusillos, invidos, gloriosos, avaritiae luxuriaeque iuxta addictos animadverterem, qui hoc sanctissimum philosophi nomen illotis, ut ita dicam, manibus Harpyiarum more attrectare et contaminare nefas non putent atque in ipsum academiae sacrarium refractis iam pudoris ac reverentiae claustris quasi canes in templum temere impudenterque irrumpant *etc*.

[21] Cf. G. Cammelli, *I dotti bizantini e le origini dell'Umanesimo*, III: *Demetrio Caldondila*, Firenze 1954, p. 85.

philosophy or moral philosophy.[22] He left Florence on 3 October 1491, a year before Poliziano delivered the *Lamia*, in order to settle in Milan.[23] The date of his departure (he never returned to Florence) falls after the end of the academic year in which Poliziano had lectured on Aristotle's *Ethics* and thereby encroached on Chalcondyles's field. Did competition or rivalry from Poliziano play a part in Chalcondyles's decision to terminate his career at the Florentine university?

Ioannes Lascaris (1445-1535), another Greek scholar, was also hostile to Poliziano.[24] He taught philosophy and poetics at the Florentine university, starting in the academic year 1492-3.[25]

Like every humanist with his heart in the right place, Poliziano found himself involved in various polemics. Even so, of the opponents against whom he took up the pen I believe only Bartolomeo Scala (1424-97) can be regarded with any certainty as being one of the lamias. A second-rate humanist who as a protégé of the Medicis had managed to get himself the job of chancellor of Florence, he had sarcastically called Poliziano a philosopher.[26]

Summary of the Lamia

Poliziano begins the *Lamia* with a story about lamias prowling about Florence. In so doing he ridicules those who are going round criticizing and slandering him as a would-be philosopher (3,1-4,11). Having analysed the criticisms he raises three points: 1. What actually *is* a philosopher? 2. Is it a bad thing to concern yourself with philosophy? 3. His own real field (4,11-20).

As the perfect philosopher Poliziano presents his audience with a miracle-worker who prescribes the most ludicrous rules and in whom

---

[22] Cf. Verde, *Lo Studio* vol. II pp. 178-9.

[23] Cf. A. Petrucci, in *Dizionario Biografico degli Italiani* vol. XVI s.n. Calcondila, and Maïer, *Ange Politien* p. 32 n. 61.

[24] Cf. A. Perosa, 'Contributi e proposte per la pubblicazione delle opere latine del Poliziano', in *Il Poliziano e il suo tempo. Atti del IV Convegno Internazionale di Studi sul Rinascimento*, Firenze 1957, pp. 94 and 97; Poliziano, *Miscell.* II ed. Branca-Pastore Stocchi, vol. I (Introd.) p. 5 n. 8.

[25] Cf. n. 6.

[26] Scala's sarcastic observation 'exactiora a philosopho expectantur' is quoted by Poliziano in one of the many polemical letters that he exchanged with Scala (*Ep.* lib. XII, *Op.* p. 179). In the letter, which is undated, Poliziano refers to his lectures on Aristotle (Nec tamen pro philosopho me gero, quamvis Aristotelis publice libros enarrem). It is therefore part of the quarrel with Scala that flared up at the end of 1493 and continued until June 1494 (cf. Maïer, *Ange Politien* p. 377 n. 24). The tense relations between the two opponents dated from as far back as 1479, when Scala attacked Poliziano on account of his Epictetus translation (cf. R. P. Oliver, 'Politian's Translation of the Enchiridion', in *Transactions and Proceedings of the American Philological Association* 89 (1958), p. 198, and Maïer, *Ange Politien* pp. 377, 435-6).

Pythagoras, so much admired in Florence, is immediately recognizable (4,21-5,17). However, Poliziano takes this personage's exposition of what a philosopher is actually concerned with very seriously (5,18-6,14). Through the mouth of Plato we are then given a review of the branches of learning that a philosopher must master in order to gain an insight into the essential nature of things and the world of ideas (6,15-7,5), and of the moral qualities and attitudes that he must have (7,6-8,16). It will be clear, says Poliziano, that he himself is far from fulfilling all these conditions — but who, for that matter, does? (8,15-19)

One might gain the impression, he goes on, that it is a bad thing to apply oneself to philosophy; and indeed philosophy has always had to contend with opponents to whom it appears a useless, irritating, laughable or dangerous occupation. But criticism of this kind fails to touch on the essential nature of philosophy (8,20-9,22). At length Poliziano then goes on to explain why, on the contrary, philosophy is such a *good* thing in which to be engaged. He advances arguments and refutes objections to philosophy (9,23-13,37), ending this part of his lecture with the Platonic allegory of the cave, which demonstrates that it is only the philosopher, a rare bird, who can perceive and survey the essence of things (13,38-16,3). He repeats that he himself has no claim to the title 'philosopher'.

He then comes to the third and concluding part, declaring that he is no philosopher, but merely a 'grammaticus', a scholar who interprets texts of various sorts, including medical, legal and philosophical ones. He also justifies his involvement in philosophical works by referring his listeners to his publications, and concludes with the fable of the owl and the birds, meaning that the philosophers who attack him are no more than opinionated, foolish owls who do not deserve to be called philosophers.

The message

The *Lamia*, or *Praelectio in Priora Aristotelis Analytica* served as the opening lecture at the start of a new academic year, during which the *Priora* were to be discussed. Poliziano took the opportunity to justify his working with Aristotelian texts and to refute the criticisms levelled against him by the philosophers of Florence. Into this apology he incorporated an *adhortatio*: a wide-ranging and lively argument in which he exhorts his audience precisely to engage in philosophy. (The *adhortatio* was a traditional, not to say obligatory, component of the *praelectio*: the professor exhorting his students to do their best.)[27] Poliziano's apology leads him to

---

[27] A comparison of the structure of the *Lamia* with that of the *praelectiones* of other university teachers might show how far the *Lamia* differs from the traditional pattern.

state his position: he is not a philosopher but a philologist (a *grammaticus*). It was probably in this manifesto that the task of philology was proclaimed for the first time in later European history.

Irony

Both in the introduction to his lectures on Suetonius (1490) and in his letter to Lorenzo de' Medici accompanying his translation of the *Charmides* Poliziano lashed out at the countless self-inflated fools who flaunted the title of philosopher, who 'arrogare sibi venerandum philosophi nomen haud erubescant' (*Op.* pp. 502 and 447). With biting sarcasm and fierce tirades he exposed the stupidity and arrogance of the Scholastic philosophers (*Praefatio in Suetonii expositionem*) and the would-be Platonists (*Praefatio in Charmidem*).

In the *Lamia* the weapon he wields is a different one. Here he lays into the Schoolmen and Neoplatonists with the scathing sword of subtle irony. By pretending to be the inferior of his opponents, by playing the innocent and feigning ignorance he makes them appear ridiculous. Irony, he observes in the *Lamia* (7,30-33), is an appropriate tool of philosophers too: had not Socrates used it to silence the arrogant Sophists and expose their ignorance? With feigned naïvety, then, Poliziano goes about trying to guess the meaning of the gibe that he is a would-be philosopher: are his critics implying that it is a bad thing to be a philosopher at all, or is their attack aimed only at him personally, and do they mean that he has false pretensions to being a philosopher? (4,8-11) In the final part of his discourse it becomes clear that he does, of course, realize that the latter is the lamias' intention (cf. 16,4-15). But these suppositions allow him to make veiled fun of his opponents. Starting from the first premiss he presents an elaborate argument to the effect that a philosopher is a unique figure, distinguished by a thorough knowledge of a large number of disciplines and an exceptional combination of moral qualities. He stresses that the true philosopher is a 'philo-sophus': not pretending to have sole claim to the truth but *striving* after wisdom (4,21-8,19). It would be very foolish of me, says Poliziano at the end of this section, if I believed myself to answer to this lofty view of what a philosopher really is. But then the true philosopher is a rare bird (8,15-19). What he does not express explicitly is the notion that in any event his critics, the lamias, themselves fall far short of meeting the ideal specifications. At the very least they are underhand and meddlesome (8,3-5).

Then Poliziano moves on to a defence of philosophy. In a wide-ranging speech he declares that in fact it is a good thing to concern oneself with philosophy (8,20-16,3). One rather suspects that his opponents, the philosophers, must have sat there squirming with exasperation. More-over with this speech Poliziano sets himself upon the pedestal of the true professor of philosophy: it was, after all, common for philosophy pro-fessors to demonstrate the usefulness and purpose of the subject at the start of their lectures and thus to motivate their students to do their best. Once more Poliziano rounds off his argument with the lament 'if only I were a philosopher', if only I measured up to the standards imposed on philosophers by Plato (16,1-3).

Finally he lets his critics show their true colours: 'What we object to, you prater', they say, 'is that you teach philosophy without knowing the first thing about it' (16,4-15). 'But, good vampires' (bonae Lamiae), replies the prater mockingly, 'I may interpret philosophical works, but that does not mean that I call myself a philosopher. I am no philosopher, merely a *grammaticus*.' Here, then, he uses a term with a double bottom, for he charges the term *grammaticus*, used in his day exclusively to refer to a simple schoolmaster teaching children to read and write, with a classical, elevated meaning founded on documents from antiquity (16,16-17,10). 'If you will not grant me the title of philosopher, call me ''grammaticus'' or ''philosophaster'', or nothing at all, for all I care' (18,20-21). He also pretends that he is hard pressed by his critics and their remarks (17,28).

I have already referred (p. xvi) to Poliziano's comical presentation of Pythagoras, with which he is evidently poking fun at Ficino and the Neoplatonists. He ends the *Lamia* with a sarcastic sneer: opinionated fellows, he calls his opponents, who have no knowledge of true wisdom. The name 'lamias' is of course itself sarcastic, even a term of abuse. For the rest it is conspicuous that for most of his discourse, which is calculated to justify his teaching of philosophy, he is actually in the offensive. Where he defends himself by claiming that he is not a philosopher and has no desire to pretend to be one, he implies at the same time that his opponents have no more claim to that title than he.

Yet aside from the conclusion the tone of the discourse is nowhere mili-tant. Was Poliziano holding back because his target was not only the Scholastics he so reviled but also Marsilio Ficino and other Neoplatonists, who were, more or less, his friends?

Sources and their use

Where did Poliziano find his material? As a good humanist, in the *Lamia* he names his sources only sporadically and apparently at random. The *Lamia* is not, after all, a technical treatise, it is not a commentary,

nor a collection of philological annotations like the *Miscellanea*: it is an
oration, carefully worked out stylistically and rhetorically. Whereas the
Miscellanea, in which Poliziano gives a virtuoso demonstration of his
philological acumen, are aimed at a limited circle of specialists, in the
Lamia he is addressing a wider audience. Moreover, in its artistic
character this discourse distinguishes itself from the other *praelectiones* with
which Poliziano introduced his courses on Aristotelian logic: both the
Praelectio de dialectica (1491) and the *Dialectica* (1493) are technical. In the
Lamia there is a succession of tales, anecdotes, fables and short scenes.
Even in the extensive central part (8,20-16,3) the style of the discourse re-
mains vivid, with its questions to the audience, rhetorical queries, discussions with an imaginary opponent and suchlike stylistic ploys. Here we
see Poliziano making perfect use of the armour and the sword of rhetoric,
of 'loricam... eloquentiae telumque... quo et propugnare te ipse et in-
cessere adversarium et circumventum a pessimis hominibus tuam in-
nocentiam tueri possis'.[28]

My analysis of the sources of the *Lamia* shows that it is a collage of
sizeable fragments taken chiefly from Platonic and Neoplatonist texts into which Poliziano has worked all sorts of shorter passages and phrases
from classical Latin (sometimes Greek) and early Christian Latin
literature. The Platonic and Neoplatonist fragments in which he wraps
his argument are taken from Iamblichus's *De vita Pythagorica* (5,3-17 and
in part 5,18-6,14), the same author's *Protrepticus* (9,23-16,1 and part of
4,26-35), [Plato's] *Epinomis* (6,15-7,5) and Themistius's *Basanistes*
(7,6-8,11). A less lengthy passage (9,3-14) proves to be from Synesius's
Dion. Plutarch's *De curiositate*, from which the theme of the lamias is borrowed (3,9-12), also deserves a mention. And in the concluding part of
Poliziano's discourse (in which he puts himself forward as a *grammaticus*),
a fundamental role is played by passages from Quintilian's *Institutio
oratoria* and Suetonius's *De grammaticis et rhetoribus* (16,33-17,3).

As the commentary will demonstrate, many shorter passages and
phrases from every class of ancient literature also play a part. Poliziano
shapes and expresses his ideas with reminiscences, allusions, variations
and direct borrowings. A striking example at the very beginning of the
work — the story of the lamias — is the influence of Horace, Apuleius

---

[28] Poliziano, *Oratio super Fabio Quintiliano et Statii Silvis*, *Op.* p. 496. A stylistic-rhetorical
analysis of the *Lamia* comparing it with Poliziano's other opening lectures in prose and
with those of other teachers would produce some interesting results. It would be necessary
to include in this analysis the famous letter from Poliziano to Cortesi, in which he ad-
vocates a style that is the fruit of 'recondita eruditio, multiplex lectio, longissimus usus'
(*Ep.* lib. VII, *Op.* p. 113), but also the letter in which he describes the style of the popular
preacher Mariano da Genazzano (to Tristanus Chalcus, *Ep.* lib. IV, *Op.* p. 52). On Poliziano's aesthetics and artistic ideal cf. the discussion by Bigi in *La cultura* pp. 90-101.

(*Metamorphoses*) and Plautus. Frequently Poliziano draws on classical commentaries on the work of Horace, Persius and Virgil.[29] Sometimes two passages from different Latin authors have been melted together, and there are some conflations of two passages from Greek literature. Often, too, the original context of a passage has a part to play. Where Poliziano uses a fragment of a Greek text it is rare for him to translate it literally: he summarizes, paraphrases, reproduces a sentence with a passage of similar meaning from a Latin author, and adds material from other Greek or Latin authors.[30] When he touches on a particular theme it is as if the one text reminds him of the next, as if he has a stock of fragments from a variety of sources just waiting to be used.

When tracing passages borrowed by Poliziano from the classics and analysing his method it is important to bear in mind that the text of a passage used by him may deviate from the modern editions available to us.[31]

The way Poliziano works passages, phrases and themes from the literature of the ancients into his own argument and makes new connections is always effective and often surprising. It is a combinatory technique which he uses, to elicit a multitude of associations and open up new perspectives for the erudite listener who recognizes the patterns and motifs of the patchwork. But the term 'technique' is really accurate only up to a point. Reading the *Lamia* one becomes aware that this is more than just a refined literary technique or a skilful display of the writer's art. Poliziano's thorough immersion in the work of the ancients has influenced his thinking and permeates his view of the world. To him — and to his fellow humanists — the literature of antiquity in all its fascinating diversity and versatility is a reservoir of material which he uses in all sorts of combinations within the framework of his own times and in the service of his own objectives. Thus at the beginning of his discourse he reminds

---

[29] Cf. e.g. the notes to 8,5-11, 8,17 and 13,3-4.

[30] Some examples of these features of Poliziano's method. Conflation of two passages by Latin authors: see notes to 4,24-25, 13,3-4 and 13,25-26; of two Greek passages: 4,34-35, 7,1-5 and 7,28-29. Context plays a part: 3,16-17, 4,5-6 and 18,21. Summary of a fragment in Greek: 6,33-36 and 10,5-8; paraphrase: 11,5-12,15 and 12,16-21; reproduction by means of a passage from a Latin author: 7,31-33, 8,5-11 and 15,23-25; additional material from other authors: 6,3-7, 6,29-33 and 13,36-37.

On Poliziano's method in other works, see A. Perosa, 'Febris. A Poetic Myth created by Poliziano', in *Journal of the Warburg and Courtauld Institutes* 9 (1946), pp. 74-95; Perosa's commentary to the *Sylva in scabiem*, Roma 1954; and M. Martelli, 'La semantica di Poliziano e la "Centuria Secunda" dei "Miscellanea"', in *Rinascimento* IIª serie 13 (1973), pp. 28 ff.

[31] Cf. the notes to 4,28-29, 9,33, 15,7, 15,21, 18,27, 18,36-37 and 19,2. For research into neo-Latin texts it is essential that critical editions of classical authors should also record the fifteenth- to seventeenth-century variants.

his audience that Plutarch's lamias are still on the prowl, and that even in Florence they can still make life difficult. So too, at the end, he applies the moral of the fable of the owl and the birds, borrowed from Dion Chrysostomus, to his fellow Florentines. As a shining example he cites the 'greybeard of Athens', and recounts, drawing on the *Epinomis* and Themistius, Plato's explanation of what a philosopher must make his own, in knowledge and qualities, if he is to find truth. He employs a variety of arguments from the *Protrepticus* of Iamblichus to stimulate his students to concern themselves with philosophy. Where Iamblichus mentions distant trading journeys, even as far as the Strait of Gibraltar, Poliziano refers to the voyages of discovery to the Indies (1492!). So too he uses statements by Quintilian, Suetonius and Sextus Empiricus to justify his new, but in reality ancient, definition of the task of the *grammaticus*, and hence to legitimize his meddling with texts and problems beyond the confines of literature in the narrower sense. Only rarely does he name the authors on whom he draws. And why should he?

Translations by humanists

Did Poliziano use existing Latin translations of passages originally written in Greek?

1. *The Pythagorean 'symbola'*. Pythagorean *symbola* — Poliziano gives a number of them in 4,26-37 — were copied and/or translated in the fifteenth century by Traversari, Alberti, Ficino, Pico, Collenuccio, Beroaldo, and Nesi. There is no need for us to concern ourselves here with the extensive collection of *symbola* which Erasmus (1466/9-1536) included in the first part of his *Adagia*, or the collection, four times as large again, of Giraldi (1479-1552).

Ambrogio Traversari (1386-1439) translated some of the *symbola* as part of his translation of the whole of Diogenes Laertius's *Vitae philosophorum* (VIII 17-18 covers fo. pIV in the Brescia 1485 edition). Traversari's widely used translation was published in 1433.[32]

Among the *Intercenales* written by Leon Battista Alberti (1404-72) the *Convelata* is of special interest, since it contains sixty-seven *symbola* with explanations. It was first published by Garin (Alberti, *Intercenali inedite*, Firenze 1965, pp. 77-82) and probably belongs to Alberti's early work.[33]

Marsilio Ficino translated some of the *symbola* as part of his translation of the whole of Iamblichus's *Protrepticus*. This work has survived in MS

---

[32] Cf. C. L. Stinger, *Humanism and the Church Fathers. Ambrogio Traversari (1386-1439) and Christian Antiquity in the Italian Renaissance*, Albany 1977, p. 73.

[33] Cf. the article by C. Grayson in *Dizionario critico della letteratura italiana* (dir. V. Branca), vol. 1, Torino 1973, pp. 10 and 12.

Vat. lat. 5953 (Jamblici Calcidei *libri de Pyctagorica secta*), which includes the *Protrepticus* among other Pythagorean texts (*Secundus: exhortatorius ad philosophiam*, ff. 11-55). There *Protrepticus* 21 covers ff. 47^b-55^a. The translation, which also appears in MS Vat. lat. 4530, dates from before 1464. Ficino never put the finishing touches to it and it was never published.[34]

Ficino's *Symbola Pythagorae philosophi*, *Op.* vol. II p. 1979, proves by and large to have been borrowed from the same *Protrepticus* (21 p. 106, 19-108, 15 Pistelli edn.). This partial translation of *Protrepticus* 21 is different from the translation referred to above, but also dates from before 1464.[35]

Ficino also hazarded his own explanation of seven *symbola*. This is to be found in Kristeller, *Supplementum Ficinianum* vol. II pp. 100-3 (see also the annotations published on pp. 98-100). His respect for the Pythagorean precepts is also apparent from his letters.[36]

Four *symbola* are quoted and explained by Giovanni Pico in *De hominis dignitate*, written in 1486 (p. 126 Garin edn.).[37]

A collection of sixty *symbola* with explanations, entitled *Pythagorica praecepta mystica a Plutarcho interpretata*, is connected with the name of Pandolfo Collenuccio (1444-1504). It was published by Giglio Gregorio Giraldi in 1543 at Ferrara, as is apparent from his dedicatory letter, and appears in his *Opera omnia*, Lugduni Batavorum 1696, cols. 681-4. Who is the author? In the dedicatory letter Giraldi observes: 'Erat autem perscriptus (libellus) manu Pandulphi Collenutii Pisaurensis, viri omnis antiquitatis studiosissimi'. This probably means no more than that the text had been copied by Collenuccio. Leaving the question of its authorship open, it should be noted that Collenuccio's collection agrees closely to the compilation by Alberti.[38] The *symbola* in both collections are indeed

[34] Cf. Kristeller, *Supplementum Ficinianum* vol. I pp. xl-xlii and cxlv-cxlvi. For the dating cf. S. Gentile, S. Niccoli and P. Viti, *Marsilio Ficino e il ritorno di Platone. Mostra di manoscritti, stampe e documenti. Catalogo*, Firenze 1984, no. 24 p. 34. I used MS Vat. lat. 5953.

[35] This series ends with the sentence: Fugare decet omni studio universisque machinamentis, ferroque ac igne abscidere a corpore morbum, a victu luxum, ab animo ignorantiam, domo discordiam, civitate seditionem, ab omnibus denique intemperantiam. This is not really a *symbolon*. The passage turns out to have been borrowed from Iambl. *De vita Pyth.* 7, 34 = Porph. *Vita Pyth.* 22. For the dating cf. Kristeller, *Supplementum Ficinianum* vol. I p. cxxxviii; Gentile, *Marsilio Ficino* (cited in the previous note), no. 24 p. 34 and no. 32 p. 45.

[36] Cf. Ficino, *Ep.* lib. I 'Exhortatio ad scientiam', *Op.* vol. I p. 620; 'Praecepta ad memoriam', *ibidem* p. 656; lib. IV 'Nemo est cui possit invidere' etc., *ibidem* p. 751; and other letters.

[37] On the cordial relations between Poliziano and Pico cf. E. Garin, 'Ricerche su Giovanni Pico della Mirandola', in his *La cultura filosofica del Rinascimento italiano. Ricerche e documenti*, Firenze 1979², pp. 258-9; 'L'ambiente del Poliziano', *ibidem* pp. 336-40; Maïer, *Ange Politien* p. 425. Cf. also Garin's portrait of Pico in *Ritratti di umanisti*, Firenze 1967, pp. 185-218.

[38] This similarity was already pointed out by Garin in his edition of Alberti's *Intercenali inedite*, p. 77 n. 1.

almost identical in order and formulation. However, the last nine precepts of Alberti's collection (p. 81,136 ff.) are lacking in Collenuccio's text. Instead, Collenuccio has two precepts at the end which do not occur in Alberti's series.[39]

Poliziano knew Collenuccio well: in 1478 he dedicated his translation of Plutarch's *Amatoriae narrationes* to him.[40] In 1490 Collenuccio, a native of Pesaro, became *podestà* of Florence. At his inauguration he declaimed a panegyric to Florence which threw Poliziano into ecstasies.[41]

The elder Filippo Beroaldo (1453-1505), a Bolognese humanist with whom Poliziano corresponded, wrote a treatise entitled *De symbolis Pythagorae* which contained extensive commentaries on eight *symbola* and was first printed in 1503 at Bologna.[42]

Comparison of Poliziano's *symbola* in the *Lamia* with these collections shows that his series is derived from none of them. Where he does cite the same *symbola* as the other authors his formulation of them always differs from them to a greater or lesser extent. There can be little doubt that he took his series from ancient sources (cf. the notes to 4,26-37).

In this context Giovanni Nesi (1456-*c*. 1522) occupies a special place. A follower of Ficino and Savonarola, he was also a great admirer of Pythagoras. His *Oraculum de novo saeculo* contains about forty-five *symbola*. In his *Symbolum Nesianum* the author relates just under fifty aphorisms to monastery life. Both collections may be read in C. Vasoli, 'Pitagora in monastero', in *Interpres* 1 (1978), pp. 263-4 nn. 22-3. The *Oraculum de novo saeculo* was completed in 1496 and printed the year after.[43] The dating of the *Symbolum* is uncertain (cf. Vasoli, pp. 261-2). True, there is a

---

[39] Part of Collenuccio's collection, viz. the last thirty-seven precepts, was edited from Giraldi's *Opera* and discussed by Ch. Josserand, 'Les Symboles pythagoriciens de Collenuccio', in *L'Antiquité Classique* 1 (1932), pp. 145-71. I will restrict myself here to a few remarks: 1. This edition is not free from textual errors. 2. The author, of course, did not know Alberti's *Convelata*, which was first published in 1965. 3. His assertion that Poliziano attached 'une portée morale' to the *symbola* (p. 145) is unfounded and mistaken (cf. p. xvi above and the commentary at 4,21 ff.).

[40] Cf. Poliziano's dedicatory letter, *Op.* p. 436.

[41] Cf. Poliziano's letter to Giov. Pico, *Op.* ed. Maïer, vol. III p. 213. For relations between Poliziano and Collenuccio cf. Maïer, *Ange Politien* pp. 380-1 and 437; Perosa, *Mostra* no. 59 p. 64; and W. T. Elwert, 'Pandolfo Collenuccio und seine Kanzone an den Tod', in *Renatae Litterae. Studien zum Nachleben der Antike und zur europäischen Renaissance A. Buck...* *dargebracht*, ed. K. Heitmann-E. Schroeder, Frankfurt am Main 1973, p. 69.

[42] Cf. K. Krautter, *Philologische Methode und humanistische Existenz. Filippo Beroaldo und sein Kommentar zum Goldenen Esel des Apuleius*, München 1971, p. 31. Cf. also E. Garin, 'Sulle relazioni fra il Poliziano e Filippo Beroaldo il Vecchio', in his *La cultura filosofica del Rinascimento italiano. Ricerche e documenti*, Firenze 1979², pp. 359-63; 'Note in margine all'opera di Filippo Beroaldo il Vecchio', in *Tra latino e volgare. Per C. Dionisotti* vol. II, Padova 1974, pp. 437-56; and Perosa, *Mostra* no. 27 pp. 40-1.

[43] Cf. D. Weinstein, *Savonarola and Florence. Prophecy and Patriotism in the Renaissance*, Princeton 1970, p. 194 n. 34. On Nesi cf. *ibidem* pp. 192-205.

reference to the *Lamia* in the preface (Nesi criticizes Poliziano, recalling that in the *Lamia* he ridicules the *symbola*), but the possibility cannot be ruled out that the *Symbolum* was in circulation before its preface was written.

The *symbola* in the *Lamia* correspond closely to the relevant formulas in Nesi's collections, the similarities to the *Oraculum*, in particular, being striking. Thus, for example, the curious formula 4,34-35 Unguium..., which does not appear in the other fifteenth-century collections, does occur in Nesi's *Oraculum*. Since Nesi completed this tract several years after the *Lamia* was published, he took this formula — and probably others as well — from Poliziano's oration.[44]

2. *Iamblichus's De vita Pythagorica*. Iamblichus's *De vita Pythagorica*, from which Poliziano borrowed 5,3-17 and parts of 5,18-6,14, caught the attention of Ficino as did the *Protrepticus* and the other Pythagorean writings of Iamblichus. Even so, he translated only parts of *De vita Pythagorica*, and many passages, often quite extensive ones, remained untranslated. Among these are the stories, included in the *Lamia*, of the she-bear and the bull (5,3-17 = *De vita Pyth.* 13,60-1) and Pythagoras's exposition of what a philosopher is actually concerned with (5,18-6,14 < *De vita Pyth.* 12,58-9). So comparison on this point is not possible. Ficino never finished, or published, the translation of *De vita Pythagorica* which he made before 1464.[45] It appears in MSS Vat. lat. 5953 (ff. 1-11) and 4530.

3. *[Plato's] Epinomis*. The *Epinomis* attributed to Plato, from which Poliziano took 6,15-7,5, was first translated by George of Trebizond, between the end of February 1450 and the beginning of March 1451.[46] I have not seen this translation, which is preserved in MSS Vat. lat. 2062 and 3345.[47]

---

[44] For the sake of comparison, here are the *symbola* in Nesi's collections which also occur in the *Lamia* (4,26-37). a) *Oraculum de novo saeculo*: Super choenice ne sedeto... Contra solem ne meito. Adversum solem ne loquitor... Viam publicam declinato, per semitas ingredi <t> or... Hirundines intra domum ne admittito... Unguium crinumque tuorum praesegmina ne commingito, sed in ea despuito. Malacen herbam trasferto, sed eam ne comedito. Speculum ad lucernam ne spectato. Dextrum pedem priorem calciato, sinistrum priorem lavato... Stateram ne trasilito. Iugum ne trascendito... Ignem gladio ne scalpito neve fodicato... Cor ne edito. Cerebrum ne comedito... Ollae vestigium in cinere turbato. Fabis abstineto... Albis gallis parcito... Cum lecto surges, stragula complicato corporisque vestigium confundito. b) *Symbolum Nesianum*: Abstine a fabis. Adversus solem ne mingito. Adversus solem ne loquaris... Choenici ne insideas. Cor ne edito... Exsurgens lecto stragulas comlicato seu corporis vestigium confundito... Gladio ignem ne fodias... Gallis albis parcito. Hirundinem domi non habeto... Iugum ne transcendito... Malacen herbam seu malvam transferas, sed minime commedas... Ollae vestigium in cinerem deturbato... Pedem dextrum priorem calciato, sinistrum priorem lavato... Stateram ne trasilias... Viam publicam declinato.

[45] Cf. n. 34 above.

[46] Cf. J. Monfasani, *George of Trebizond. A Biography and a Study of his Rhetoric and Logic*, Leiden 1976, p. 73.

[47] Cf. Kristeller, *Supplementum Ficinianum* vol. I p. clvi.

The *Epinomis* was also translated by Ficino, originally probably during the rule of Piero de' Medici (1464-9).[48] This translation may be read in Ficino's monumental translation of Plato: *Divini Platonis Opera omnia Marsilio Ficino interprete*. Ficino also wrote an *epitome*, a précis or brief commentary, on the *Epinomis* (*Op.* vol. II pp. 1526 ff.). As Ficino himself observes in the preface 'Ad lectorem' to his translation of Plato, Poliziano — and five others — advised him during the revision of the translation.[49] Nevertheless I have been unable to detect any direct influence of Ficino's translation or epitome on Poliziano's paraphrase of *Epinomis* 974 d — 976 e and 990 a — 992 a. I do, however, see a significant difference in the interpretation of *Epinomis* 991 c (on dialectic).[50]

4. *Themistius's Basanistes*. 5. *Synesius's Dion*. 6. *Dion Chrysostomus's De habitu*. Poliziano borrowed much of 7,6-8,16 from the *Basanistes* of Themistius (*Or.* 21). As far as I know there was no translation of the *Basanistes* available in the fifteenth century. The same applies to Synesius's *Dion*, from which 9,3-14 turn out to have been taken, and to *De habitu* (*Or.* 72) by Dion Chrysostomus, whose fable of the owl and the birds provides the final passage of the *Lamia*.

7. *Iamblichus's Protrepticus*. Iamblichus's *Protrepticus*, on which Poliziano drew for over a third of his discourse (9,23-16,1) was translated in its entirety by Ficino. As already observed (p. xxvi) Ficino never put the finishing touches to this translation and it was never published. I have been unable to establish any direct influence of Ficino's translation on Poliziano's paraphrases and summaries of passages in the *Protrepticus*.

The passage on the philosopher's ignorance of worldly matters (12,26-13,37) deserves a word apart. Poliziano borrowed this from Iamblichus (*Protrept.* cap. 14), who for his part had taken it from Plato's *Theaitetos* (173 c-175 d). The obvious thing to do is to see whether Poliziano's adaptation shows the influence of Ficino's translation of the *Theaitetos*, a dialogue which he translated during the rule of Piero de' Medici (1464-9).[51] His translation of *Theait.* 173 c-175 d may be read in Plat. *Op. Ficino interprete* p. 104. I can detect no influence of the one on the other.

The allegory of the cave also deserves separate mention (13,39-16,1). Poliziano borrowed it from cap. 15 of the *Protrepticus*. Again, Iamblichus

---

[48] This dating can be deduced from Kristeller's chronological analysis of Ficino's translations of Plato, in *Supplementum Ficinianum* vol. I pp. cxlvii-cil.

[49] Ficino revised his Plato translation between (probably) 1477 and 1482, and again in 1482-3. Cf. Kristeller, 'Marsilio Ficino as a Beginning Student of Plato', in *Scriptorium* 20 (1966), p. 43 and *Supplementum Ficinianum* vol. I pp. clii-clv.

[50] Cf. p. xvii above and the note to 6,36-7,1. For another, less important, variant cf. the note to 6,24-25.

[51] Cf. Kristeller, *Supplementum Ficinianum* vol. I p. cli.

had himself taken it from Plato: *Politeia* VII 514 a-517 c. Once again, an examination of Ficino's translation is an obvious course to take. Ficino translated the *Politeia* during the rule of Piero de' Medici,[52] and the allegory of the cave appears in Plat. *Op. Ficino interprete* pp. 419-20. Ficino inserted a different translation of Plato's allegory in *Ep.* lib. IV, 'Transitus repentinus a minimo lumine' etc., *Op.* vol. I pp. 773-4. (A severely abridged version of the allegory appears in *Ep.* lib. VII, 'Quam immundus sit hic mundus' etc., *Op.* vol. I p. 838). I have been unable to detect any direct influence of Ficino's translations on that of Poliziano.

Ficino's translation of the *Politeia* was not the first. The work had previously been translated by Manuel Chrysoloras (between 1400 and 1403; no longer extant), by Uberto Decembrio, his son Pier Candido (between 1437 and 1440) and by Antonio Cassarino.[53] I have not seen these translations.

It is my conviction that Poliziano turned straight to the original Greek texts when working Greek texts into the *Lamia*.

The Lamia *and other works by Poliziano*

The *Lamia*, which Poliziano delivered at the beginning of November 1492, belongs to the last two years of his life. It has motifs and themes in common with others of Poliziano's opening lectures and it is conspicuous that in the final section, when he goes into the question of his competence as a teacher of philosophy, he quotes extensive passages from the *Praelectio de dialectica* of the previous year (cf. the notes to 17,21-18,5). The list of variety artistes (5,27-32) is reminiscent of the *Panepistemon* (1490) with its surveys, intended to be as comprehensive as possible, of arts, sciences, technologies and trades. Poliziano took conspicuous pleasure in listing varied terms and nomenclature (cf. Bigi, *La cultura* p. 71). In his *Praefatio in Suetonii expositionem*, too, another lecture delivered in 1490, Poliziano refers to the resistance met by philosophy (cf. the note to 8,22-23). In the same lecture he launches a fierce attack on the Schoolmen (see p. xiv above). He also incorporates Aesop's fable of the two wallets (8,5-11) into the beginning of the *Praelectio in Persium*, which gives him the opportunity of lashing out at those who constantly observe the faults of others but never perceive their own shortcomings.

---

[52] Cf. n. 47 above.
[53] Cf. G. Resta, 'Antonio Cassarino e le sue traduzioni da Plutarco e Platone', in *Italia medioevale e umanistica* 2 (1959), pp. 254 ff.; V. Zaccaria, 'Pier Candido Decembrio traduttore della "Repubblica" di Platone', *ibidem* p. 191 and E. Garin, 'Ricerche sulle traduzioni di Platone nella prima metà del secolo XV', in *Medioevo e Rinascimento. Studi in onore di B. Nardi*, Firenze 1955, vol. I pp. 339-74.

The philosophical adage 'Know thyself', he goes on, embraces the commandment that we should all acknowledge our own vices; this would give us more than enough to do (cf. the note to 4, 1). Themes from the *Oratio in expositione Homeri* (the soul as the prison of the body, cf. the comment on 11, 39) and the *Rusticus* (the echo, cf. the note to 14, 24-26) also return in the *Lamia*.

The *Lamia* also contains elements of the second *Centuria* of the *Miscellanea*, the work of Poliziano's last years, though to a lesser extent than one might have expected. The way in which certain themes are formulated is the same, as where Poliziano refers to the three functions of the soul and to the legend of Hippolytus (cf. the notes to 10,11 and 10,16-18). In the *Miscellanea* (II 53, 30-1) Poliziano refers briefly to the lectures in which he ('superiore anno') dealt with the *Analytica priora*. In the *Lamia* he mentions his study of the *Digests* and of medical texts; the results of this are seen in some chapters of the *Miscellanea* (cf. the notes to 17, 15-17). His formulation in the *Lamia* of the task and competence of the philologist, i.e. to interpret texts in various areas of culture (16,30-32) is the proclamation of a programme which he himself implemented so expertly in the *Miscellanea*. In fact there is already a passage in which he outlines the main features of this programme in the first *Centuria* (1489), albeit that he there refers to the interpretation of the *poetry* of the ancient world.

In the final part (18,2-5) Poliziano cites a simile from the *Encheiridion* of Epictetus, in which the Stoic precept of 'not presenting the appearance of being a philosopher, but showing yourself to be one' is echoed. He had translated the *Encheiridion* in 1479. There are four other places in the *Lamia* where reminiscences of this text or his translation of it play a part (cf. the notes to 4,7 and 10; 6,36-7,1 and 8,33-34).[54] Here it is interesting to note the preface to the translation of Plato's *Charmides*: the *Lamia*, which incorporates so much material taken from Plato, Iamblichus and Themistius, has several themes and motifs in common with this preface. In it Poliziano stresses the indispensability of philosophy, which he commends as a gift of God and a guide on the path of life (*Op.* p. 447). Other Platonist ideas also found in the *Lamia* are that a philosopher must be hewn from the right wood (cf. the note to 7,7-8) and that he must strive to

---

[54] These reminiscences, with one exception, were earlier detected by R. P. Oliver, 'Politian's Translation of the Enchiridion', in *Transactions and Proceedings of the American Philological Association* 89 (1958), p. 204 n. 56. Oliver's assertion that the *Encheiridion* is the chief source for the *Lamia* ('no other source contributed more conspicuously to the stock of ideas in his mind', p. 203) is erroneous (see p. xxiii above). Nor do I agree with Oliver that 10, 8-10 ('nostra curabimus... nos ipsos... posthabebimus') is reminiscent of Simplicius's commentary to *Encheir.* 8 c.

die in order to release his soul from the fetters of the body (cf. the note to 8,13-14).

In the central section Poliziano argues, following Iamblichus, that philosophizing is a good thing. The topic moves to the fear of death and the unknown beyond it (11,12-14). As his paraphrase continues (11,24 ff.) he contemplates the brevity of life, the futility of public recognition, and the brittleness of the body, which may superficially appear a thing of supreme beauty but which is inwardly a repulsive mess, to say nothing of the lusts with which man is tormented. Do we here perceive an echo of the admonishments of Savonarola, the Dominican friar who had been preaching in Florence since 1490? The same sombre view of human life determines the content of two equally impressive documents, namely a translation exercise which Poliziano designed for his pupil Piero de' Medici in 1481, and one of his Italian sermons (cf. the notes to 11,12-14 and 11,24-38).

There are also parallels with Poliziano's collection of letters (cf. the notes to 9,19-22, 16,17-19, 17,23-25 and 18,21). Thus in a letter to the hostile Scala he denies regarding himself as a philosopher and to the good friend Pico he jokingly refers to himself as a 'philosophaster'.

As far as I have been able to establish there is only one phrase in which the *Lamia* reads the same as the *Stanze* (cf. the note to 8,2-3).

Part Two

The published editions of the Lamia

The first edition of the *Lamia* was printed in 1492 by the Florentine Antonio Miscomini. Apart from a manuscript dating from the beginning of the sixteenth century (M, probably copied from a printed edition) I have found no trace of any manuscript material. The *Lamia* was published several times between 1495 and 1511 in combination with Poliziano's *Panepistemon* and *Miscellanea I* or alongside the work of other authors (mainly collections of philological notes compiled by scholars of Poliziano's day). The text is included in the great *Opera omnia* editions (Venice 1498, Paris 1512 and 1519, Lyons 1528-46 and Basle 1553). Separate editions of the *Lamia* appeared in Tübingen between 1511 and 1516 (F) and in Rome in 1524. In the nineteenth century an edition was published by Del Lungo, who also provided the text with a translation (Florence 1864, reprinted with other work in 1897 and 1926). Del Lungo's text was republished in Padua in 1931.

A Florence 1492

Angeli Politiani *Praelectio in Priora Aristotelis Analytica. Titulus Lamia.*
Florence, Antonio Miscomini, 14 November 1492.
The copy I used is in the British Library, London (IA. 27202).

B Venice 1495 — Florence 1496

Vitruvius, *De architectura*, Frontinus, *De aquaeductibus*, Poliziano,
Panepistemon and *Lamia* (*'In priora Analytica praelectio, cui titulus est Lamia'*).
There are two colophons in this miscellany. The first (at the end of the
Vitruvius, fo. 64ª) gives Florence 1496, the second (at the end of the
Panepistemon, fo. 70ᵇ), Venice 13 November 1495. The book was printed
in 1495-6, partly in Venice, partly in Florence, by Cristoforo de Pensa de
Mandello.

See the *Catalogue of Books Printed in the XVth Century Now in the British Museum* vol. V p. 474
and introd. p. xlii; Perosa, *Mostra* no. 135, pp. 112-13. I used a microfilm of a copy in the
British Library (169.i.2).

Venice 1495

Poliziano, *Panepistemon, Lamia.*
The colophon (Venice, 13 November 1495) is at the end of the
Panepistemon (fo. 6ᵇ). This edition, a copy of which is in the Biblioteca
Palatina in Parma, Perosa believes to have been taken from the
miscellany referred to above.

Not seen. See Perosa, *Mostra* no. 135, pp. 112-13.

C Brescia 1496

Filippo Beroaldo, *Annotationes centum, Contra Servium grammaticum nota-
tiones, Plinianae aliquot castigationes*; Poliziano, *Miscellanea I*; Domizio
Calderini, *Observationes quaepiam*; Poliziano, *Panepistemon, Lamia* (*'Praelectio in Aristotelem, cui titulus Lamia'*); Filippo Beroaldo, *Appendix aliarum an-
notationum*; Giovanni Battista Pio, *Annotamenta.*
Brescia, Bernardino Misinta, December 1496. Publication was sup-
ported 'sumptibus Angeli Britannici'.

See Perosa, *Mostra* no. 136, p. 113. I used a microfilm of a copy in the British Library (IB.
31254).

D Venice 1497

Cleonides, *Harmonicum introductorium* (trans. Giorgio Valla), Vitruvius,

De architectura, Frontinus, *De aquaeductibus*, Poliziano, *Panepistemon, Lamia* (*'In priora Analytica praelectio, cui titulus est Lamia'*).
Venice, Simon Bevilacqua, 3 August 1497 (the colophon is at the end of the Vitruvius, fo. 72^b).
This edition is a reproduction of B to which the tractate by Cleonides has been added.

See Perosa, *Mostra* no. 137, pp. 113-14. I used a copy in the Biblioteca Riccardiana, Florence (Ed. R. 85).

E Venice 1498

Poliziano, *Omnia Opera*. Venice, Aldo Manuzio, July 1498. The edition was published by Alessandro Sarti among others (cf. the preface by Manutius).

See Perosa, *Mostra* no. 138 pp. 114-15 and 'Contributi e proposte per la pubblicazione delle opere latine del Poliziano', in *Il Poliziano e il suo tempo. Atti del IV Convegno Internazionale di Studi sul Rinascimento*, Firenze 1957, pp. 94-6. I used a reprint edition (Rome, Editrice Bibliopola, *c.* 1973).

NB. The edition of Poliziano's *Opera*, which claims to have been printed in Florence by 'Leonardus de Arigis de Gesoriaco' (but actually at Brescia by Bernardino Misinta), 10 August 1499, does not contain the *Lamia*.

Venice 1502 and 1508

Marcantonio Sabellico, *Annotationes*; Filippo Beroaldo, *Annotationes centum, Contra Servium grammaticum libellus, Castigationes in Plinium, Appendix annotamentorum*; Giovanni Battista Pio, *Annotationes*; Poliziano, *Miscellanea I*; Domizio Calderini, *Observationes quaedam*; Poliziano, *Panepistemon, Lamia* (*'Prelectio in Aristotelem, cui titulus est Lamia'*); Giovanni Battista Egnazio, *Racemationes*.
Venice, I. Pentius de Leuco, 1502. This edition, published by Giovanni Bembo, was reprinted in 1508 (5 September) by Joannes Tacuinus de Tridino.

F Tübingen [1511-16]

Poliziano, *Lamia*. Tübingen, Thomas Anshelm, n.d.
Anshelm, a native of Baden-Baden, worked at Tübingen between 1511 and 1516 (cf. O. Schottenloher in *Neue deutsche Biographie* vol. I s.n. Anshelm; F. Geldner, *Die deutschen Inkunabeldrucker. Ein Handbuch der deutschen Buchdrucker des XV. Jahrhunderts nach Druckorten* vol. I, Stuttgart 1968, p. 285; *Short-Title Catalogue of Books Printed in the German-speaking Countries and*

German Books Printed in Other Countries from 1455 to 1600 now in the British Museum, London 1962, p. 968).

See the *Catalogue général des livres imprimés de la Bibliothèque Nationale* vol. 140 col. 143. I used a microfilm of the copy there described (Rés. m. R. 23).

Paris 1511

Annotationes doctorum virorum in grammaticos, oratores, poetas, philosophos, theologos et leges. Poliziano, *Miscellanea I*, *Lamia* (*'Praelectio in Analytica Aristotelis que dicitur Lamia'*), *Panepistemon*; Antonio Sabellico, *Annotationes*; Filippo Beroaldo, *Centuria I, In Servium grammaticum libellus, In Plinium et alios quosdam, Appendix*; Domizio Calderini, *Observationes quaedam*. Giovanni Battista Egnazio, *Racemationes*; Giovanni Battista Pio, *Annotationes, Castigationes Ciceronis Ad Hortensium*; Cornelio Vitelio, *In Merulam*; Iacobus a Cruce, *Annotata, praelectiones*; Pio Antonio Bartolini, *In leges castigationes, De ordine imperatorum libellus*, etc.
Paris, Josse Bade van Asse and Jean Petit, 1511. (Not seen.)

Paris 1512 and 1519

Poliziano, *Omnia opera*. Paris, Josse Bade van Asse and Jean Petit, 1512 (not seen). Josse Bade printed Poliziano's *Opera* again in 1519, this time apparently without Petit, whose name is not mentioned.

Rome 1524

Poliziano, '*Praelectio in priora Aristotelis Analytica, titulus Lamia*, ubi non sine fabellis amoenissimis saluberrimisque humanae vitae caecos errores et labyrinthos aperit, lectorem ad divina sapientiae studia mire instituens atque acriter impellens.'
Rome, F. Minitius Calvus, April 1524. (Not seen.)

Lyons 1528-46

Poliziano, *Opera*. Lyons, Sebastianus Gryphius, 1528-46. Various editions. The *Lamia* bears the title '*Praelectio in priora Aristotelis Analytica, titulus Lamia*'.

Basle 1553

Poliziano, *Opera omnia*. Basle, Nikolaus Bischoff Jr., 1553. The *Lamia* (*'Praelectio in priora Aristotelis Analytica. Lamia'*) on pp. 451-61.

M Florence, Biblioteca Medicea Laurenziana, MS Plut. 90 sup. 39.

Poliziano, *Lamia* (*'Praelectio in priora Aristotelis Analytica, Titulus Lamia'*) and preface to the *Menaechmi* of Plautus; Marcello di Virgilio Adriani, *orationes; orationes*, letters and poems by various authors; Suetonius, *Vita Caesaris*.
Manuscript (paper) dating from the first half of the sixteenth century. The text of the *Lamia* (ff. 1ᵃ-16ᵃ) contains numerous lacunae and errors. It was probably copied from a sixteenth-century printed edition (collation of variants shows that M cannot be based on A B C D E or F).
See Perosa, *Mostra* no. 134, pp. 111-12.

Florence 1864, 1897 and 1926

Poliziano, *La Strega, Prelezione alle Priora d'Aristotile nello Studio fiorentino l'anno 1483* [sic], Firenze 1864. Isidoro Del Lungo provided this edition with an Italian translation. He included the text in his *Florentia. Uomini e cose del Quattrocento*, Firenze 1897 (pp. 133-74) and subsequently in Poliziano, *Le Selve e la Strega. Prolusioni nello Studio fiorentino (1482-1492)*, Firenze 1926 (pp. 184-228).

Padua 1931

Poliziano, *Praelectio in Priora Aristotelis Analytica, cui titulus Lamia*. Padova, A. Draghi di G. B. Randi e figlio, 1931 (*Collectio Scriptorum Latinorum in usum Universitatis Patavinae* no. 5). I conclude after a partial collation that this edition is a reprint of that by Del Lungo (his name is not given, and the Italian translation has been omitted).

Del Lungo makes no statement of the edition on which his text is based.[1] On collating the text of the 1926 edition with editions A B C D E and

---

[1] The pamphlet by P. and L. Barbèra, *L'edizione delle opere di A. Poliziano curata da G. Carducci e I. Del Lungo... Saggio bibliografico*, Firenze 1895, contains nothing on Del Lungo's *Lamia* edition.

F and the manuscript M I found that it contains a considerable number of variant readings, including three omissions and four clear errors (indicated below with an asterisk*).

	A B C D E F M		Del Lungo
	titulus Lamia		cui titulus Lamia
7,10	manu		*omisit*
8,11	aliena non posset		*omisit*
8,25	Athenienses	*	Atheniensem
9,26	Qui bene vivere igitur		i.q.b.v.
10,3	sint		sunt
12,5	suos		*omisit*
12,9	fluenti		fluentes
12,16	inquis		inquies
14,6	e	*	a
14,15	ostentant	*	ostentat
16,30	hae		haec
17,34-35	audisse me		m.a.
18,7	percussus (perculsus E)		perculsus
18,28	vernari		vernare
19,5	ut	*	et

The other variants occurring in Del Lungo's text, compared with A, are the following:

	A	Del Lungo
4,26	fodicabo (fodicato B C D E F M)	fodicato
10,37	perceptus (preceptu B C M perceptu D E F)	perceptu
14,9	plutimi (plurimi B C D E F M)	plurimi

At these places, where A contains printing errors, Del Lungo's text gives the correct reading. Spelling variants have not been included in these lists. Suffice it to say that the spelling of the Del Lungo text is very different from that of both the *editio princeps* (A) and the Manutius edition (E). Del Lungo, of course, knew little of Greek and Latin, in addition to which his editing is sloppy.[2]

---

[2] 'È noto che il Del Lungo fu uno scarso conoscitore delle lingue classiche e un editore affrettato e disattento' (A. Perosa, 'Studi sulla tradizione delle poesie latine del Poliziano', in *Studi in onore di U. E. Paoli*, Firenze 1954, pp. 539-62, quoted with approval in Maïer, *Ange Politien* p. 135 n. 12).

The present edition

For the present edition I have collated the *editio princeps* (A), all the fifteenth-century editions (B C D and E), a sixteenth-century edition (F) and the sixteenth-century manuscript (M). Particular attention has been paid to the Manutius edition (E). Examination of the variants occurring in B C D E F and M compared to A shows that the text of A almost everywhere contains the correct reading (see the critical apparatus): there are only three places where a reading from B C D E F and/or M is to be preferred to that of A. In all three cases it is a matter of a printing error: 4,26 fodicabo A fodicato B C D E F M, 10,37 perceptus A preceptu B C M perceptu D E F, and 14,9 plutimi A plurimi B C D E F M. With these three exceptions, then, my text follows that of A. Thus I have kept the forms 'civitatium' (13,29), 'saltim' (11,3; even though elsewhere (17,37) A has 'saltem') and 'vernari' (18,28).

The present edition distinguishes between 'u' and 'v' according to modern practice. Abbreviations have been expanded, those in words such as 'eūdē' being expanded by analogy with those places at which similar forms are printed in full (6,12, 13,4-5 and 18,12 eundem; 6,12 quandam; 5,6 aliquandiu). Abbreviations and contractions in words like 'quēq3' have been expanded in like manner (A has 3,9 quaecunque; 6,11 Quotcunque; 6,19 and 11,28 plerunque; 3,3 and 7,13 unquam; 8,8 utranque; 11,33 quenque; 11,22-23 and 11,39 tanquam). The form 'Aristarcus' (16,21) has been changed to 'Aristarchus' (A has 16,27 Aristarchus; so also the autograph manuscript in which the second Centuria of the *Miscellanea* has been preserved[3]). Otherwise the spelling of A has been reproduced. Thus I have kept 'comediae' (9,6), even though elsewhere (12,18) A has 'comoedia' and 'tragoedia'. In the autograph manuscript of the *Miscellanea* Poliziano consistently spells these words with 'e', not 'oe'.[4]

The way words are printed run together or separated in A often differs from present usage (e.g. 'quammaxime', 'tyrannum ve'). Here, as in the use of capitals and punctuation, I follow modern practice.

The critical apparatus, printed at the foot of each page, contains the variants in B C D E F and M. Trivial printing errors and purely orthographical variants have been omitted.

---

[3] Cf. *Miscell.* II ed. Branca-Pastore Stocchi, vol. II: *Facsimile dell'autografo* and III: *Trascrizione sussidiaria alla lettura del facsimile*, cap. 50,13.

[4] Cf. the edition of *Miscell.* II cited in the previous note, cap. 28,3 tragediam, comediamque, 43,24 comedie; cf. also 9,4 7 8 11 and 12, 10,1 and 47,2 4 11 and 12.

TEXT AND COMMENTARY

SIGLA

A editio princeps, Florentiae 1492

B ed. Venetiis 1495-Florentiae 1496

C ed. Brixiae 1496

D ed. Venetiis 1497

E ed. Venetiis 1498

F ed. Tubingae [1511-16]

M cod. ms. saec. XVI, Florentiae asservatus, Bibl. Med. Laur., Plut. 90 sup. 39

ANGELI POLITIANI

PRAELECTIO IN PRIORA ARISTOTELIS ANALYTICA

titulus

LAMIA

Fabulari paulisper lubet, sed ex re, ut Flaccus ait; nam fabellae etiam,
quae aniles putantur, non rudimentum modo sed et instrumentum quandoque philosophiae sunt. Audistisne unquam Lamiae nomen? Mihi
quidem etiam puerulo avia narrabat esse aliquas in solitudinibus
Lamias, quae plorantes gluttirent pueros. Maxima tunc mihi formido   5
Lamia erat, maximum terriculum. Vicinus quoque adhuc Fesulano
rusculo meo Lucens Fonticulus est, ita enim nomen habet, secreta in umbra delitescens, ubi sedem esse nunc quoque Lamiarum narrant mulierculae quaecunque aquatum ventitant. Lamiam igitur hanc Plutarchus
ille Cheroneus, nescio doctior an gravior, habere ait oculos exemptiles,   10
hoc est quos sibi eximat detrahatque cum libuit rursusque cum libuit
resumat atque affigat, quemadmodum senes ocularia specilla solent,
quibus hebescenti per aetatem visui opitulantur; nam et cum quid in-
spectare avent, insertant quasi forfici nasum, et cum satis inspectarunt,
recondunt in theca. Quidam vero etiam dentibus utuntur aeque exemp-   15
tilibus, quos nocte non aliter reponunt quam togam, sicuti uxorculae
quoque vestrae comam suam illam dependulam et cincinnos. Sed enim
Lamia haec quoties domo egreditur, oculos sibi suos affigit vagaturque
per fora, per plateas, per quadrivia, per angiportus, per delubra, per
thermas, per ganeas, per conciliabula omnia circumspectatque singula,   20
scrutatur, indagat, nihil tam bene obtexeris ut eam lateat. Milvinos esse
credas oculos ei aut etiam emissicios sicuti Plautinae aniculae. Nulla eos
praeterit quamlibet individua minuties, nulla eos evadit quamlibet
remotissima latebra. Domum vero ut revenit, in ipso statim limine demit
illos sibi oculos abicitque in loculos. Ita semper domi caeca, semper foris   25
oculata. Quaeras forsitan domi quid agitet? Sessitat lanam faciens atque
interim cantilat. Vidistisne, obsecro, unquam Lamias istas, viri Floren-

PRAELECTIO ... titulus *deest in* F   6 Lamia] Lamir C   9 hanc] haac C   10 an
gravior] anigravior C   11 detrahatque] detrahat C   rursusque cum libuit *deest in* C
23 quamlibet (I)] quelibet M   eos] eas M   27 obsecro *deest in* M

tini, quae se et sua nesciunt, alios et aliena speculantur? Negatis? Atqui
tamen sunt in urbibus frequentes etiamque in vestra, verum personatae
incedunt: homines credas, Lamiae sunt. Harum igitur aliquot
praetereuntem forte conspicatae me substiterunt et, quasi noscitarent,
5 inspexere curiosius, veluti emptores solent. Mox ita inter se detortis
nutibus consusurrarunt: 'Politianus est, ipsissimus est, nugator ille
scilicet qui sic repente philosophus prodiit.' Et cum dicto avolarunt quasi
vespae dimisso aculeo. Sed quod repente me dixerunt prodiisse philosophum nescio equidem utrumne illis hoc totum displiceat philosophum es-
10 se, quod ego profecto non sum, an quod ego videri velim philosophus,
cum longe absim tamen a philosopho. Videamus ergo primum quodnam
hoc sit animal quod homines philosophum vocant. Tum, spero, facile in-
telligetis non esse me philosophum. Neque hoc dico tamen quo id vos
credam credere, sed ne quis fortasse aliquando credat; non quia me no-
15 minis istius pudeat, si modo ei possim re ipsa satisfacere, sed quod alienis
titulis libenter abstineo, ne si forte suas repetitum venerit olim grex avium plumas, moveat cornicula risum. De hoc igitur primum, mox etiam
de eo agemus, utrumne esse philosophum turpe ac malum sit. Quod ubi
docuerimus non esse, tum de nobis ipsis nonnihil deque nostra hac pro-
20 fessione loquemur.

Audivi equidem Samium fuisse olim quendam iuventutis magistrum,
candidatum semper et capillatum, femore etiam aureo conspicuum, natum saepius ac renatum. Nomen illi erat Ipse: sic discipuli certe vocabant
sui. Sed eos discipulos, ut ad se quenque receperat, statim prorsus elin-
25 guabat. Praecepta vero si Ipsius audieritis, risu, scio, diffluetis. Dicam
tamen nihilo secius. Ignem, aiebat, gladio ne fodicato. Stateram ne
transilito. Cerebrum ne comedito. Cor etiam ne comedito. Supra sextarium ne sedeto. Malvam transferto, sed eam ne comedito. Adversus solem
ne loquitor. Viam regiam declinato, per semitas ingreditor. Cum lecto
30 surges, stragula complicato vestigiumque corporis confundito. Anulum
ne gestato. Ollae quoque vestigium turbato in cinere. Hirundines intra
domum ne admittito. Contra solem ne meito. Speculum ne spectato ad
lucernam. Dextrum pedem priorem calciato, sinistrum priorem lavato.
Unguium criniumque tuorum praesegmina ne commingito, sed in ea
35 despuito. Hic idem faba quoque sic semper abstinuit ut Iudaeus porco.
Si quem autem aliquando gallum gallinaceum candidula pluma et pinnis
invenisset, eum vero protinus in germani fratris diligebat loco.

5 inter] iner E   10 ego (I)] ergo C   15 ei possim] possim ei M   quod] quia F   18 sit]
sic C F   19 hac] ac E   22 capillatum] capillatam C   26 fodicabo A fodicato
B C D E F M   27 transilito] transilitio C F   36 autem *deest in* M   et pinnis *deest in* F

Ni cachinnos metuam, qui iam clanculum, puto, ebulliunt, habeo aliud quoque quod narrem. Sed narrabo tamen; vos, ut lubet, ridetote. Bestias docebat, tam feras quam cicures. Et sane ursa Daunia quaedam fuisse memoratur, magnitudine horribili, feritate formidabili, pestis acerba bovum atque hominum. Hanc ad se hic vir, si modo Ipse erat vir,   5 blande vocavit, manu permulsit, domi habuit aliquandiu, pane aluit et pomis. Mox dimisit, adiurans ne quod animal post id attingeret. Illa vero in montes suos et silvas abiit mitis nec animantium deinde obfuit cuiquam. Vultisne etiam de bove audire? Bovem Tarenti in agro quodam pascuo forte conspicatus, viridem adhuc fabaciam segetem morsu trun-   10 cantem, rogavit bubulcum moneret bovem suum ne illam depasceretur. Huic bubulcus illudens 'Atqui' inquit ·'bovatim loqui nescio. Tute, si scis, potius moneto.' Non cunctatus Ipse accessit propius et in aurem bovi illi diutule locutus impetravit non modo ut in praesens, sed ut etiam in perpetuum pabulo fabacio abstineret. Itaque bos ille Tarenti deinde   15 molliter consenuit, in Iunonis fano sacer habitus cibisque hominum vesci solitus quos illi obvia turba offerebat.

Hic igitur Ipse, tam portentosae sapientiae professor ac venditator, interrogatus olim a Leonte Phliasiorum tyranno quid hominis esset, philosophum se esse respondit. Iterum rogatus quid sibi illud vellet inauditum   20 antea nomen — etenim sibi Ipse tunc extempore confinxerat — vitam ait hominum perinde esse ut mercatum qui maximo ludorum apparatu totius Graeciae celebritate habeatur. Multos enim eo confluere mortalis, alios alia causa. Quosdam enim ut mercimonia sua venditent et frivola, qui tentoriola etiam passim et umbracula quasi laqueos et retia tendunt   25 pecuniolae, quosdam rursus ut sese ostentent ac suas exhibeant dotes. Ibi ergo pariter visuntur et qui discum procul expellit et qui pondus robuste attollit et qui spatii plurimum transilit et qui lucta plurimos deicit et qui cursu longissime praevolat. Ibi et funerepus periclitatur et petaurista iactatur et saccularius praestigiatur et venenarius inflatur et divinaculus hal-   30 lucinatur et aretalogus nugatur et circulator illudit et gladiator eludit et orator blanditur et poeta mentitur. Postremo alios liberalius institutos coire ad ludos eos aiebat ut loca viserent, ut ignotos homines artesque et ingenia et nobilissimorum opera artificum contemplarentur. Ita igitur et in hanc vitam diversis homines studiis convenire, quorum alios pecuniae   35 desiderio deliciarumque teneri, alios principatus et imperii cupidine solli-

---

4 formidabili] formidabile C   6 pane] plane D   9 Tarenti] Trenti C   13 propius] proprius D   14 ut etiam] etiam ut M   18 venditator: venditor C F   18-19 interrogatus] intertogatus D   21 etenim] Ea enim C F   confinxerat] confixerat M   23 eo confluere] eorum fluere C   24 venditent] venderent C F   26 ostentent] ostentet C   29 petaurista] Paturista C F (F *correxit in fine libri*) petauriste D M (M *correxit in marg.*) 30 et (I) *deest in* M   34 contemplarentur] comtemplaretur B

citari, alios gloriolae stimulis agitari, alios voluptatum blanditiis titillari. Sed inter omnis praecellere tamen eos et esse quam honestissimos qui rerum pulcherrimarum speculatione contenti sint caelumque hoc spectent solemque et lunam et siderum choros: solem, qui sit ipse fons luminis,
5 lunam, quae inde lucem hauriat, tam varia, tam inconstans, sidera, quorum vagentur alia, haereant alia in vestigio semper omniaque nihilominus rapiantur; qui tamen ordo pulchritudinem habeat ex illius participatu quod intellegibile primum sit quodque Ipse numerorum rationumque naturam interpretabatur, quae per universum decurrens et
10 commeans arcano quodam vel ornatu vel ordine cuncta devinciret. Quotcunque igitur pulchra, divina sinceraque primo, hoc est in fonte ipso, sint eundemque tenorem peragentia, horum esse scientiam quandam quae sophia nominatur — id nomen Latine sapientia est — eiusque sophiae studiosum vocatum modo esse a se philosophum.
15 Olim autem, apud saeculum priscum, sapientes appellari consueverant etiam qui sellularias quasdam callebant artes, unde vates Homerus fabrum quoque lignarium sapientem vocat. Sed extitit Atheniensis quidam senex altis eminens humeris, ut aiunt, quem etiam putant homines Apolline satum. Hic sapientis esse negavit eas artis quae plerunque vitae
20 inserviant, sive illae necessariae sive utiles sive elegantes sive ludicrae sive auxiliares sint. Propriam autem philosophi esse supellectilem dixit numerorum scientiam, quos, inquit, a natura hominis si removeris, etiam ratio perpetuo perierit. Numeros autem ille non corporeos accipiebat, sed ortum ipsum potestatemque paris et imparis, quatenus rerum natu-
25 rae consentiant. Post hoc etiam deorum atque animantium geniturae, quae theogonia zoogoniaque vocentur, et item siderum cognitioni vacaturum dicebat lunaeque circumitum, quo menses includantur, quo plenilunia fiant, ac solis anfractus indagaturum brumas et solstitia peragentes vicissitudinesque dierum et noctium commutationesque temporum qua-
30 dripartitas; ad haec stellarum quinque vagantium errores minime unquam errantes earumque cursus, praegressiones, stationes; tum fixa certis locis astra, quae mira quadam tamen celeritate cum caelo ipso in adversum rotentur et rapiantur. Huic accedere aiebat oportere eam quae ridiculo nomine geometria vocetur, in qua numerorum similitudo
35 conspicitur, a planis ad solida progrediens, ubi ratae cernuntur rationes, ex quibus tota sonorum scientia conflatur. Illam tamen in primis necessariam esse artem qua verum a falso dinoscitur, qua mendacium refutatur, sicuti e diverso esse occupatissimam vanitatem quae artificium hoc non

---

1 alios (I)] alio D   gloriolae] gloriae D M   3 sint] sunt M   5 hauriat] hauria C   14 vocatum *deest in* C F   a se *deest in* F se *deest in* C   16 callebant] calebant M   24 et *deest in* D   27 circumitum] circuitum E circuitu F   28 indagaturum] indignaturum M   31 praegressiones] progressiones M

sequitur, sed simulat verumque colorem fuco mentitur. Ut autem perve-
nire ad intellectum naturae eius tandem philosophus possit quae semper
est quaeque sub corruptione generationeque non fluitat, hanc ei quam
diximus terendam esse aiebat viam disciplinasque has difficiles an faciles
omnino perdiscendas aut certe Deum fortunamque invocandam.   5
   Sed enim talem hunc philosophum nasci etiam affirmabat oportere
idem senex e matrimonio sacro, hoc est ex optimis parentibus. Non enim
ex omni ligno, sicuti dicitur, Mercurius fit. Ut autem rami et surculi pravi tortuosique natura minime unquam redigi ad rigorem suum queunt,
quamvis manu tractentur et emolliantur, sed ad naturalem illam statim   10
pravitatem recurrunt, sic hi qui parum nati honeste, parum educati inge-
nue sunt continuo ad humum spectant, hoc est vilissima quaedam mi-
nisteria adamant, nec in sublime animos attollunt nec recti unquam nec
liberi sunt. Si autem Elei Piseive, apud quos Olympia celebrari solita,
neminem se nudare ad certamen illud patiebantur nisi qui parentes et   15
stirpem generis docere posset labe omni carere, nec tamen ibi animorum
sed corporum certamen agebatur nec praemium aliud petebatur quam
corona ex oleastro, cur non idem quoque, aiebat hic senex, in virtutis cer-
tamine observetur? Porro hunc et ipsum veritatis indagandae studiosum
esse et habere quam plurimos eiusdem studii socios adiutoresque velle,   20
scilicet qui norit evenire idem in philosophia quod in venatu: si quis enim
feram solus vestiget, is eam vel nunquam vel aegre deprehendet; qui venatores advocet alios facile ad ipsum cubile perveniet. Et in hac igitur
veritatis quasi venatione loca abrupta confragosaque sunt plurima, arboribus clausa circum atque horrentibus umbris, quae lustrare solus ne-   25
queas. Sed quemadmodum gentiliciae quaedam familiarum notae
feruntur, ut Seleucidarum ancora, Pelopidarum eboreus humerus, Aenobarborum rutila barba, sic philosophi omnes habere hoc in primis velut insigne debent ut sint mendacii osores, veritatis amatores.
Quanquam aliquod mendacium quoque philosopho congruit, ut cum se   30
ipse et sua extenuat, quali Socrates ironia fertur eleganti usus adversus
inflatos sophistas, ut qui ab homine refellerentur imperitum agente facilius intellegerent quam omnino nihil ipsi scirent. At vero si qui etiam sibi
illa impudenter affingunt unde absunt longissime, molesti ubique sunt,
sed in his praecipue studiis. Enimvero pecuniarum quoque abesse amor   35
debet nec ultra quaerendum quam quatenus otium suppeditetur philosophiae. Non enim vir bonus mihi erit unquam qui velut oculos honesti ad

---

4 disciplinasque] disciplinaaque C   8 autem] tamen D M   8-9 pravi] parvi D M   10
emolliantur] emoliantur C   11 pravitatem] parvitatem D M   hi] ii E   13 in *deest in*
D M   15 nudare] undare D M   23 ipsum] ipsam D   26 familiarum] familiarium D
M   34 absunt] absint M

auri splendorem summiserit quique depactione turpi fidem suam prodiderit et integritatem; nam sicuti aurum igni, ita auro etiam homines explorantur. Sed nec arcana cuiusque curiosius et scrupulosius ut illae quas diximus Lamiae rimabitur nec scire volet secreta domus atque inde time-
5   ri. Etenim sapientem iudicabit Aesopum, qui unumquenque hominum duas gestare ait manticas, seu vocare peras malumus, anticam scilicet et posticam, hoc est alteram in pectus, alteram in tergum propendulam plenamque utranque vitiis, sed anticam alienis, posticam cuiusque suis. Inde homines videlicet sua vitia non cernere, aliena cernere. Atque uti-
10   nam obverterentur aliquando hae manticae, ut sua quisque intueri vitia posset, aliena non posset! Talem nobis igitur veri ac legitimi philosophi adumbravit imaginem senex ille Atheniensis, qui toto vertice ac toto etiam pectore supra ceteros fuit. Eumque semper, quandiu viveret, mortem commentari aiebat solumque tamen in hac quoque vita felicem esse et
15   beatum. Ceterum inveniri omnino tales quam paucissimos et pene albis esse corvis rariores. Nunc si me talem vel dicam vel etiam opiner esse qualem modo philosophum descripsi, stultior Coroebo sim; nam et disciplinas illas vix attigi quae philosopho competunt et ab his quos dixi moribus ac virtutibus absum longissime.

20   Sed fingite esse me talem. Num ob id, quaeso, culpandus? An vana, an mala ars philosophia? Ita certe visam scio nonnullis olim praesertimque potentioribus. Agrippina illa Augusta Neronem filium dicitur ob id a philosophiae studio revocasse quod inutilis esset imperantibus. Domitianus urbe philosophos atque Italia pepulit nullum ob crimen nisi quod
25   philosophi erant. Athenienses cicuta Socratem, parentem prope ipsum philosophiae, substulerunt. Fortunatissima olim civitas Antiochia maledictis insectata et cavillis est Romanum principem Iulianum nihil ob aliud nisi quod erat philosophus ac barbam, qui mos erat veterum philosophantium, nutriebat. Quid quod et libros omnis comburere philo-
30   sophorum tyrannus olim barbarus destinaverat? Et fecisset, nisi eum Algazeles pio quodam commento, sed parum tamen specioso, revocasset ab incepto. Verum de his non miror. Scelesti enim moribus et facinorosi luxuriaque et deliciis corrupti supercilium ferre non poterant philosophiae. Magis illud miror toties eam a doctis quoque et alioqui bonis fuisse
35   exagitatam et quidem, quod indignemur, secundo populo, hoc est magno successu, magna exagitantium laude. Nam et Romanus Hortensius, ho-

---

6 anticam] manicam M   8 anticam] manticam M   12 vertice ac toto *deest in* C F   15 omnino] omnio D   16 rariores] ratiores D   18 his] iis E   19 ac] et M   20 Num] Nam C F   23 imperantibus] imperatoribus D M   29 Quid quod et] qui et quod et M   30 tyrannus] Tyrannis C F (F *correxit in fine libri*)   34 eam] ea M   35 exagitatam] exagitata M

mo eloquentissimus atque idem nobilissimus, cum philosophiam vitupe-
rasset, meruit ut eius nomine librum Cicero inscriberet et illustriorem
eum traderet posteritati. Et Dion ille Prusieus, qui prior tulit oris aurei
cognomentum, nulla in oratione, cum quidem plurimas ediderit, elo-
quentior habetur quam in ea quae contra philosophos est. Et Aristopha- 5
nes, antiquae auctor comediae, nulla in fabula tantum veneris aut virium
creditur exseruisse quantum in illa cui titulum fecit *Nubes*, in qua lepi-
dissime philosophum Socratem descripsit saltum pulicis metientem. Sed
et Aristides ex ea oratione quam adversus Platonem pro quattuor Athe-
niensium proceribus scripsit multo illustrior mihi et celebrior videtur fac- 10
tus quam e caeteris omnibus quas composuit plurimas, cum tamen sit illa
expers artificii nec ulli rhetorices formae satis congruat; verumtamen arcana quadam pulchritudine floret et gratia nominibusque ipsis et verbis
mirum quantum delectat. Quid ille autem Phliasius Timon, qui *Sillos*
amarulentum composuit opus? Nonne magnum sibi et ipse nomen ex ir- 15
risu philosophorum comparavit? Ceterum non continuo malum videri
debet quod est a quibusdam reprehensum; nam et dulcis sapor omnium
creditur praestantissimus, qui tamen aliquibus etiamque benevalentibus
parum gratus. Sermunculi isti hominum videlicet ac rumusculi similes
umbrae sunt. Ut autem crescente umbra vel decrescente corpus tamen 20
ipsum cuius illa est umbra neque crescit neque decrescit, ita nec melior
fit quisquam dum vulgo laudatur nec item peior dum vituperatur.

Quod si philosophandum non est, secundum animi virtutem vivendum non est. At sicut animo vivimus, ita animi virtute bene vivimus,
quemadmodum sicuti oculis videmus, ita oculorum virtute bene vide- 25
mus. Qui bene vivere igitur non vult, is ne philosophetur, qui turpiter
vivere vult, is philosophiam ne sectetur. Veniunt ecce in mentem Pytha-
gorei Archytae dicta quaedam prorsus aurea de libro eius qui *De sapientia* inscribitur selecta, quae, nisi molestum est, Latine ad verbum
referam. Sic inquit: 'Sapientia in rebus omnibus humanis excellit ut in 30
sensibus visus, in anima mens, in sideribus sol. Visus enim longissime
tendit plurimasque rerum formas amplectitur, et mens quasi regina
quodcunque opus est ratione excogitationeque perficit ac visus quidam
visque est rerum praeclarissimarum, et sol ipse oculus est atque animus
naturae totius, per quem scilicet omnia cernuntur, gignuntur, nutriun- 35
tur, augentur, foventur. Homo vero animantium omnium longe sapien-
tissimus: vim quippe habet illam qua speculari omnia possit ac scientiam
prudentiamque ex omnibus elicere, ut in quo Deus ille maximus ratio-

---

4 nulla *deest in* D M   7 exseruisse] exferuisse B C D M   12 expers] expars B C D   16
comparavit] comparuit M   21 est umbra] umbra est M   neque crescit *deest in* D
M   29 selecta] electa D M   34 visque] visusque C   35 nutriuntur *deest in* C

nem quasi universam impresserit ac signaverit, ubi rerum species omnium distinguerentur significationesque nominum forent et verborum, sic
ut loca etiam certa vocum sonis assignata sint.' Hactenus Archytas.

Mihi autem videtur et illud, qui philosophari nolit etiam felix esse nol-
5   le. Nam si tunc felices sumus cum bona adsunt nobis plurima, sed adsunt
ita ut et prosint, nec prosunt autem nisi utamur, bene autem ut utamur,
scientia una facit, scientiam autem philosophia vel affectat vel possidet,
profecto ut felices efficiamur philosophandum est. An, quaeso, nostra curabimus, hoc est corpus et opes, nos ipsos, hoc est animum, posthabebi-
10 mus? Ut autem medicina corpus, ita animum curat philosophia. Sed
cum tres animi nostri seu partes seu vires — ratio, ira, cupiditas — sint,
prior illa divina, posteriores quasi brutae, num, quaeso, ipsam quidem
cupiditatem, idest beluam multorum capitum, praetereaque iram, ceu
furentem leonem, molliter educabimus quasique corroborabimus, ratio-
15 nem autem, quae proprie homo est, fame confici et esse imbeccillam se-
mimortuamque patiemur, ut scilicet huc atque illuc a monstris geminis
velut ille in fabulis Hippolytus raptetur et membratim quasi discerpatur
ac dilanietur? Quod si vitam refugimus solitariam, civilem vero sequi-
mur et urbanam, nonne intellegimus esse artes in civitate quae vitae
20 commoda suppeditent, esse alias item quae illarum utantur opera, rursus
alias quae famulentur, alias quae imperitent inque his utpote nobiliori-
bus etiam bonum ipsum praecipue reperiri? Sed quae sola iudicium teneat rectum quaeque ratione ipsa utatur atque universum bonum
contempletur, ea certe vel uti vel imperare omnibus suapte natura potest.
25 Talis autem praeter philosophiam nulla omnino est. Cur igitur pudeat
philosophari?

At, inquies, difficilis nimium philosophiae cognitio est. Immo vero, si
vestigiis indagetur, nulla pene ars ingenua cognitu facilior. Semper enim
quae priora sunt notiora posterioribus et quorum natura melior eorum
30 quoque facilior intellectus quam quorum deterior. Sit huius argumentum
facilitatis et illud, quod ad maximum incrementum brevi pervenit philosophia nulla etiam proposita mercede. Et quotus quisque est ingeniosorum cui non otium sit in votis ut philosophari liceat? Hoc autem profecto
non fieret, si philosophari labor ac non potius voluptas esset. Quid quod
35 exercere id studium semper meditarique possumus, ut quod nullis extrin-
secus indigeat instrumentis, ut cui nullus incongruens sit locus? Ubi ubi
enim fueris presto erit veritas. Sed ut non difficillima perceptu philosophia est, ita nec obvia cuique tamen et exposita. Vigilantibus enim se,

---

19 intellegimus] intelligemus B C D   20 utantur] utuntur E F   23 quaeque] quae F
27 difficilis] difficiles D   30 huius] eius D   37 perceptus A preceptu B C M perceptu
D E F

non dormientibus ingerit. Nos autem ita ridiculi sumus ut vilissimae ae-
ruginis gratia etiam trans Herculis columnas, etiam ad Indos navigemus,
philosophiam vero ut adipiscamur ne per hyemem quidem vigilias saltim
pauculas toleramus.

    Sed quod voluptatem diximus esse in philosophia maximam, quo faci-   5
lius intellegere possitis, fingite aliquem vobis cunctis affluentem deliciis
qui nihil omnino sapiat, qui prudentia penitus vacet. An quisquam vivere huius vitam volet? Equidem non puto, sicuti nec semper ebrius nec
semper esse puer nec dormire semper ad morem Endymionis eligat
quispiam. Quanquam enim aliqua etiam in somnis gaudia sunt, falsa illa   10
tamen, adumbrata, imaginaria, non vera, non solida, non expressa sunt
gaudia. Cur autem et mortem prope omnes expavescimus? Quoniam,
puto, cuique terribile quod ignoratur, ut quod obscurum, quod tenebri-
cosum est, sicuti contra amabile quod intellegitur, ut quod apertum,
quod illustre est. Inde etiam, arbitror, fit ut parentes nostros potissimum   15
veneremur, quorum videlicet beneficio factum sit ut hunc solem et stellas
atque hanc publicam lucem intueamur. Quin rebus etiam delectamur
potissimum quas consuetas habemus eosque maxime diligimus quibus-
cum diutius versati sumus ac vulgo amicos ipsos etiam notos appella-
mus. Si igitur quae nota sunt delectant, cur etiam nosse ipsum ac sapere   20
non delectet? At id maxime proprium philosophiae est. Aut igitur nihil
agendum in hac vita, nihil expetendum est aut in sola philosophia tanquam in portu requiescendum.

    Subiciamus, quaeso, oculis hominum vitam. Quid ea est omnis prae-
ter inanem umbram vel, ut significantius ait Pindarus, umbrae somni-   25
um? Homo bulla est, antiquum inquit proverbium. Nam quantum
viribus ab elephanto, quantum celeritate vincimur a lepusculo? Gloria
haec autem fastosa, quae nos plerunque agit praecipites, ut nihil aliud est
quam merae nugae! Ut nihil aliud quam nebula! Procul enim si spectes,
magnum quiddam esse putes, ubi propinques, evanescit. Forma porro et   30
dignitas corporis pulchra ob id nobis et honesta quod hebeti sumus obtu-
tu; nam si Lyncei essemus ac penetrare oculis in corpora et introspicere
possemus, etiam formosissimum quenque nauseabundi aspiceremus:
adeo nobis multa visu tetra et foeda prorsusque deformia occurrerent.
Quid obscenas commemorem voluptates, quibus paenitentia semper co-   35
mes? Age vero, quid in rebus nostris omnibus vel solidum vel diutur-
num? Nam ut stare aliquid aut durare nonnunquam putemus
imbeccillitas nostra facit atque aevi brevitas. Ita quod veteres opinati quidam sunt, animas nostras in corpora tanquam in carcerem coniectas

---

6 deliciis] divitiis M   10 quispiam] quisquam M   19 ipsos *deest in* M   21 At]
Ad C E

magnorum scelerum poenas luere, quanquam non omnino verum, tamen etiam nec absurdum plane videri potest. Nam cum sit anima iuncta agglutinataque corpori ac per omnis artus omnisque sensuum quasi meatus extenta et explicata, non alio mihi videtur supplicio affecta quam quo
5 Mezentius ille Vergilianus miseros cives suos afficiebat. Ita enim de eo canit poeta noster:

> Mortua quin etiam iungebat corpora vivis
> componens manibusque manus atque oribus ora,
> tormenti genus, et sanie taboque fluenti
10 > complexu in misero longa sic morte necabat.

Nihil igitur in rebus humanis studio curaque dignum praeter illam quam pulchre vocat Horatius divinae particulam aurae, quae facit ut in hoc caeco rerum turbine tamen vita hominum tuto gubernetur. Deus enim est animus nobis, deus profecto, sive hoc Euripides primus dicere ausus
15 sive Hermotimus sive Anaxagoras.

At nulla, inquis, proposita est merces philosophantibus. Ego vero ne desidero quidem mercedem quoties ipsum quod agitur sibi est merces. Ergo, si comoedia in theatro agetur aut tragoedia, si gladiatores in foro committentur, omnis eo statim populus confluemus spectatum nulla il-
20 lecti mercede, naturam vero ipsam rerum pulcherrimam spectare gratis non poterimus? At nihil agit philosophia, tantum contemplationi vacat. Esto, modum tamen cuiusque praescribit officio. Sic autem et visus in corpore, quanquam ipse opus nullum peragit, dum tamen aut indicat unumquodque aut iudicat ita opifices adiuvat ut non plus manibus debe-
25 re illi se quam oculis suis sentiant.

At est philosophus homo rudis et secors et qui ne viam quidem sciat ipsam qua itur in forum, nesciat ubi aut senatus habeatur aut populus coeat aut lites dirimantur; leges, decreta, edicta civitatis ignoret; studia candidatorum, conciliabula, convivia, comessationes ne somniet qui-
30 dem; quid alicubi agatur, quid cui bene cesserit aut male, cui sint uxoriae, cui paternae maculae, cui suae magis profecto ignoret quam quantus numerus Libyssae harenae lasarpiciferis iacet Cyrenis. Adde quod nec vicinum quidem suum cognoscit nec scit utrum sit albus an ater, utrum sit homo an belua. Sed nec illa ipsa cernit interdum quae sunt ante pedes.
35 Itaque irrisus ab ancilla Thressa Milesius Thales dicitur, quod nocturnis intentus sideribus in puteum deciderat. 'Stulte enim' inquit illa 'o Thales, celum videre studes, qui non videris quod erat ante pedes.' Ergo si hominem hunc adducas in curiam aut ad praetorem aut item in contionem iubeasque de iis dicere quae tractentur quaeque ante oculos interque

---

4 extenta] extincta M   12 ut *deest in* M   32 nec] ne D   33 nec scit] nec sit C E nescit
D   35 Thressa] Thressa Thressa B C D   36 deciderat] diciderat C

manus sint, haesitet, titubet, stupeat, caliget quasi volucris sit implicita
visco, quasi ad solem vespertilio risumque de se praebeat non uni Thres-
sae ancillulae, sed lascivis ipsis pueris abacum conscribellantibus, ita ut
ab eis vix barbam quoque illam suam defendat baculo. Quod si quis eundem convicio feriat, tacet, mutus est, nihil habet omnino quod respon-   5
deat. Etenim aliorum nescit errata nec in cuiusquam vitia inquisivit.
Tum si quis laudat sese praemodum atque effert auscultante ipso, si quis
regem tyrannumve aliquem beatum praedicat, si quis latifundia mille iu-
gerum possidere se iactat, si quis generis claritudinem repetit a tritavo,
desipere hos omnis putat et effusius ridet, nescio utrum quia nimis inso-   10
lens an quia delirus. Talis profecto est, inquies, praeclarus iste tuus philosophus, non minus, credo, a te sine causa quam sine fine laudatus.
  Quid ad haec dicam? Quid respondebo? Equidem cuncta esse fateor
veriora veris. Nescit forum philosophus, nescit lites, nescit curiam, nescit
hominum conventicula, nescit flagitia. Partim aliena putat haec a se,   15
partim minuta nimis et pusilla. Quocirca despicit ac turbae hominum
sordidae relinquit, ut quibus idoneus esse possit etiam quilibet e populo.
Themistocles ille dux magnus cum caesas a se in litore barbarorum copi-
as inspectaret, monilia forte quaedam et armillas aureas iacentes conspicatus praeteriens ipse comiti cuidam suo monstravit et 'Tolle' inquit 'illa   20
tibi. Non enim tu es Themistocles.' Ita ergo et istis abstinet philosophus
ut vilibus, ut parum se dignis, adeoque interdum nescit ea ut etiam nesci-
re se nesciat. Peregrinatur enim semper illius animus et multa levatus aura quasi ille Dircaeus Horatii cycnus tendit in altos nubium tractus ac
caeli terraeque mensor et naturae conscius, dum totum longe et late cir-   25
cumspicit orbem, effugiunt curas inferiora suas. An vero ille aliud regem
putabit quam subulcum aut opilionem aut busequam? Sed eo peiore con-
ditione quo peioribus imperat. Peiores enim bestiis etiamque immanibus
imperiti sunt homines. Itaque nihil ille aliud moenia civitatium quam
septa aliqua putabit et caveas quibus efferi illi greges includantur. An ei   30
magna esse videbuntur agri mille iugera, cui terra ipsa puncti instar videtur? An is non eum deridebit qui se generosissimum putet quod avos
quinque forte aut sex nobiles numeret et divites? Cum sciat in stemmate
cuiusvis et serie generis prope innumeros inveniri et servos et barbaros
et mendicos nec esse regem quenquam qui non sit e servis natus nec item   35
servum cui non origo sint reges. Omnia enim ista, quae distant, longa
aetas miscuit.
  Sed imaginem volo vobis elegantissimam referre Iamblichi illius Platonici, quem veteris Graeciae consensus vocare divinissimum solet. Finge,

---

6 vitia *deest in* F   8 tyrannumve] tyrannum vel M   10 effusius] effusus D   12 lauda-
tus] laudatis D   15 aliena putat haec] hec aliena putat M   16 turbae] tubae C
30 efferi] efferri E

inquit, tibi spatiosam quampiam speluncam recedentem quam maxime introrsus, cuius excelsae ad lumen pateant fauces. In eius autem speluncae penetralibus fac esse homines qui ab ipsa usque infantia illic sederint, habiti semper in vinculis atque his ita astricti ut neque ad fauces illas con-

5 vertere se neque commovere quoquam, sed nec intueri quicquam valeant nisi quod e regione sit. A tergo autem supraque eos procul maximus quispiam luceat ignis interque ignem ipsum et quos diximus vinctos via sit quasi sublimis et alte pensilis iuxtaque viam paries. Tum per eam viam gradiantur plurimi vasa instrumentaque alia manibus gestantes et

10 animantium effigies vel lapideas vel ligneas vel materia quavis alia. Quae tamen gestamina omnia dum transferuntur extent supra eum quem diximus parietem; qui autem homines illa baiulent, alii quidem taceant, ut fit, alii inter se colloquantur. Denique sit scaena ista omnis quasi cum praestigiatores interiecto velo supra id velum minutas quasdam nobis

15 ostentant imagunculas quasique pupas ridicule loquaces ac gesticulatrices, rixantes inter se concursantesque per ludicrum. Quid autem sibi, inquies, vult imago haec tam exquisita tamque absona? Dicam. Credamus nunc eos homines quos dixi immobiles et astrictos vinculis esse haud absimiles nobis. Quid igitur hic videbunt? Se quidem certe ipsos non vide-

20 bunt, sed nec inter se vincti vinctos nec item gestamina illa; nam et sunt ipsi in tenebris et respectare nequeunt. Puto autem videbunt umbras eas tantum quas ille ignis quem diximus in adversam speluncae frontem iaculetur. Quod si colloqui etiam illos inter se contingeret, credo umbras ipsas veras plane esse res dicerent. Ceterum si vocis etiam imago illa ludi-

25 bunda quae Graece echo dicitur colloquentibus iis qui praetereant in ipsa illa antri fronte resonet ac resultet, an censes alium loqui putaturos quam ipsam illam umbram quae transeat? Equidem non arbitror. Immo vero opinor nihil omnino esse verum suspicaturos praeter umbras. Sed agedum, solvamus nunc eos et eximamus vinculis atque a tanta, si possu-

30 mus, insipientia vindicemus. Quid eveniet? Credo ubi cuiquam ipsorum manicas atque arta vincla levari iusseris, ubi surgere ocius ac respicere et ingredi et spectare lucem coegeris, angetur primo et radiis oculos praestringetur nec aspicere illa poterit quorum imagines hactenus aspexerat. Quod si quis hunc hominem sic alloquatur: 'Heus tu, nugas

35 antehac vidisti, res ipsas nunc vides', praeterea si res ei ostendens ipsas interroget quid unaquaeque illarum sit, nonne hunc tu putas haesitabundum diu et ancipitem veriora fuisse illa tamen pertinaciter crediturum quae prius cernebat quam quae nunc ostendantur? Quid si quis eundem

9 plutimi A plurimi B C D E F M   15 pupas] puppa D   16 sibi] tibi D   23 contingeret] contingere D   24 imago] magno D   27 transeat] transeatur C   28-29 agedum] agendum C D M   30 cuiquam] cuique M   33 praestringetur] perstringetur B C D 36 haesitabundum] exitabundum M

cogat egredi aliquando ad puram lucem, nonne oculos ei credimus doli-
turos? Nonne aversaturum radios coniecturumque se in pedes quantum
queat, ut ad simulachra illa sua revertatur quamprimum? Quis dubitet?
Age, si quis per ardua illum et acclivia vi protrahat ad lumen, nonne in-
dignabitur homo et reluctabitur? Moxque sub auras plane evectus tor-   5
quebit aciem prorsus ut ille Herculis Cerberus nec ferre diem nec illa
intueri quae dicantur bona poterit, nisi paulatim quidem assueverit. Ergo umbras primum cernet, dein solis in aqua simulachrum, tum corpora
ipsa fulgoris immunia. Post haec autem etiam in caelum tollet oculos ac
noctu primum suspiciet lunam et stellas, mox etiam interdiu ad ipsum   10
solem dirigere audebit obtutum cogitabitque secum scilicet hunc esse qui
tempora distinguat quique anni vices peragat, hunc eorum quoque esse
auctorem quae ipse antea in antro illo tetro spectare erat solitus. Cedo,
quid hic volutabit animo? Quid faciet? Quoties carcerem caecum, quoties vincula, quoties vere umbratilem sapientiam recordabitur, equidem   15
puto gratias dis aget magnas, ingentes, quod inde se emerserit tandem
dolebitque vicem sociorum, quos in tantis reliquerit malis. Quod si etiam
in spelunca laudari praemiisque affici et honoribus consuevissent quicunque simulachra illa acutius viderent aut qui facilius meminissent quae
priora ex his, quae posteriora quaeve simul excucurrissent aut item qui   20
quasi addivinarent quae proxime subitura his forent, an eventurum pu-
tamus unquam ut honores illos, ut laudes, ut praemia noster iste concu-
pisceret aut his denique invideret qui consecuti illa fuissent? Non puto:
quin potius credo ultra Sauromatas fugere ei liberet et glacialem Oceanum quam vel regnare inter istos. Verum redeat iam hic idem quasi   25
postliminio ad illam ipsam sedem inamenam et caecam, nonne ipse iam
cecutiet a sole profectus in tenebras? Nonne si certamen forte ibi ponatur
quis omnium acutissime umbras easdem cernat, superabitur hic noster
et erit omnibus deridiculo, sic ut uno ore vincti illi clament caecum rever-
tisse in speluncam socium periculosumque esse iter foras? Tum si qui sol-   30
vere iterum aliquem ex ipsis tentent atque ad lucem producere, resistat
ille scilicet, quisquis fuerit, manibus ac pedibus et trahentium sese etiam,
si possit, in oculos involet unguibus.
  Interpretarer sane imaginis huius sensum, nisi apud vos loquerer, Florentini, magno homines ingenio, magna sollertia. Nunc illud tantum ad-   35
monebo, vinctos in tenebris homines nullos esse alios quam vulgus et
ineruditos, liberum autem illum clara in luce et exemptum vinculis, hunc

1 ei] rei D   1-2 dolituros] posituros D   2 aversaturum] adversaturum C M   9 immu-
nia] inmunia C in munia D   10 suspiciet] suscipiet E   13 auctorem] auctor est D   tetro]
retro B C D   Cedo] Credo C   16 aget] agent E   17 Quod] Quid C   20 quae (I) *deest
in* C   24 glacialem] gracialem M   29-30 revertisse] revertisset D   31 iterum *deest in*
M   tentent] tentet M   34 sensum] sensuum D

esse ipsum philosophum de quo iamdiu loquimur. Atque utinam is ego
essem! Non enim tam metuo invidiam crimenque nominis huius ut esse
philosophus nolim, si liceat.

Sed audire iterum videor Lamias illas ita mihi ad haec tam multa tamque
5   alte repetita breviter et aculeate respondentes: Frustra, Politiane, laboras
ut auditoribus his probes ac declares philosophum te non esse. Nihil est
quod metuas. Nemo tam stultus ut hoc de te credat. Nec autem ipsae,
cum te repente prodiisse philosophum dicebamus — quod te, ut videmus, verbum nimis urit — hoc videlicet sentiebamus esse te philoso-
10 phum. Nec ita imperitae aut praeposterae sumus ut philosophiam tibi
obiectaremus pro crimine. Sed illud indignabamur, facere te, ne graviore
utamur verbo, subarroganter, qui triennio iam philosophum te profitea-
ris ac nunquam scilicet ante id tempus operam philosophiae dederis. Ob
id enim nugatorem quoque te diximus quod illa diu iam doceas quae ne-
15 scias, quae non didiceris.
Audio equidem nunc vero et intellego quid dicatis, quid sentiatis, bonae Lamiae. Sed vicissim vos quoque audite me parumper, si vacat. Ego
me Aristotelis profiteor interpretem. Quam idoneum non attinet dicere,
sed certe interpretem profiteor, philosophum non profiteor. Nec enim si
20 regis quoque essem interpres, regem me esse ob id putarem. Nec apud
nos Donatus, puta, et Servius, apud Graecos Aristarchus et Zenodotus
continuo se poetas profitentur, quoniam quidem poetas interpretentur.
An non Philoponus ille Ammonii discipulus Simpliciique condiscipulus
idoneus Aristotelis est interpres? At eum nemo philosophum vocat, om-
25 nes grammaticum. Quid? Non grammaticus etiam Cous ille Xenocritus
et Rhodii duo Aristocles atque Aristeas et Alexandrini item duo Antigonus ac Didymus et omnium celeberrimus idem ille Aristarchus? Qui tamen omnes, ut Erotianus est auctor, Hippocratis interpretati sunt libros,
sicuti alii quoque, quos Galenus enumerat. Nec eos tamen quisquam me-
30 dicos esse ob id putat. Grammaticorum enim sunt hae partes, ut omne
scriptorum genus, poetas, historicos, oratores, philosophos, medicos, iu-
reconsultos excutiant atque enarrent. Nostra aetas parum perita rerum
veterum nimis brevi gyro grammaticum sepsit. At apud antiquos olim
tantum auctoritatis hic ordo habuit ut censores essent et iudices scripto-
35 rum omnium soli grammatici, quos ob id etiam criticos vocabant, sic ut
non versus modo — ita enim Quintilianus ait — censoria quadam virgula notare, sed libros etiam qui falso viderentur inscripti tanquam subditi-

4 ita] ut D   tamque] nanque D   6 philosophum te] te philosophum M   11 indignaba-
mur] indignabimur C   20 me esse ob id] ob id me esse M   21 Aristarcus A   27 idem
deest in M

cios submovere familia permiserint sibi, quin auctores etiam quos vellent
aut in ordinem redigerent aut omnino eximerent numero. Nec enim aliud grammaticus Graece quam Latine litteratus. Nos autem nomen hoc
in ludum trivialem detrusimus tanquam in pistrinum. Itaque iure con-
queri nunc litterati possent et animo angi quo nomine Antigenides ille ti-   5
bicen angebatur. Ferebat Antigenides parum aequo animo quod
monumentarii ceraulae tibicines dicerentur: indignari litterati possunt
quod grammatici nunc appellentur etiam qui prima doceant elementa.
Ceterum apud Graecos hoc genus non grammatici, sed grammatistae,
non litterati apud Latinos, sed litteratores vocabantur.   10
Verum alias de grammaticis, nunc ad me redeo. Non scilicet philosophi nomen occupo ut caducum, non arrogo ut alienum propterea quod
philosophos enarro. Rogo vos, adeon esse me insolentem putatis aut sto-
lidum ut si quis iurisconsultum me salutet aut medicum, non me ab eo
derideri prorsus credam? Commentarios tamen iamdiu, quod sine arro-   15
gantia dictum videri velim, simul in ius ipsum civile, simul in medicinae
auctores parturio et quidem multis vigiliis, nec aliud inde mihi nomen
postulo quam grammatici. Hanc mihi, rogo, appellationem nemo invi-
deat, quam semidocti quoque aspernantur ceu vilem nimis et sordidam.
Euge, inquiunt Lamiae, concedimus ut vocere grammaticus, non ta-   20
men ut et philosophus. Quomodo enim tu philosophus qui nec magistros
habueris nec id genus unquam libros attigeris? Nisi si fungino esse genere philosophos credis, ut una eos pluvia statim procreet, aut terrigenis illis similes quos poetae de glebis protinus et sulcis cum clypeo producunt
et galea. Num forte illud dices, te tibi ipsum fuisse magistrum, sicuti de   25
se aiebat Epicurus, aut noctu inspiratam tibi divinitus philosophiam, sicuti Aesopo fertur?
Urgent me nimis hae Lamiae. Itaque non iam cum illis agam, sed vobiscum, quos mihi fore arbitror aequioris. Nec autem allegabo nunc vobis familiaritates quae mihi semper cum doctissimis fuere philosophis,   30
non etiam extructa mihi ad tectum usque loculamenta veterum commentariorum praesertimque Graecorum, qui omnium mihi doctores
praestantissimi videri solent. Sed ita vobiscum paciscar: si nullus in
nostris aut scriptis aut sermonibus odor est philosophiae, nemo audisse
me philosophos aut eorum attigisse libros arbitretur. Sin plurima sunt in   35
eis quae sectam redoleant aliquam, tunc me, si non peperisse ipsum talia,
saltem didicisse credite a doctoribus. Quod si vituperantur hi qui multa
spondeant antequam praestent, cur ego vicissim non lauder qui prius hoc

2 omnino] omnio C   4 pistrinum] pristinum B C D   13 adeō A B E M adeo C D F
18 rogo] a rogo D   21 et *deest in* D   tu] ut C   22 si] in M   28 hae] eae E   Itaque]
ita quae C   29 nunc *deest in* M   37 hi] ii E

praestiterim quantuluncunque est quam omnino unquam spoponderim?
Oves, inquit Stoicus Epictetus, in pascua dimissae minime apud pastorem suum gloriantur vespere multo se pastas gramine, sed lac ei affatim
vellusque praebent. Ita nec quisquam praedicare ipse debet quantum di-
5 dicerit, sed quod didicerit afferre in medium. Quod ego procul dubio et
fecisse hactenus et facturus deinceps videor approbantibus Musis, quarum sacra fero ingenti percussus amore. Quare, quoniam libros Aristotelis *De moribus* iampridem, proxime autem Porphyrii *Quinque voces* et
Aristotelis eiusdem *Praedicamenta* cum *Sex* illis Gilberti Poretani *Princi-*
10 *piis* libellumque qui dicitur *Perihermenias*, tum velut extra ordinem *So-*
phisticos elenchos, intactum ab aliis opus et pene inenodabile, sum
publice interpretatus, vocant ecce me nunc eundem ad se Resolutoria
duo volumina quae *Priora* vocantur, in quibus omnis recte ratiocinandi
regula continetur. Qui quanquam libri spinosiores alicubi sunt et multis
15 rerum verborumque difficultatibus involuti, tamen ob id eos etiam libentius, alacrius, animosius aggredior quod fere in omnibus gymnasiis a
nostrae aetatis philosophis, non quia parum utiles, sed quia nimis scru-
pulosi, praetereuntur. Quis mihi igitur iure succenseat, si laborem hunc
interpretandi difficillima quaeque sumpsero, nomen vero aliis philosophi
20 reliquero? Me enim vel grammaticum vocatote vel, si hoc magis placet,
philosophastrum vel ne hoc ipsum quidem.

Ceterum volo ut hic iam noster sermo, simplex, ut videtis, et humi re-
pens, quemadmodum a fabella coepit, ita desinat in fabellam. Siquidem,
ut Aristoteles ait, etiam philosophus natura 'philomythos', idest fabulae
25 studiosus est. Fabula enim admiratione constat, admiratio philosophos
peperit. Sed audite iam fabellam. Aves olim prope universae noctuam
adierunt rogaruntque eam ne posthac in aedium cavis nidificaret, sed in
arborum potius ramis atque inter frondes; ibi enim vernari suavius.
Quin eidem quercum modo enatam, pusillam tenellamque adhuc osten-
30 debant, in qua scilicet molliter, ut aiebant, et sidere ipsa aliquando noc-
tua et suum sibi construere nidum posset. At illa facturam se negavit.
Quin invicem consilium dedit iis ne arbusculae illi se crederent: laturam
enim quandoque esse viscum, pestem videlicet avium. Contempsere illae, ut sunt leve genus et volaticum, sapientis unius noctuae consilium.
35 Iam quercus adoleverat, iam patula, iam frondosa erat: ecce tibi aves illae omnes gregatim ramis involitant, lasciviunt, subsultant, colludunt,
cantilant. Interea quercus ea viscum protulerat atque id homines anim-

2 minime] minimae C   7 fero] ferro C   percussus] perculsus E   10-11 tum … inenodabile *deest in* F   14 libri *deest in* M   15 verborumque] verborum D   24 Aristoteles]
Aristotelis D   27 adierunt] audierunt C   29 pusillam] pausillam M   35 tibi] ibi D
37 - p. 19, 1 animadverterant] animadvertant D

adverterant. Implicitae ergo repente ibi omnes pariter misellae ac
frustra eas sera penitentia subiit quod salubre illud consilium sprevissent.
Atque hoc esse aiunt cur nunc aves omnes, ubi ubi noctuam viderint, frequentes eam quasi salutant, deducunt, sectantur, circumsidunt, circum-
volitant. Etenim consilii illius memores admirantur eam nunc ut   5
sapientem stipantque densa caterva, ut videlicet ab ea sapere aliquando
discant. Sed, opinor, frustra, immo vero etiam interdum cum magno ipsarum malo. Nam veteres illae noctuae revera sapientes erant; nunc mul-
tae noctuae sunt quae noctuarum quidem plumas habent et oculos et
rostrum, sapientiam vero non habent.   10
  Dixi.

---

3 ubi ubi] ubi D ubi *ex* ubi ubi M   6 ut videlicet] u3 C   8-9 revera ... noctuae *deest*
in M   11 Dixi] Finis M

COMMENTARY

In essence the commentary consists of a list of source passages. I have tried to identify all the passages worked into the *Lamia* from other sources (borrowings, variations and allusions, and also passages echoing other texts, whether consciously or not). This pioneering work was often no simple matter, and I am correspondingly sure that other sources will have to be added to the list (cf. 8,29-32). Passages whose role is beyond question are quoted in the commentary without further elaboration. Passages which, while bearing some similarity to a sentence in the *Lamia*, cannot be shown definitely to have played a part in its writing (i.e. possible sources and fortuitous parallels) are preceded by the siglum 'cf.'. This also precedes quotations which somehow shed light on a sentence in the *Lamia* (passages from other works by Poliziano or by other humanists).

To facilitate using the commentary, words in the quoted passages which correspond literally or almost literally to Poliziano's version are italicized. Words whose similarity to Poliziano's text is somewhat less clear are printed spaced out. However, these distinctions have not been made in passages translated or paraphrased almost or wholly *en bloc*, or in short quotations.

In quotations from works by Poliziano and other humanists which are not available in a modern edition I have adapted the use of capitals and punctuation to accord with modern practice. In quotations from Greek texts I have capitalized the first letter of the first word of each new sentence.

Title: cf. the notes to 3,3 and 3,9-12, and the introduction p. xiv.
3,1-2 Fabulari... putantur: 'I want to spend a little time telling you something, not just a story, but something relevant to the subject, as Horace says.' Hor. *Serm.* II 6,77-8 Cervius haec inter vicinus garrit *anilis / ex re fabellas.* (Horace's neighbour spices conversations on philosophical questions with old wives' tales.) The words 'Fabulari... lubet' are perhaps reminiscent of Apul. *De deo Socr.* 108 non pigebit aliquid fabulari, and/or Macrob. *Saturn.* I, 10,11 quia fabulari libet.
fabellae... aniles: Hor. *Serm.* II 6,77-8 and Cic. *De nat. deor.* III 5,12. The collocation 'aniles fabulae' is a set phrase (cf. the references collected by Pease in his commentary on Cic. *De nat. deor.* III 5,12 and Otto, *Die Sprichwörter und sprichwörtlichen Redensarten der Römer*, Leipzig 1890, p. 28). Poliziano had a predilection for diminutives (cf. his letter to Scala, *Ep.*

lib. V, *Op.* p. 59 Apuleji Milesias fabellas; Maïer, *Ange Politien* pp. 111-12 and 125).

3,1-3 fabellae... sunt: cf. 18,23-26 Siquidem, ut Aristoteles ait, etiam philosophus natura 'philomythos', idest fabulae studiosus est. Fabula enim admiratione constat, admiratio philosophos peperit (Arist. *Metaph.* I 2, 982 b 18 and 12). Elsewhere too Poliziano stresses the philosophical value of 'fabellae' and 'fabulae'. Stories, fairy tales and fables, like myths and legends, often contain profound wisdom. Philosophers like Homer (! cf. the note to 6,16-17), Pythagoras and Plato, he says, passed on the truths revealed to them in veiled form, thus preventing the unauthorized and uninitiated from appropriating and abusing their ideas: Atque hoc est scilicet cur prisci illi theologi Homerus, Orpheus, Hesiodus, Pythagoras item et hic ipse de quo agimus Plato aliique quam plurimi Musarum veraeque sapientiae antistites multiplicem illam totius philosophiae cognitionem per quaedam fabularum atque aenigmatum involucra integmentaque tradiderint et quasi sepibus quibusdam cancellisque obstruxerint, ne religiosa quodammodo Eleusinarum dearum mysteria profanarentur et quasi suibus, quod dici solet, margaritae obiicerentur (translation of Plato's *Charmides*, praefatio, *Op.* p. 448). Cf. *Panepistemon*, *Op.* p. 471 Historia vel fabularis vel ad fidem. Fabularis aut voluptatis, ut in argumentis comicorum, aut adhortationis gratia. Haec aut argumentum habet ex ficto, ut in Aesopeis fabulis, aut ex veri soliditate, quae aut per turpia contexitur, ut in quibusdam poeticis figmentis, aut pio tegitur velamine, quod solum genus philosophi veteres admiserunt. Cf. also *Miscell.* II 57,1 Fabularis historia neglegi non solet a grammaticis, utpote sine qua poetae intellegi nequeant.

3,2-3 rudimentum...philosophiae: Apul. *Flor.* 15,24 primum sapientiae rudimentum. (By the 'first beginnings of wisdom' Apuleius means the silence which Pythagoras imposed on his pupils. Poliziano is also thinking of *Florida* 15 in 4,24-25.) **instrumentum...philosophiae:** Boethius several times refers to logic in this way (*In Isagogen Porphyrii comm. editio secunda* I 3, pp. 140-3, Brandt edn.).

3,3 Audistisne...nomen: Eurip. quoted by Diod. Sic. *Bibl. hist.* XX 41,6 Τίς τοὔνομα τὸ ἐπονείδιστον βροτοῖς / οὐχ οἶδε Λαμίας τῆς Λιβυστικῆς γένος; (cf. *Tragic. Graec. Fragm.* ed. Nauck, Lipsiae 1889², fr. 922, p. 659).

Lamias were far from unknown in Italian folklore. They were monstrous and bloodthirsty women, a kind of vampire with a taste for children. Descriptions of their physical form vary. Old women used to tell children blood-curdling stories of lamias to keep them quiet. Petrarch refers to these bugbears in his *Invect. contra medicum* III p. 61,118-20, Ricci edn.: Audires, credo, libentius fabellas, quas post cenam ante focum de orco et lamiis audire soles, sed annis certe iam non puer, si potes, adsuesce melioribus. Cf. ser Domenico Silvestri's translation, p. 159,141-2, Ricci edn.: le favole dell'orcho e delle lamie. Niccolò Perotti in the *Cornucopiae* (Poliziano mentions this work in the *Coronis* of the *Miscellanea* I, *Op.* p. 309) gives the following definition: lamiae mulieres quae strigum instar infantium sanguinem sugunt, sive ipsae striges (*Cornucopiae*, Venetiis 1517, s.v. lamia, col. 325,7-10). Cf. also the passages quoted from fourteenth- and fifteenth-century sources in *volgare* (Domenico Cavalca, the *Bibbia volgare, Il libro delle lamentazioni di Geremia*, s. Antonino di Firenze and Francesco Cieco) in S. Battaglia, *Grande dizionario della lingua italiana* vol. VIII, Torino 1973, s.v. Lamia. (There were also lamias with attractive bodies; these were after the blood of men. Cf. the passages quoted by Battaglia from Cavalcanti, Boccaccio, Sacchetti and Pulci.) Belief in the existence of lamias goes back a very long way. According to a tradition common in antiquity, lamias could remove their eyes at will — when they became blind — and then replace them. In *De curiositate* Plutarch berates those who constantly remark on the faults of others but never acknowledge their own failings. He compares them with lamias — cunning busybodies. Poliziano goes back to this simile and elaborates it.

In this context it is mistaken to translate the word 'lamia' as 'witch' or its equivalents, as do Del Lungo and others, e.g. Garin, 'L'ambiente' pp. 350, 352: 'strega'. The word may indeed have that meaning in medieval Latin, but the lamias whom Poliziano has in mind have no magical powers. The translation 'vampire' is more accurate.

3,5 Lamias...pueros: cf. Porphyr. *Comm. in Hor. Ep.* I 13,10 *Lamiae* quoque dicuntur devoratrices *puerorum*, and Hor. *Ars poet.* 339-40 ne quodcumque velit poscat sibi fabula credi, / neu pransae *Lamiae* vivum *puerum* extrahat alvo.

3,5-6 Maxima...terriculum: cf. Diod. Sic. *Bibl. hist.* XX 41,4 Διὸ καὶ καθ' ἡμᾶς μέχρι τοῦ νῦν βίου παρὰ τοῖς νηπίοις διαμένειν τὴν περὶ τῆς γυναικὸς ταύτης (i.e. Lamia) φήμην καὶ φοβερωτάτην αὐτοῖς εἶναι τὴν ταύτης προσηγορίαν. Lact. *Inst. div.*, Epit. 22 Lucilius deridens ineptias istorum qui vanis superstitionibus serviunt hos versus ponit: '*terriculas, Lamias*, Fauni quas Pompiliique / instituere Numae, tremit has' (Lucil. *Sat.* fragm. XV, 490-5 ed. Krenkel). Apul. *Apol.* 64,1-2 quicquid lemurum, quicquid manium, quicquid larvarum oculis tuis oggerat, omnia noctium occursacula, omnia bustorum formidamina, omnia sepulcrorum terriculamenta. In *Miscell.* II 52,22 Poliziano uses the word 'terriculis' to translate μορμολυκείοις (Galen, *Protrept.* 10 p. 15 ed. Kaibel). A μορμολυκεῖον, like a lamia, is a bugbear used by adults to frighten children: cf. *Souda* s.n. Μορμώ, *Suidae lex.* vol. III p. 411, 17-18, Adler edn. Μορμολύκειον, ἦν λέγουσι Λαμίαν· ἔλεγον δὲ οὕτω καὶ τὰ φοβερά. Cf. also Lucian, *Philops.* 2 μυθίδια παίδων ψυχὰς κηλεῖν δυνάμενα ἔτι τὴν Μορμὼ καὶ τὴν Λάμιαν δεδιότων, and an ancient *scholion* on Theocr. *Idyll.* XV 40 (*Schol. in Theocr.* ed. Wendel, p. 309,11-13).

3,6-7   Fesulano...Fonticulus: Fonte Lucente lies in the hills near Fiesole. Poliziano owned a country retreat there, a gift from his patron Lorenzo de' Medici. On his 'rusculum Faesulanum' he writes to Ficino: Tu velim... rusculum hoc nostrum Faesulanum ne fastidias. Multum enim hic aquarum habemus ut in convalle, minimum solis, vento certe nunquam destituimur, tum villula ipsa devia, cum pene media silva delitescat, totam tamen aestimare Florentiam potest. Et cum sit in proximo celebritas maxima, semper apud me tamen solitudo est mera, qualem profecto secessus amat (*Ep.* lib. IX, *Op.* p. 135). See also two letters to Lorenzo de' Medici, *Op.* ed. Maïer, vol. III pp. 550-1 and 217-18. The expression 'rusculum Faesulanum' also appears at the end of certain letters (e.g. to Jacopo Antiquario, *Ep.* lib. IV, *Op.* p. 51) and *subscriptiones* (cf. e.g. Poliziano, *Le Selve e la Strega* ed. Del Lungo, p. 240). Cf. also A. Perosa, 'Un codice della Badia Fiesolana con postille del Poliziano', in *Rinascimento* IIª serie 21 (1981), p. 43.

In the story of the lamias Poliziano uses a conspicuously large number of diminutives. For example, we find 'Fonticulus', 'rusculo' (probably taken from Gell. *Noct. Att.* XIX 9,1) and 'mulierculae' in the same sentence. On Poliziano's predilection for diminutives, see Maïer, *Ange Politien* pp. 111-12 and 125.

3,7-8   secreta...delitescens: Verg. *Aen.* II 568 *secreta in* sede latentem (on the beautiful Helen). Quint. *Inst. orat.* XII 10,15 *umbra magni nominis delitescunt.*

3,9-12   Lamiam...affigat: Plut. *De curiosit.* 2, 515 F-516 A Νῦν δ' ὥσπερ ἐν τῷ μύθῳ τὴν Λάμιαν λέγουσιν οἴκοι μὲν εὕδειν τυφλήν, ἐν ἀγγείῳ τινὶ τοὺς ὀφθαλμοὺς ἔχουσαν ἀποκειμένους, ἔξω δὲ προιοῦσαν ἐντίθεσθαι καὶ βλέπειν, οὕτως ἡμῶν ἕκαστος ἔξω μὲν καὶ πρὸς ἑτέρους τῇ κακονοίᾳ τὴν περιεργίαν ὥσπερ ὀφθαλμὸν ἐντίθησι, τοῖς δ' ἑαυτῶν ἁμαρτήμασι καὶ κακοῖς πολλάκις περιπταίομεν ὑπ' ἀγνοίας, ὄψιν ἐπ' αὐτὰ καὶ φῶς οὐ ποριζόμενοι.

3,9-10   Plutarchus...gravior: 'the famous Plutarch of Chaeroneia, a man as learned as he is serious'; contrasted with 'avia' (4) and 'mulierculae' (8-9).

3,12   ocularia specilla: the standard term in Latin for eyeglasses is 'ocularia' ('ocularia de vitro', 'ocularios vitri aut berillorum'; cf. E. Rosen, 'The Invention of Eyeglasses', in *Journal of the History of Medicine and Allied Sciences* 11 (1956), pp. 201, 203). The term 'ocularia' was used by Petrarch (*Posteritati* beginning, and *De remediis utriusque fortunae* II 93) and by Lorenzo Valla (*Gesta Ferdinandi Regis Aragonum* ed. Besomi, appendix III, p. 203,11-16; this fragment was inserted by Giovanni Tortelli in his *De orthographia*). Other terms are also used: Rosen, pp. 204 and 211-13, quotes the following Latin references in archival documents: 'unum par occlalium' (document of Florentine origin, dated 1322), 'unum par ochialium' (also of Florentine origin, 1329), 'occulis de vitro' (probably of Bolognese origin, 1316), 'vitreos ab oculis ad legendum' (Venetian document, 1301) and 'oglarios de vitro' (also of Venetian origin, 1317). In the Florentine vernacular the term is 'oc(c)hiali': see the passages quoted from Giordano da Rivalto and Sacchetti in Tommaseo-Bellini, *Dizionario della lingua italiana*, Torino 1924, vol. V s.v. occhiale, and the passages collected by V. Ilardi, 'Eyeglasses and Concave Lenses in Fifteenth-Century Florence and Milan: New Documents', in *Renaissance Quarterly* 29 (1976), p. 357 n. 40 (a quotation from Sacchetti), 345 n. 13, 346 n. 14, 347 n. 16, 348 n. 18, 350 n. 21, 353 nn. 27 and 29 (quotations from Milanese and Florentine correspondence, written between 1451 and 1466).

The term 'ocularia specilla', used by Poliziano, is remarkable. Ambrogio Calepio (Calepinus), in his Latin dictionary (published in 1502), first explains the word 'specillum' as a surgical instrument for examining diseased parts of the body (a probe; this is the meaning of the word in classical Latin). He then states: Specillum etiam instrumentum vitreum quod oculis admovemus quo facilius spectemus aliquid. (I quote from the Basle edition of 1551.)

Spectacles with convex lenses to correct presbyopia were invented in Tuscany between 1280 and 1285. Concave lenses for myopes were manufactured in Florence from at least the middle of the fifteenth century. Florence was the leading manufacturing centre for high-quality eyeglasses (Ilardi, p. 341).

3,16-17 uxorculae...cincinnos: Apul. *Metam.* VIII 24,2 cinaedum et senem cinaedum, calvum quidem, sed *cincinnis* semicanis et *pendulis* capillatum, unum de triviali popularium faece (about an old and decrepit queer). pendulis: one manuscript (MS Dresdensis) has 'ependulis' (cf. Apul. *Metam.* ed. Hildebrand, praefatio pp. xiii, lix and lxiii-lxiv). *Ibidem* II 9,4 Uberes enim crines leniter emissos et cervice *dependulos* (about a pretty girl). The word 'dependulus' does not occur in classical Latin except in the *Metamorphoses* of Apuleius (II 9,4, III 2,23 and XI 3,24).

3,17-18 Sed...affigit: Plut. *ibidem* ἔξω δὲ προιοῦσαν ἐντίθεσθαι καὶ βλέπειν.

3,19-20 per...omnia: 'per fora et conciliabula' is an expression common in Livy (*Ab urbe cond.* XXXIX 14,7, XL 37,3, XLIII 14,10, XL

37,4, XXV 22,4, LXX 37,3, XL 19,3 and XXV 5,6). Cat. *Carm.* 58,4 in quadriviis et angiportis. Cf. Apul. *Metam.* III 2,2-3 angiportum... plateis.

The words 'fora', 'plateas', 'quadrivia' and 'angiportus' refer to squares, streets and the like, whereas 'delubra', 'thermas', 'ganeas' and 'conciliabula' are all used of public buildings.

3,20 circumspectatque: Plaut. *Aulul.* 41 (quoted in the following note).

3,21-22 Milvinos...aniculae: Apul. *Metam.* VI 27,1 astutulae anus *milvinos oculos.* Later (27,3) the word *aniculam* occurs. Plaut. *Aulul.* 41 circumspectatrix cum *oculis emissiciis* (about an old woman).

3,23 quamlibet...minuties: cf. August. *Serm.* 362,17,20 aliquam *minutiam,* qualis iam dividi non potest (on atoms).

3,24-26 Domum...oculata: Plut. *ibidem* τὴν Λάμιαν λέγουσιν οἴκοι μὲν εὕδειν τυφλήν, ἐν ἀγγείῳ τινὶ τοὺς ὀφθαλμοὺς ἔχουσαν ἀποκειμένους, ἔξω δὲ προιοῦσαν ἐντίθεσθαι καὶ βλέπειν...

3,26 Sessitat: a very rare frequentative, occurs in Cic. *Brut.* 15,59 and Apul. *De Plat.* I 16,214.

3,27 cantilat: Apul. *Metam.* IV 8 Clamore ludunt, strepitu *cantilant,* conviciis iocantur, ac iam cetera semiferis Lapithis cenantibus (te lamibus A) Centaurisque similia. (This passage also plays a part in 18,36-37.) 'te lamibus' is the reading in MS Ambrosianus N.180 sup. (cf. Apul. *Metam.* ed. Robertson ad locum and the introd. pp. xlviii-xlix and lxiii).

4,1 se...speculantur: Plut. *ibidem* ἡμῶν ἕκαστος ἔξω μὲν καὶ πρὸς ἑτέρους τῇ κακονοίᾳ τὴν περιεργίαν ὥσπερ ὀφθαλμὸν ἐντίθησι, τοῖς δ' ἑαυτῶν ἁμαρτήμασι καὶ κακοῖς περιπταίομεν ὑπ' ἀγνοίας, ὄψιν ἐπ' αὐτὰ καὶ φῶς οὐ ποριζόμενοι. At the same time Poliziano is alluding to the motto 'Know thyself', which he quotes in the *Praelectio in Persium, Op.* p. 512. That lecture begins with Aesop's fable of the two wallets that everyone carries, one full of other people's faults, the other with one's own. (The fable itself is also worked into the *Lamia,* cf. 8,5-11.) Poliziano goes on: Recte itaque in Apollinis Pythii foribus illa e caelo delapsa sententia inscripta fuit γνῶθι σεαυτόν, qua scilicet praeciperetur se quisque uti nosset, hoc est, ut manticam illam quae sit in tergo revocatam quandoque ad pectus inspiceremus, tam varium profecto tamque multiplicem malorum omnium thesaurum, in tantam morborum vitiorumque omnium copiam offensuri ut sit quasi adversus leonem et hydram, Gorgonas Harpyasque non quidem Hercules, Perseus aut Aquilonis filii, sed ipsa omnino Pallas, hoc est philosophia, coelitus advocanda.

4,5-6 detortis nutibus: Apul. *Metam.* II 30 Ac dum directis digitis et *detortis nutibus* praesentium denotor, dum risus ebullit, inter pedes circumstantium frigido sudore defluens evado.

4,6   consusurrarunt: Ter. *Heaut. tim.* 473, where 'consusurrant' has the meaning of 'furtively whispering together', 'plotting and scheming to deceive'.

4,6-7   Politianus...prodiit: an explanation of the gibes which Poliziano has to endure follows on 16,11-15; see also the notes to 17,21-18,5. The sneer is echoed by the sarcastic observation by Bartolomeo Scala 'exactiora a philosopho expectantur'. This is quoted by Poliziano in one of the polemical letters he exchanged with Scala between the end of 1493 and June 1494 (cf. the introduction, p. xix above). In the spring of 1491 one of Poliziano's pupils, Michele Acciari, wrote to a fellow student: (Politianus) nunc... interpretatur Aristotelis Ethica, in quibus non tam oratorum atque poetarum interpres quam prestantissimus phylosophus apparet (quoted by D. Delcorno Branca, 'Un discepolo del Poliziano: Michele Acciari', in *Lettere Italiane* 28 (1976), p. 479).

4,6   ipsissimus: Plaut. *Trin.* 988 'Ipsus, inquam, Charmides sum.' 'Ergo ipsusne's?' *'Ipsissimus'*. (Fragment of the conversation between Charmides and a 'sycophanta'.)

4,7   sic...prodiit: Epict. *Encheir.* 22 Εἰ φιλοσοφίας ἐπιθυμεῖς, παρασκευάζου αὐτόθεν ὡς καταγελασθησόμενος, ὡς καταμωκησομένων σου πολλῶν, ὡς ἐρούντων ὅτι ῾ἄφνω φιλόσοφος ἡμῖν ἐπανελήλυθε᾿ καὶ ῾πόθεν ἡμῖν αὕτη ἡ ὀφρύς;᾿ Cf. Poliziano's translation of the *Encheir.* (27!)... ut dicant: 'Repente nobis philosophus emersit' et 'Unde nobis hoc supercilium?' Hor. *Serm.* II 7,53-6 Tu cum proiectis insignibus, anulo equestri / Romanoque habitu, *prodis* ex iudice Dama / turpis, odoratum caput obscurante lacerna, / non es quod simulas?

4,8   dimisso aculeo: Cic. *Pro Flac.* 17,41 Qui valuit tam diu dum huc prodiret, mortuus est *aculeo* iam *dimisso* (emisso *crit. edn.*) ac dicto testimonio. 'dimisso' is the reading in MS Parisinus 14749 (cf. Cic. *Pro Flac.* ed. Boulanger ad locum and p. 76).

4,10   videri...philosophus: Epict. *Encheir.* 23 Ἀρχοῦ οὖν ἐν παντὶ τῷ εἶναι φιλόσοφος, εἰ δὲ καὶ δοκεῖν βούλει, σαυτῷ φαίνου καὶ ἱκανὸς ἔσῃ. Cf. Poliziano's translation of the *Encheir.* (28!) Satis igitur tibi in omnibus sit philosophum te esse. Si autem videri etiam vis, tibi ipsi videare, et satis erit. For other echoes of and borrowings from the *Encheir.* cf. 4,7, 8,33 and 18,2-5.

4,3-17   Harum...risum: the themes 'people impute to me the title of philosopher, but erroneously' and 'the true philosopher sets himself apart from others by certain qualities' determine the content of the Βασανιστὴς ἢ φιλόσοφος (*Or.* 21) of Themistius. Poliziano took almost the whole of 7,6-8,11 from that oration. The general tenor of the *Lamia*, too, has much in common with the *Basanistes*, in which Themistius too defends himself against jealousy and criticism.

4,3-11 Harum...philosopho: Themist. *Or.* 21, 244 a φιλόσοφος δὲ οὔτε εἶναι ἡγοῦμαι τούς τε ἡγουμένους ἐξαπατᾶσθαι ὑπολαμβάνω. Τί οὖν πράγματα ἔχουσι καὶ παρέχουσιν; Ἰδοὺ γὰρ ὑμῖν διαρρήδην αὐτὸς ἐγὼ λέγω κατ' ἐμαυτοῦ ἐν κοινῷ θεάτρῳ ὅτι τούτου μοι τοῦ ὀνόματος οὐδὲν προσήκει.

4,11-13 Videamus...philosophum: Themist. *ibidem* 246 b Ἵνα γὰρ δὴ μᾶλλον καταμάθητε ὅτι οὗτοί τε ἀληθῆ λέγουσιν ἐγώ τε οὐκ ἄπο τρόπου ποιῶ παρεξιὼν τοὔνομα καὶ πεφοβημένος, ἀκούσατε ὅσα καὶ οἷα χρεὼν τῷ μὴ αἰσχύνειν αὐτὸ μέλλοντι προσφῦναί τε ἐκ θεῶν γινομένῳ καὶ ὕστερον ἐκ διδαχῆς προσγενέσθαι.

4,13 quo: 'because'.

4,14-17 ne...risum: Themist. *ibidem* 244 d-245 a τῆς δὲ προσηγορίας, εἰ ἄρα ἀναγκαία ὑμῖν ἐνδιαιτᾶσθαι, ἑτέροις πρὸ ἐμοῦ ξυγχωρεῖν, ἢ ἐγὼ καταγέλαστος ἔσομαι καθάπερ χιτῶνα ἀλλότριον καὶ πολὺ μείζω ἠμφιεσμένος, καὶ ὀλίγοι εἴσονται τἀληθές, ὅτι ὑμεῖς ἄρα φιλόδωροι ὀνομάτων, ἀλλ' ἐμὲ ἐπιπηδᾶν ὑπολήψονται καὶ ἐπιβατεύειν καὶ ἀφαρπάζειν μὴ ἐθελόντων διδόναι. Ἐγὼ δὲ οὐκ ἂν βουλοίμην ἄτοπόν τινα δόξαν ἐν ἀνθρώποις λαβεῖν.

4,16-17 ne...risum: Hor. *Ep.* I 3,18-19.

4,21-6,14 Audivi...philosophum: Poliziano uses Pythagoras to explain what a true philosopher is actually concerned with. This description, like the previous section, is liberally laced with irony. This is true at least of the portrait that is given of Pythagoras and the way the Pythagorean *symbola* and the stories of the she-bear and the bull are presented. It is not until Poliziano reaches the conversation between Pythagoras and the tyrant of Phlious that the tone becomes serious, namely when the philosopher comes to the subject of the best way of life, one devoted to contemplation (5,32-6,14).

4,21 Audivi...magistrum: 'I really have heard of someone who was once a schoolmaster on Samos'. The words 'Audivi equidem' are a variation on the usual opening of a tale. One would expect something like: Audistisne unquam Samium fuisse olim quendam iuventutis magistrum? (cf. 3,3 Audistisne unquam Lamiae nomen?) Instead of the usual question addressed to the audience, Poliziano substitutes an affirmative answer in the first person singular. He probably means: 'By all means, I too have heard of Pythagoras (*ad nauseam*).' If I am not mistaken he is making fun of the reverence enjoyed by Pythagoras in Florentine Neoplatonist circles (cf. the introduction, pp. xvi-xvii). Del Lungo leaves the words 'Audivi equidem' untranslated ('C'era una volta un tale di Samo, che teneva scuola').

It is not inconceivable that here, as in 4,36-37, Poliziano is alluding to Lucian, *Gallus* 4. In that dialogue, a lampoon of Pythagoras, the cock informs his master that in a former life he, the cock, was Pythagoras. The cock asks his master: Ἀκούεις τινὰ Πυθαγόραν Μνησαρχίδην Σάμιον; ('Have you ever heard of a man named Pythagoras, the son of Mnesarchos, of Samos?', cf. 4,21 Audivi equidem Samium...). In what follows Pythagoras is called a sophist, quack, conjuror and miracle-monger.

At no point in the *Lamia* does Poliziano refer to Pythagoras by name. He thus allies himself — not without ironic intent — with the custom among Pythagoras's followers, who refrained from uttering the name of their master out of respect (cf. Iambl. *De vita Pyth.* 18,88 and 35,255). Ovid, too, who devotes a long section in the *Metamorphoses* (XV 60-478) to Pythagoras, avoids the use of his name: at the beginning of the section he merely describes him as 'Vir...ortu Samius'.

For passages in classical literature in which Samos is stated to have been the birthplace of Pythagoras cf. Delatte's note to Diog. Laert. *Vit. phil.* VIII 1 (*La vie de Pythagore* p. 103) and Burkert, *Weisheit* p. 177.

4,21   iuventutis magistrum: in *De vita Pyth.* 8,37-11,57 Iamblichus portrays Pythagoras's teaching, making speeches to, variously, young people, the notables, and women.

4,22-25   candidatum...elinguabat: these features in the portrait of Pythagoras appear in all sorts of places in classical literature. I quote chiefly those texts which prove to play a part in other passages in the *Lamia*.

4,22   candidatum: cf. Diog. Laert. *Vit. phil.* VIII 19 στολὴ δ' αὐτῷ λευκή. Cf. Iambl. *De vita Pyth.* 21,100 and 28,149 Ἐσθῆτι δὲ ἐχρῆτο λευκῇ. Cf. Delatte's note, *La vie de Pythagore* p. 120, Deubner's note to Iambl. *De vita Pyth.* 21,100 and Burkert, *Weisheit* p. 161.

4,22   capillatum: cf. Diog. Laert. *Vit. phil.* VIII 48 Πυθαγόρην τινά, Πυθαγόρην, ὦ ξεῖνε, κομήτην, / ᾀδόμενον πύκτην εἰ κατέχεις Σάμιον. Cf. Iambl. *De vita Pyth.* 2,11 τὸν ἐν Σάμῳ κομήτην, and 6,30. Cf. Delatte's note, *La vie de Pythagore* pp. 143 and 253, and Deubner's note to Iambl. *De vita Pyth.* 2,11.

4,22   femore...conspicuum: cf. Diog. Laert. *Vit. phil.* VIII 11 λόγος δέ ποτ' αὐτοῦ παραγυμνωθέντος τὸν μηρὸν ὀφθῆναι χρυσοῦν. Cf. Iambl. *De vita Pyth.* 19,92; 28,135 and 140 (cf. also Porph. *Vita Pyth.* 28) τόν τε μηρὸν τὸν ἑαυτοῦ ἐπέδειξε χρύσεον. Cf. Delatte's note, *La vie de Pythagore* p. 112; Deubner's note to Iambl. *De vita Pyth.* 19,92 and Burkert, *Weisheit* p. 118.

4,22-23   natum...renatum: Hor. *Epod.* 15,21 nec te *Pythagorae* fallant arcana *renati*. Cf. [Acron's] commentary on Hor. *Carm.* I 28,9-11 (vol. I p. 109, Hauthal edn.). Cf. Diog. Laert. *Vit. phil.* VIII 36 Περὶ δὲ τοῦ ἄλλοτ' ἄλλον αὐτὸν (Pythagoras) γεγενῆσθαι... In §4-5 Laertius lists

Pythagoras's previous lives. Cf. Iambl. *De vita Pyth.* 14,63 and 28,134. Numerous references can be found in Delatte's note, *La vie de Pythagore* pp. 106-7; Deubner's note to Iambl. *De vita Pyth.* 14,63 and Burkert, *Weisheit* pp. 98 ff.

4,23   Nomen...Ipse: Cic. *De nat. deor.* I 5,10 Nec vero probare soleo id quod de Pythagoreis accepimus, quos ferunt, si quid adfirmarent in disputando, cum ex eis quaereretur quare ita esset, respondere solitos 'Ipse dixit'; *ipse* autem *erat Pythagoras.* Quint. *Inst. orat.* XI 1,27 nec hoc oratori contingere inter adversarios quod *Pythagorae* inter discipulos potest, '*ipse* dixit'. Cf. a *scholion* on Aristoph. *Nub.* 195 τὸ ἐκεῖνος καὶ τὸ αὐτὸς ἀντὶ ὀνόματος παραλαμβάνουσιν... καὶ παρὰ Πυθαγορείοις τὸ αὐτὸς ἔφα, τουτέστιν ὁ Πυθαγόρας (*Scholia vetera in Nubes* ed. Holwerda (*Scholia in Aristophanem* ed. Koster, pars I fasc. III 1) p. 51). Cf. Iambl. *De vita Pyth.* 18,88 ἐκείνου τοῦ ἀνδρός· προσαγορεύουσι γὰρ οὕτω τὸν Πυθαγόραν καὶ οὐ καλοῦσιν ὀνόματι, and 35,255. Cf. Pease's note to Cic. *De nat. deor.* I 5,10; Delatte's note, *La vie de Pythagore* p. 142; Deubner's note to Iambl. *De vita Pyth.* 18,88 and Burkert, *Weisheit* pp. 162-3.

4,24   Sed: Poliziano mockingly points out a paradox in the stories about Pythagoras: Pythagoras's pupils always referred to him as 'Himself', but at the same time they were forbidden to say anything at all.

4,24-25   discipulos...elinguabat: Apul. *Flor.* 15,22-5 (Pythagoras) primus philosophiae nuncupator et conditor, nihil prius *discipulos* suos docuit quam tacere... *Prorsus,* inquam, hoc erat primum sapientiae rudimentum... Non in totum aevum tamen vocem desuescebant, nec omnes pari tempore *elingues* magistrum sectabantur. Plaut. *Aulul.* 248 (250) Si hercle ego te non *elinguandam* dedero. By using the word 'elinguabat' to indicate the silence imposed by Pythagoras on his pupils Poliziano creates a comical link between the word 'elingues' ('speechless') used by Apuleius, who mentions the Pythagorean silence, and Plautus's 'elinguandam', which means 'tearing out the tongue of'. Cf. Filippo Beroaldo, *Oratio proverbiorum* (first printed in 1499 at Bologna): ille Pythagoras, primus philosophiae nuncupator, qui loquacitatem improbans *discipulos elinguabat,* nihil eos prius docens quam tacere. Cf. Gell. *Noct. Att.* I 9,3 qui exploratus ab eo (Pythagoras) idoneusque fuerat, *recipi* in disciplinam *statim* iubebat et tempus certum tacere. Cf. Diog. Laert. *Vit. phil.* VIII 10; Plut. *De curiosit.* 9; Iambl. *De vita Pyth.* 16,68, 17,72 and 20,94. Cf. Delatte's note, *La vie de Pythagore* p. 111; Deubner's note to Iambl. *De vita Pyth.* 16,68 and Burkert, *Weisheit* pp. 162-3.

4,25   Praecepta...diffluetis: Iambl. *De vita Pyth.* 23,105 and *Protrept.* 21 p. 106,9-12 ed. Pistelli: Καὶ εἰ μή τις αὐτὰ τὰ σύμβολα ἐκλέξας διαπτύξειε καὶ ἀμώκῳ ἐξηγήσει <περιλάβοι>, γελοῖα ἂν καὶ γραώδη δόξειε τοῖς ἐντυγχάνουσι τὰ λεγόμενα, λήρου μεστὰ καὶ ἀδολεσχίας. As is clear from the notes to 4,26 ff. and 9,23 ff. these treatises by Iamblichus are among the most important sources for the *Lamia*. Poliziano is sure that when they hear the Pythagorean precepts his audience will dissolve in laughter. The miraculous tales about Pythagoras are also likely to set off a gale of laughter (5,1-2). Poliziano ridicules the Florentine Pythagoras cult by having a little fun and games with a familiar Pythagorean precept, namely not to laugh immoderately and not to mock. Cf. Diog. Laert. *Vit. phil.* VIII 23 μήτε γέλωτι κατέχεσθαι, and 20 Ἀπείχετο (Pythagoras) καταγέλωτος καὶ πάσης ἀρεσκείας οἷον σκωμμάτων καὶ διηγημάτων φορτικῶν. Cf. Iambl. *De vita Pyth.* 17,71 and 30,171; *Protrept.* 21 p. 107,29 and 121,9.

Petrarch was another who took some of Pythagoras's doctrines with a pinch of salt; cf. *Rerum memorandarum libri* I 24 de nullo fere philosophorum tot feruntur archana, quamvis in multis, velut viator novus raris signatum vestigiis iter agens, a recto deviasse et, si dici fas est, delirasse videatur.

4,25 Ipsius: as in 23, it is used here as a proper name (a fact overlooked by Del Lungo). The comical use of 'Ipse' as a proper name was probably inspired by Cicero's sentence 'ipse... erat Pythagoras' (*De nat. deor.* I 5,10).

4,25 risu...diffluetis: Apul. *Metam.* III 7 risu cachinnabili difflue-bant. (Lucius has been charged with murder. He makes a speech in his own defence which, much to his astonishment, sends his audience into hoots of laughter.)

4,26-37 Ignem...loco: Poliziano quotes some of the Pythagorean precepts. These *symbola* are rules of conduct passed down by Pythagoras and his followers by word of mouth. Magical/ritual rules and taboos, they were meant to be followed to the letter, though later they came to be interpreted allegorically: 'Do not poke a fire with a knife' was then interpreted as meaning 'Do not provoke an angry man' (cf. Burkert, *Weisheit* pp. 150 ff.). The *symbola* were often quoted and provided with comments in classical and early Christian literature, particularly by Greek authors. Due to the moral significance that was attached to them, they also had a powerful attraction for the Italian humanists, particularly for the adherents of the Neoplatonist movement in Florence, who saw in the precepts laid down by Pythagoras the signs of a profound and hidden wisdom (cf. the introduction, p. xvi).

Poliziano presents his Florentine audience with some of these precepts and pokes fun at them. This must have caused something of a scandal in the circles of the Platonic academy, and sure enough, in the preface to his *Symbolum* Giovanni Nesi (1456-*c.* 1522), a follower of Ficino, criticizes Poliziano, reminding his readers that in the *Lamia* Poliziano had ridiculed the principles of Pythagoras (cf. C. Vasoli, 'Pitagora in monastero', in *Interpres* 1 (1978), p. 262). Incidentally it is curious that thirteen years previously Poliziano had linked the *symbola* to the *Encheiridion* of Epictetus that was so dear to his heart. In the letter accompanying his translation of Epictetus (1479) he puts the concise and lucid style of the *Encheiridion* on a par with the style of the *symbola*: Stilus... concisus est, dilucidus quique omnem respuat ornatum, Pythagoreorumque praeceptis, quas illi diathecas vocant, quam simillimus (*Op.* p. 393). (Without indicating the source, Poliziano borrows this observation from the preface to Simplicius's commentary to the *Encheiridion*: Κομματικοὶ δέ εἰσιν οἱ λόγοι, καὶ γνωμονικοί, κατὰ τὸ τῶν ὑποθηκῶν καλουμένων παρὰ τοῖς Πυθαγορείοις εἶδος.)

The question of which sources Poliziano used for the *symbola* he quotes is not easily answered. There is no doubt that he used Iamblichus's *Protrepticus* (and probably also *De vita Pythagorica*), as well as Diogenes Laertius and/or the *Souda* (which includes the collection of *symbola* of Diog. Laert. VIII 17-18: cf. *Suidae lex.* s.n. Πυθαγόρας, vol. IV pp. 264-5, Adler edn.). Six of the *symbola*, as formulated by Poliziano, occur only in Iamblichus (four of them only in the *Protrepticus*, viz. 28 Malvam..., 29-30 Cum lecto..., 32-33 Speculum..., and 33 Dextrum...; two are also in *De vita Pythagorica*, viz. 27 Cerebrum... and 29 Viam...). Two other *symbola* (28 Adversus solem... and 31 Ollae...) probably appear in Poliziano's formulation only in Diogenes Laertius and in the *Souda*. The *symbolon* Contra solem... (32) appears in Poliziano's wording only in Iamblichus's *Protrepticus*, in Diogenes Laertius and in the *Souda*. In the *symbolon* Unguium... (34-35) Poliziano has conflated a formulation from Diogenes Laertius (also in the *Souda*) with a related one from the *Protrepticus*. The sentence about the bean taboo (35 Hic idem...) is influenced by a commentary to Horace ascribed to Acron, while the joke about the cock is probably inspired by Lucian's *Gallus*.

For each precept I shall quote those witnesses with which Poliziano's text agrees more or less closely. In the case of the first *symbola* (26 Ignem..., 26-27 Stateram..., 27 Cor..., and 27-28 Supra sextarium...) the number of witnesses is so large despite this restriction that I shall confine myself to some examples — including Iamblichus and Diogenes Laertius (= *Souda*) — and for other material refer the reader to secondary sources. To judge by their different wording, Poliziano did not borrow the precepts that he gives from collections made previously by other humanists. To demonstrate this I follow the classical witnesses with the relevant passages from Quattrocento sources, viz.:

Ambrogio Traversari's translation of Diog. Laert. *Vit. phil.*, VIII 17-18, Brixiae 1485, fo. pIVᵃ;

Leon Battista Alberti, *Convelata*, in *Intercenali inedite* ed. E. Garin, Firenze 1965, pp. 77-82;
Marsilio Ficino's translation of Iambl. *Protrept.*, 21, MS Vat. lat. 5953, ff. 47ᵇ-55ᵃ; *Symbola Pythagorae philosophi*, *Op.* vol. II p. 1979; *Symbola Pythagore*, in Kristeller, *Supplementum Ficinianum* vol. II pp. 100-3; Giov. Pico, *De hominis dignitate* ed. Garin, p. 126;
Pandolfo Collenuccio (?), *Pythagorica praecepta mystica a Plutarcho interpretata*, in Giglio Gregorio Giraldi, *Opera omnia*, Lugduni Batavorum 1696, cols. 681-4;
Filippo Beroaldo the Elder, *De symbolis Pythagorae*, Parisiis 1505.
For further details and for the collections of Giov. Nesi cf. the introd. pp. xxv-xxviii.

4,26   Ignem...fodicato: Iambl. *Protrept.* 21 p. 107,6 and 112,24 Πῦρ μαχαίρῃ μὴ σκάλευε (μαχαίρῃ πῦρ p. 112,24). Likewise, with insignificant variations: *De vita Pyth.* 32,227; Porph. *Vita Pyth.* 42; Diog. Laert. *Vit. phil.* VIII 17 and 18 = *Souda*; Athen. *Deipnosoph.* X 452 d; [Plut.] *De lib. educ.* 17,12 E. Cf. Hieron. *Adv. Rufin.* 3,39 ignem gladio ne fodias. Cf. Delatte's note, *La vie de Pythagore* p. 118, and Deubner's note to Iambl. *De vita Pyth.* 32,227.

Cf. Traversari: Ignem gladio non fodiendum. Alberti, p. 78,23 = Collenuccio, col. 681 B: ignem ferro non cedendum. Ficino's translation of Iambl. *Protrept.*, ff. 47ᵇ and 50ᵃ = *Symb. Pyth. phil.*: Ignem gladio ne scalpas. Beroaldo: τὸ πῦρ μαχαίρᾳ μὴ σκαλεύειν, hoc est: ignem gladio ne fodias.

4,26-27   Stateram ne transilito: Iambl. *Protrept.* 21 p. 107,13 and 114,20 Ζυγὸν μὴ ὑπέρβαινε (ὑπερβαίνειν p. 114,20). Likewise: *De vita Pyth.* 30,186; Porph. *Vita Pyth.* 42; Diog. Laert. *Vit. phil.* VIII 17 and 18 = *Souda*; Athen. *Deipnosoph.* X 452 d; [Plut.] *De lib. educ.* 17, 12 E; Clem. Alex. *Strom.* V 5,30,1. Cf. Delatte's note, *La vie de Pythagore* p. 118, and Deubner's note to Iambl. *De vita Pyth.* 30,186.

Cf. Traversari: Stateram non transiliendam. Alberti, p. 78,35 = Collenuccio, col. 681 C: stateram aut (et Collenuccio) iugum non transiliendum. Ficino's translation of Iambl. *Protrept.*, fo. 48ᵃ Iugum (aliter: lancem) ne supergrediare, and fo. 50ᵇ Iugum sive stateram ne supergrediare; *Symb. Pyth. phil.*: Iugum ne transilias. Stateram ne transilias. Beroaldo: ζυγὸν μὴ ὑπερβένειν, quod Latine significat: stateram ne transilias.

4,27   Cerebrum ne comedito: Iambl. *Protrept.* 21 p. 108,6 and 123,14 = *De vita Pyth.* 24,109 Ἐγκέφαλον μὴ ἔσθιε. Cf. Deubner's note ad locum.

Cf. Ficino's translation of Iambl. *Protrept.*, ff. 48ᵃ and 54ᵃ = *Symb. Pyth. phil.*: Cerebrum ne edas; *Ep.* lib. IV, 'Nemo est cui possit invidere' etc., *Op.* vol. I p. 751 Mandavit discipulis suis Pythagoras ne[c] cerebrum corve commederent.

4,27 Cor...comedito: Iambl. *Protrept.* 21 p. 108,5 and 123,3 = *De vita Pyth.* 24,109 Καρδίαν μὴ τρῶγε. Porph. *Vita Pyth.* 42 μὴ καρδίαν ἐσθίειν. Likewise, with insignificant variations: Diog. Laert. *Vit. phil.* VIII 17 and 18 = *Souda*; Athen. *Deipnosoph.* X 452 d; [Plut.] *De lib. educ.* 17,12 E. Cf. Delatte's note, *La vie de Pythagore* p. 119; Deubner's note to Iambl. *De vita Pyth.* 24,109 and Burkert, *Weisheit* pp. 166-9.

Cf. Traversari: Cor non edendum. Alberti, p. 78,24 = Collenuccio, col. 681 B: cor non manducandum. Ficino's translation of Iambl. *Protrept.*, ff. 48ᵃ and 53ᵇ Cor ne edas; *Symb. Pyth. phil.*: Cor ne vores. Beroaldo: καρδίαν μὴ ἐσθίειν, id est: cor non comedendum.

4,27-28 Supra...sedeto: Iambl. *Protrept.* 21 p. 107,20 and 116,26 Ἐπὶ χοίνικι μὴ καθέζου. Likewise, with insignificant variations: Porph. *Vita Pyth.* 42; Diog. Laert. *Vit. phil.* VIII 17 and 18 = *Souda*; Athen. *Deipnosoph.* X 452 e; [Plut.] *De lib. educ.* 17,12 E. Cf. Delatte's note, *La vie de Pythagore* p. 119.

Cf. Traversari: Super choenice non sedendum. Alberti, p. 78,32 = Collenuccio, col. 681 C: super modio non considendum (consistendum Collenuccio); Collenuccio, col. 684 E: In choenice non sedendum. Ficino's translation of Iambl. *Protrept.*, ff. 48ᵃ and 51ᵇ Super mensuram triticeam ne sedeas; *Symb. Pyth. phil.* = *Symb. Pyth.*, p. 102 Super modium ne sedeas. Pico: Praecipiet (Pythagoras) ne super modium sedeamus. Beroaldo: ἐπὶ χοίνικος μὴ καθέζειν, id est: super chenice non sedendum.

4,28 Malvam...comedito: Iambl. *Protrept.* 21 p. 108,14 and 125,12 Μολόχην ἐπιφύτευε (μεταφύτευε p. 125,12) μέν, μὴ ἔσθιε δέ. Cf. Burkert, *Weisheit* p. 163.

Cf. Ficino's translation of Iambl. *Protrept.*, ff. 48ᵃ and 54ᵇ Molochinam (Molochin fo. 54ᵇ) planta quidem, non tamen edas; *Symb. Pyth. phil.*: Herbam molochinam sere, ne tamen edas.

4,28-29 Adversus... loquitor: Diog. Laert. *Vit. phil.* VIII 17 πρὸς ἥλιον τετραμμένον μὴ ὁμιλεῖν (ὁμίχειν is the reading adopted in all critical editions and in Adler's edition of the *Souda*). ὁμιλεῖν is the reading of B (MS Burbonicus graecus, III B, 29 (n. 253)), P (MS Parisinus graecus 1759) and of Σ⁴ (*Souda*, MS Parisinus 2624): cf. Delatte's critical apparatus, *La vie de Pythagore* p. 118, and his introd., pp. 63-5 and 102. In his manuscript of Diogenes Laertius it seems that Traversari, too, read ὁμιλεῖν, for his translation of this *symbolon* reads: converso ad solem vultu non loquendum.

Delatte refers to 'Olympiodore, *In Phaed.*, p. 25' where he reads: πρὸς ἥλιον τετραμμένος μὴ λάλει (*La vie de Pythagore* p. 118 n. and p. 187). This passage in Olympiodorus's *Phaedo* commentary was earlier pointed out — though without indicating the page or chapter — by Mullach (*Fragmenta philosophorum Graecorum*, ed. F. G. A. Mullachius, vol. I, Parisiis 1860, p. 507). I have been unable to trace this passage. Cf. Alberti, p. 79,56-7 = Collenuccio, col. 682 C: converso ad solem vultu non clamandum. Ficino, *Symb. Pyth. phil.*: Ad solem versus ne loquaris.

4,29 Viam...ingreditor: Iambl. *Protrept.* 21 p. 107,1-2 and 111,18-19; *De vita Pyth.* 23,105 Τὰς λεωφόρους ὁδοὺς ἐκκλίνων διὰ τῶν ἀτραπῶν βάδιζε. Cf. Deubner's note to Iambl. *De vita Pyth.* 18,83 and Burkert, *Weisheit* p. 163.

Cf. Ficino's translation of Iambl. *Protrept.*, ff. 47ᵇ and 49ᵇ Populares vias declinans per diverticula vade, and his *Symb. Pyth. phil.* (where 'fuge' instead of 'declinans'); cf. also *Ep.* lib. I, 'Praecepta ad memoriam', *Op.* vol. I p. 656 populares vias declinato, ito (ita *ed. cit.*) per diverticula.

4,29-30 Cum...confundito: Iambl. *Protrept.* 21 p. 108,3-4 and 122,22-3 Στρωμάτων ἀναστὰς συνέλισσε αὐτὰ καὶ τὸν τύπον συνστόρνυε.

Cf. Ficino's translation of Iambl. *Protrept.*, fo. 48ᵃ Cum ex stramentis surrexeris (surrexerit MS), involve ipsa et figuram confunde; fo. 53ᵇ Stramentis exurgens collige ipsa *etc.*; *Symb. Pyth. phil.*: Stramentis surgens collige ipsa *etc.*

4,30-31 Anulum ne gestato: Iambl. *Protrept.* 21 p. 107,24 and 119,14 Δακτύλιον μὴ φόρει. Clem. Alex. *Strom.* V 5,28,4 (φορεῖν). Cf. [Plut.] *De lib. educ.* 17,12 E Μὴ φορεῖν στενὸν δακτύλιον. Cf. Burkert, *Weisheit* p. 161.

Cf. Ficino's translation of Iambl. *Protrept.*, ff. 48ᵃ and 52ᵇ = *Symb. Pyth. phil.*: Anulum ne feras.

4,31 Ollae...cinere: Diog. Laert. *Vit. phil.* VIII 17 = *Souda* χύτρας ἴχνος συγχεῖν ἐν τῇ τέφρᾳ. Cf. Iambl. *Protrept.* 21 p. 108,9 and 124,17 Χύτρας ἴχνος ἀπὸ σποδοῦ ἀφάνιζε. Cf. Delatte's note, *La vie de Pythagore* p. 117.

Cf. Traversari: Ollae vestigium in cinere confundendum. Alberti, p. 79,45 = Collenuccio, col. 682 A: olle vestigium in cinere confundendum. Ficino's translation of Iambl. *Protrept.*, ff. 48ᵃ and 54ᵇ = *Symb. Pyth. phil.*: Olle vestigium in cinere confunde.

4,31-32 Hirundines...admittito: Iambl. *Protrept.* 21 p. 107,23 and 119,4 Χελιδόνα οἰκίᾳ μὴ δέχου. Porph. *Vita Pyth.* 42 μηδὲ χελιδόνας ἐν οἰκίᾳ δέχεσθαι. Cf. Diog. Laert. *Vit. phil.* VIII 17 ὁμωροφίους χελιδόνας μὴ ἔχειν. Cf. Delatte's note, *La vie de Pythagore* p. 118.

Cf. Traversari: Sub eodem tecto hirundines non habendas. Alberti, p. 79,49-50 = Collenuccio, col. 682 B: sub eodem tecto hirundines (harundines Garin) non habendas. Ficino's translation of Iambl. *Protrept.*, ff.

48ᵃ and 52ᵇ Hyrundinem domi ne suscipias; *Symb. Pyth. phil.* (where 'recipias').

4,32   Contra...meito: Iambl. *Protrept.* 21 p. 107,16 and 115,19 Πρὸς ἥλιον τετραμμένος μὴ οὔρει. Diog. Laert. *Vit. phil.* VIII 17 = *Souda* Πρὸς ἥλιον τετραμμένον μὴ ὀμίχειν (cf. my note to 28-29 above). Cf. Delatte's note, *La vie de Pythagore* p. 118, and Burkert, *Weisheit* p. 163. Cf. Ficino's translation of Iambl. *Protrept.*, ff. 48ᵃ and 51ᵃ = *Symb. Pyth. phil.* = *Symb. Pyth.*, p. 100 Ad solem conversus ne mingas. Pico: (cavendum est) ne...adversus solem emingamus.

4,32-33   Speculum...lucernam: Iambl. *Protrept.* 21 p. 107,26 and 120,19 Παρὰ λύχνον μὴ ἐσοπτρίζου.

Cf. Ficino's translation, ff. 48ᵃ and 53ᵃ Iusta candelabrum ne speculum inspicias (te inspicias fo. 53ᵃ); *Symb. Pyth. phil.*: Ad lucernae lumen ne te speculo contempleris; *Ep.* lib. I, 'Exhortatio ad scientiam', *Op.* vol. I p. 620 Mandavit discipulis suis Pythagoras ut se in speculo, non ad lucernae, sed ad solis lumen specularentur.

4,33   Dextrum...lavato: Iambl. *Protrept.* 21 p. 107,10-11 and 114,6-7 Εἰς μὲν ὑπόδησιν τὸν δεξιὸν πόδα προπάρεχε (πάρεχε p. 114,7), εἰς δὲ ποδόνιπτρον τὸν εὐώνυμον.

Cf. Ficino's translation, ff. 48ᵃ and 50ᵇ Dum te calceas (In calceationem fo. 50ᵇ), dextrum pedem premitte, sed in pelvim (pelvim lotionis fo. 50ᵇ) qua pedes lavantur, sinistrum pedem premitte; *Symb. Pyth. phil.*: In calceos dextrum praemitte pedem, in lavacrum vero sinistrum.

4,34-35   Unguium...despuito: a comical conflation of two related *symbola*, viz. Diog. Laert. *Vit. phil.* VIII 17 = *Souda* ἀπονυχίσμασι καὶ κουραῖς μὴ ἐπουρεῖν μηδὲ ἐφίστασθαι, and Iambl. *Protrept.* 21 p. 108,7 and 124,1-2 Ἀποκαρμάτων σῶν καὶ ἀπονυχισμάτων κατάπτυε.

Cf. Traversari: Unguium capillorumque partibus superfluis resectis non immingendum neque insistendum. Alberti, p. 79,46-7 in superfluis capillorum unguiumque resectis non immingendum neque insistendum. Collenuccio, col. 682 A: In superfluis capillorum unguiumque segmentis non mejendum. Ficino's translation of Iambl. *Protrept.*, fo. 48ᵃ Capillorum et unguium superflua resecta pessunda; fo. 54ᵃ Superflua capillorum et unguium tuarum pessunda; *Symb. Pyth. phil.*: Capillorum et unguium superfluitates postquam abscideris pessunda.

4,35   Hic...porco: [Acron's] commentary on Hor. *Serm.* II 6,63 (vol. II p. 316 ed. Hauthal) faba Pythagorae cognata: Pythagoras philosophus, ab omnibus animalibus abstinens, etiam [a] *faba abstinuit...* (Pythagoras) praecipue fabam veluti parentem coluerat; nam colorem eius dicebat veluti humano sanguine infectum. Cognata: a qua *sic abstinuit*, quasi cognata sua [esset]. Cf. Diog. Laert. *Vit. phil.* VIII 19, 24 and 34; [Plut.] *De lib. educ.* 17, 12 F; Porph. *Vita Pyth.* 43; Iambl. *Pro-*

trept. 21 p. 108,13 and 125,9; *De vita Pyth.* 24,109 and Lucian, *Gallus* 4. Cf. Pease's note to Cic. *De divin.* I 30,62; Delatte's notes, *La vie de Pythagore* pp. 119, 123 and 131, his *Etudes sur la littérature pythagoricienne*, Paris 1915, pp. 23, 36-8 and 292-4; Deubner's note to Iambl. *De vita Pyth.* 24,109 and Burkert, *Weisheit* pp. 164-6. Cf. Alberti, p. 78,25 = Collenuccio, col. 681 B: fabis abstinendum. Ficino's translation of Iambl. *Protrept.*, ff. 48ᵃ and 54ᵇ = *Symb. Pyth. phil.*: (A) fabis abstine. Beroaldo: κυάμων ἀπέχεσθαι, id est: a fabis abstinendum esse.

4,35   ut Iudaeus porco: cf. Clem. Alex. *Strom.* VII 6,33,1 Ταύτῃ καὶ μάλιστα Ἰουδαῖοι χοιρείου ἀπέχονται, ὡς ἂν τοῦ θηρίου τούτου μιαροῦ ὄντος. (The preceding passage mentions the fact that Pythagoras refrained from eating meat.)

4,36-37   Si...loco: here Poliziano is probably alluding to, among other texts, Lucian, *Gallus* 4. In that dialogue poking fun at Pythagoras, the cock tells his master that in a former life he (the cock) was Pythagoras: Ἐκεῖνος αὐτὸς ἐγώ σοί εἰμι ὁ Πυθαγόρας. Cf. Iambl. *Protrept.* 21 p. 107,18 and 116,11 Ἀλεκτρυόνα τρέφε μὲν μὴ θῦε δέ. Cf. *De vita Pyth.* 18,84 μηδὲ ἀλεκτρυόνα λευκὸν <θύειν>. Cf. Diog. Laert. *Vit. phil.* VIII 34 ἀλεκτρυόνος μὴ ἅπτεσθαι λευκοῦ. Cf. *Souda* μήτε λευκὸν ἀλεκτρυόνα ἐσθίειν. Cf. Delatte's note, *La vie de Pythagore* p. 132, his *Etudes sur la littérature pythagoricienne* p. 290, and Deubner's note to Iambl. *De vita Pyth.* 18,84. Cf. Alberti, p. 78,39-40 gallo plumis albo abstinendum. Collenuccio, col. 681 C: gallo albo abstinendum.

4,37   in...loco: Ter. *Andria* 292 te in germani fratri' dilexi loco.

5,1   cachinnos...ebulliunt: Apul. *Metam.* II 30 (quoted at 4,5-6) risus *ebullit*, and 31 Cum primum Thelyphron hanc fabulam posuit, conpotores vino madidi rursum *cachinnum* integrant.

5,2   vos...ridetote: cf. Cat. *Carm.* 61,211 Ludite, ut lubet.

5,3-17   Bestias...offerebat: the miraculous stories about Pythagoras, in which he instructs a she-bear and a bull, appear in Iambl. *De vita Pyth.* 13,60-1 but also in Porph. *Vita Pyth.* 23-4. Comparing them shows that Poliziano follows the Iamblichus version: the words 'Tute, si scis, potius moneto' (12-13), 'diutule' (14) and 'hominum' (16) have no counterparts in the Porphyry version.

5,3   Bestias...cicures: Iambl. *De vita Pyth.* 13,60 Εἰ δὲ καὶ πιστευτέον τοσούτοις ἱστορήσασι περὶ αὐτοῦ παλαιοῖς τε ἅμα οὖσι καὶ ἀξιολόγοις, μέχρι τῶν ἀλόγων ζῴων ἀναλυτικόν τι καὶ νουθετητικὸν ἐκέκτητο Πυθαγόρας ἐν τῷ λόγῳ, διὰ τούτου συμβιβάζων, ὡς διδασκαλία πάντα περιγίνεται τοῖς νοῦν ἔχουσιν, ὅπου καὶ τοῖς ἀνημέροις τε καὶ ἀμοιρεῖν λόγου νομιζομένοις.

5,3 feras: like the she-bear in the story that follows; **cicures:** like the bull in the second story. Cic. *De nat. deor.* II 39,99 bestiarum vel cicurum vel ferarum; *De amic.* 21,81 bestiis...cicuribus, feris.

5,3-9 Et...cuiquam: Iambl. *ibidem* Τὴν μὲν γὰρ Δαυνίαν ἄρκτον, χαλεπώτατα λυμαινομένην τοὺς ἐνοίκους, κατασχών, ὥς φασι, καὶ ἐπαφησάμενος χρόνον συχνόν, ψωμίσας τε μάζῃ καὶ ἀκροδρύοις, ὁρκώσας μηκέτι ἐμψύχου καθάπτεσθαι ἀπέλυσεν· ἥ δὲ εὐθὺς εἰς τὰ ὄρη καὶ τοὺς δρυμοὺς ἀπαλλαγεῖσα οὐκέτ᾽ ἔκτοτε ὤφθη τὸ παράπαν ἐπιοῦσα οὐδὲ ἀλόγῳ ζῴῳ.

5,4-5 pestis...hominum: χαλεπώτατα λυμαινομένην τοὺς ἐνοίκους. Verg. *Georg.* III 419 pestis acerba bovum (about a serpent).

5,5 si...vir: according to the Pythagorean tradition, Pythagoras was a god (Apollo) or demigod. The 'hagiography' that Iamblichus devoted to him is full of his miraculous powers, words and deeds. Cf. *De vita Pyth.* 6,30 and *passim*; Porph. *Vita Pyth.* 10, 20 and 28; Diog. Laert. *Vit. phil.* VIII 4, 11 and 14, and the references in Delatte's commentary ad locum.

5,6 manu permulsit: ἐπαφησάμενος. Ovid, *Fasti* IV 551.

5,9-17 Bovem...offerebat: Iambl. *ibidem* 13,61 Βοῦν δὲ ἐν Τάραντι ἰδὼν ἐν παμμιγεῖ νομῇ καὶ κυάμων χλωρῶν παραπτόμενον, τῷ βουκόλῳ παραστὰς συνεβούλευσεν εἰπεῖν τῷ βοΐ τῶν κυάμων ἀπέχεσθαι. Προσπαίξαντος δὲ αὐτῷ τοῦ βουκόλου περὶ τοῦ «εἰπεῖν» καὶ οὐ φήσαντος εἰδέναι βοϊστὶ εἰπεῖν, εἰ δὲ αὐτὸς οἶδε, καὶ περισσῶς συμβουλεύειν, δέον τῷ βοΐ παραινεῖν, προσελθὼν αὐτὸς καὶ εἰς τὸ οὖς πολλὴν ὥραν προσψιθυρίσας τῷ ταύρῳ, οὐ μόνον τότε αὐτὸν ἀμελλητὶ ἑκόντα ἀπέστησε τοῦ κυαμῶνος, ἀλλὰ καὶ εἰσαῦθις λέγουσι μηκέτι γεγεῦσθαι κυάμων τὸ παράπαν τὸν βοῦν ἐκεῖνον, μακροχρονιώτατον δὲ ἐν τῇ Τάραντι κατὰ τὸ τῆς Ἥρας ἱερόν γηρῶντα διαμεμενηκέναι, τὸν ἱερὸν ἀνακαλούμενον Πυθαγόρου βοῦν ὑπὸ πάντων, ἀνθρωπίναις τροφαῖς σιτούμενον, ἅς οἱ ἀπαντῶντες αὐτῷ προσώρεγον.

The 'bos' in the story is a bull (ταύρῳ).

5,12 bovatim: βοϊστί. The word 'bovatim' is probably borrowed from Non. *De compend. doctr.* (pp. 58-9, Lindsay edn.).

5,14 diutule locutus: πολλὴν ὥραν προσψιθυρίσας. Apul. *Flor.* 2,1... Socrates, qui cum decorum adulescentem et *diutule* tacentem conspicatus foret, 'ut te videam' inquit 'aliquid et *loquere.*' (Other echoes of the *Florida* are found in 3,2-3, 4,24-25, 5,29-32 and 17,5-7.)

5,17 obvia turba: οἱ ἀπαντῶντες. For this collocation cf. *Thesaurus linguae Latinae* s.v. obvius, vol. IX col. 319,67 ff.

5,18-6,14 Hic...philosophum: this version of Pythagoras's explanation of what a philosopher is actually concerned with is broadly speaking a conflation of Cic. *Tusc. disp.* V 3,8-9 and Iambl. *De vita Pyth.* 12,58-9. Passages like 5,24-26 et frivola...pecuniolae, 5,26-32 Ibi...mentitur, and 6,3-7 caelumque...rapiantur are additions or digressions.

5,18 tam...venditator: Cels. *De medic.*, prooem. 7 multos ex *sapientiae professoribus* peritos eius (medendi scientiae) fuisse accipimus, clarissimos vero ex iis *Pythagoran* et Enpedoclen et Democritum. Plin. *Nat. hist.* XXIX 1,8,25 Hominum... subtilitas tanta esse non potuit; ostentatio artis et *portentosa* scientiae *venditatio* manifesta est. (Here Pliny ridicules physicians, who in order to make as much money as possible prescribe medicines which are not only unnecessary but are also needlessly complicated in their composition.)

5,18-20 interrogatus...respondit: Diog. Laert. *Vit. phil.* VIII 8 Σωσικράτης... φησιν αὐτὸν ἐρωτηθέντα ὑπὸ Λέοντος τοῦ Φλιασίων τυράννου τίς εἴη, φιλόσοφος, εἰπεῖν. Cic. *Tusc. disp.* V 3,8 Pythagorae... quem, ut scribit auditor Platonis Ponticus Heraclides, vir doctus in primis, Phliuntem ferunt venisse cumque *Leonte*, principe *Phliasiorum*, docte et copiose disseruisse quaedam: cuius ingenium et eloquentiam cum admiratus esset Leon, quaesivisse ex eo qua maxime arte confideret; at illum artem quidem *se* scire nullam, sed *esse philosophum*. August. *De civ. Dei* VIII 2 (Pythagoras) *interrogatus, quid* profiteretur, *philosophum se esse respondit*, id est studiosum vel amatorem sapientiae.

5,19 quid hominis esset: Cic. *In Verr.* II 2,54,134 exponam vobis breviter quid hominis sit. (About a rogue.)

5,19-20 philosophum se esse: cf. Iambl. *De vita Pyth.* 12,58 Λέγεται δὲ Πυθαγόρας πρῶτος φιλόσοφον ἑαυτὸν προσαγορεῦσαι. The term 'philosophum', explained in 6,13-14 as 'sophiae studiosum', contrasts with the ironical description 'tam portentosae sapientiae professor ac venditator'.

Pythagoras's modest statement 'philo-sophus sum' is, like the standard answer of his followers 'Ipse dixit', a stock theme in Italian humanist literature. Lorenzo Valla e.g. (*c.* 1405-57) elaborates these *topoi* at the very beginning of his treatise on logic in order to denounce the servile and uncritical attitude of the Scholastics towards Aristotle and to vindicate the right of free and independent research. Cf. Valla, *Repastinatio dialectice et philosophie* ed. G. Zippel, Padova 1982, vol. I and especially text γ in vol. II.

5,20-23 Iterum...habeatur: Cic. *Tusc. disp.* V 3,8-9 Admiratum Leontem novitatem *nominis* quaesivisse quinam essent philosophi et quid inter eos et reliquos interesset; Pythagoram autem respondisse similem sibi videri *vitam* hominum et *mercatum* eum, qui haberetur maximo ludorum apparatu totius Graeciae celebritate.

5,20-21 inauditum...confinxerat: Iambl. *ibidem* Λέγεται δὲ Πυθαγόρας πρῶτος φιλόσοφον ἑαυτὸν προσαγορεῦσαι, οὐ καινοῦ μόνον ὀνόματος ὑπάρξας, ἀλλὰ καὶ πρᾶγμα οἰκεῖον προεκδιδάσκων χρησίμως. Cic. *De fin.* III 4,15 Si enim Zenoni licuit, cum rem aliquam invenisset inusitatam, *inauditum* quoque ei rei *nomen* imponere, cur non liceat Catoni?

5,21-23 vitam...habeatur: cf. Iambl. *ibidem* Ἐοικέναι γὰρ ἔφη τὴν εἰς τὸν βίον τῶν ἀνθρώπων πάροδον τῷ ἐπὶ τὰς πανηγύρεις ἀπαντῶντι ὁμίλῳ. **5,23-24 Multos...venditent:** Iambl. *ibidem* Ὡς γὰρ ἐκεῖσε παντοδαποὶ φοιτῶντες ἄνθρωποι ἄλλος κατ᾽ ἄλλου χρείαν ἀφικνεῖται (ὃ μὲν χρηματισμοῦ τε καὶ κέρδους χάριν ἀπεμπολῆσαι τὸν φόρτον ἐπειγόμενος...)

5,24 Quosdam...venditent: cf. Cic. *Tusc. disp.* V 3,9 alii emendi aut vendendi quaestu et lucro ducerentur...

5,24 mercimonia...venditent: cf. [Cic.] *Ad Herenn.* IV 6,9 *mercem* ipsi qui *venditant* aliunde exemplum quaeritant aliquod mercis.

5,25 tentoriola: a very rare diminutive which in classical Latin seems to occur only in *Bell. Afric.* 47,5.

5,25-26 laqueos...pecuniolae: Ovid, *Am.* I 8,69-70 Parcius exigito pretium, dum *retia tendis*, / ne fugiant. *Metam.* IV 177 retiaque et laqueos (cf. the references in Bömer's commentary ad locum). Cf. Sen. *Ep. mor.* 89,22 quorum profunda et insatiabilis gula hinc maria scrutatur, hinc terras, alia hamis, alia *laqueis*, alia *retium* variis generibus cum magno labore persequitur.

5,26 pecuniolae: this diminutive appears as a surname in Val. Max. *Facta et dicta memorab.* II 7,4; it is apparently not attested elsewhere in classical Latin. Its use by Poliziano may have been influenced by the analogous form 'gloriolae' (6,1).

5,26 quosdam...dotes: Iambl. *ibidem* ὃ δὲ δόξης ἕνεκα ἐπιδειξόμενος ἥκει τὴν ῥώμην τοῦ σώματος... Cf. Cic. *Tusc. disp.* V 3,9 nam ut illic alii corporibus exercitatis gloriam et nobilitatem coronae peterent...

5,26 quosdam rursus: 'some, on the other hand', or 'yet others'; 'rursus' does not belong to 'sese ostentent' (Del Lungo says: 'Altri per fare anche questa volta mostra di sè').

5,26-32 Ibi...mentitur: here Poliziano inserts a digression. One wonders whether in the second part (the variety artistes) he is thinking of a festival of his own days.

5,27-29 qui...praevolat: cf. *Panepistemon*, *Op.* p. 470 pancratiastae qui saltu, qui disco, qui pentathlo quique iaculo nobiles trans finem scammatis expedito. A list of this kind occurs in a letter of 1494, addressed to Giov. Pico, in which Poliziano glorifies the physical prowess of Piero de' Medici: Ludus ei saltus, equus, discus, lucta, cursus, arma (*Op.* ed. Maïer, vol. III p. 510).

5,29-32 Ibi et...mentitur: Apul. *Flor.* 18,1-8 Tanta multitudo ad audiendum convenistis, ut potius gratulari Carthagini debeam, quod tam multos eruditionis amicos habet, quam excusare, quod philosophus non recusaverim dissertare. Nam et pro amplitudine civitatis frequentia collecta et pro magnitudine frequentiae locus delectus est. Praeterea in

auditorio hoc genus spectari debet non pavimenti marmoratio nec pro-
scaenii contabulatio nec scaenae columnatio, sed nec culminum eminentia
nec lacunarium refulgentia nec sedilium circumferentia, nec quod hic
alias mimus *halucinatur*, comoedus sermocinatur, tragoedus vociferatur,
funerepus periclitatur, praestigiator furatur, histrio gesticulatur ceteri-
que omnes ludiones ostentant populo quod cuiusque artis est, sed istis
omnibus supersessis nihil amplius spectari debet quam convenientium
ratio et dicentis oratio. Quapropter, ut *poetae* solent hic ibidem varias
civitates substituere... non secus et mihi liceat nullam longinquam et
transmarinam civitatem hic, sed enim ipsius Carthaginis vel curiam vel
bybliothecam substituere. Cf. *Panepistemon, Op.* p. 471 illos nugatorios ar-
tifices: *petauristas, circulatores,* funiambulos, neurobatas, tichobatas, *sac-
cularios,* pilarios. Cf. Ermolao Barbaro's description of a banquet: Inducti
mox histriones, pantomimi, *petauristae, aretalogi,* funamboli, choraulae,
citharoedi (letter to Petrus Cara, Milan 1488, in Poliziano (!) *Ep.* lib. XII,
Op. p. 199).

    5,30   **saccularius:** cf. *Corp. iur. civ., Dig.* XLVII 11,7 (784,34) and 18,2
(790,18).

    5,30   **divinaculus:** this word does not occur in classical Latin (though
'divinus' and 'divinaculum' do). Cf. *Panepistemon, Op.* p. 473 Extrema illa
est quae malo adscribitur daemoni, quo genere Pythiae Dodonidesque
sunt et item *divinaculi* caeteri ut omoplatoscopi, ut etiam qui exta
pecudum, qui volatus, qui cantus avium, qui monstra, qui tonitrus, qui
fulgura, qui sidera, qui sortes, qui symbola, omina, auspicia, qui ster-
numenta, qui mustelarum, qui murium vel stridores vel occursus quique
aures tintinantes, oculos salientes, foliorum crepitacula, pomorum
semina in sublime iactata, bacilla, cortices, nomina, imagines, phialas,
specula et mille id genus alia observabant.

    5,31   **aretalogus:** cf. Juv. *Sat.* 15,16 mendax aretalogus.

    5,32   **orator blanditur:** cf. Giov. Pico, letter to Ermolao Barbaro,
Op., Basileae 1572, p. 352 Nam quid aliud *rhetoris* officium quam mentiri,
decipere, circumvenire, praestigiari?... Cum a natura rei semper vel
a<u>gendo excedat vel minuendo deficiat et fallacem verborum concentum veluti larvas et simulachra praetendens auditorum mentes *blan-
diendo* ludificet.

    5,32   **poeta mentitur:** Hor. *Ars poet.* 151.

    5,32-6,1   **Postremo...agitari:** Iambl. *ibidem* (...ἔστι δὲ καὶ τρίτον εἶδος
καὶ τό γε ἐλευθεριώτατον, συναλιζόμενον τόπων θέας ἕνεκα καὶ
δημιουργημάτων καλῶν καὶ ἀρετῆς ἔργων καὶ λόγων, ὧν αἱ ἐπιδείξεις
εἰώθεσαν ἐν ταῖς πανηγύρεσι γίνεσθαι), οὕτως δὴ κἀν τῷ βίῳ παντοδαποὺς
ἀνθρώπους ταῖς σπουδαῖς εἰς ταὐτὸ ἀθροίζεσθαι·τοὺς μὲν γὰρ χρημάτων καὶ
τρυφῆς αἱρεῖ πόθος, τοὺς δὲ ἀρχῆς καὶ ἡγεμονίας ἵμερος φιλονεικίαι τε

δοξομανεῖς κατέχουσιν. Cic. *Tusc. disp.* V 3,9 esset autem quoddam genus eorum idque vel maxime ingenuum, qui nec plausum nec lucrum quaererent, sed *visendi* causa venirent studioseque perspicerent quid ageretur et quo modo, item nos quasi in mercatus quandam celebritatem ex urbe aliqua sic *in hanc vitam* ex alia vita et natura profectos alios *gloriae* servire, alios *pecuniae.*

5,36 deliciarumque: on a par with 'pecuniae'; here with concrete meaning: luxury articles and the like. 'voluptatum blanditiis' (6,1) then means pleasures in a general sense.

6,1 gloriolae stimulis agitari: Verg. *Aen.* XI 336-7 quem gloria Turni/obliqua invidia *stimulis*que *agitabat* amaris. **gloriolae:** also in a letter from Giov. Pico to Poliziano, *Op.* Basileae 1572, p. 372, and in Landino, *Disputationes Camaldulenses* II p. 64,8 ed. Lohe.

6,1 alios...titillari: Cic. *De fin.* I 10,33 *blanditiis* praesentium *voluptatum* deliniti; 11,39 *voluptas*, quae quasi *titillaret* sensus; *De off.* II 18,63 multitudinis levitatem *voluptate* quasi *titillantes.* Cf. the references in Lewis and Short, *A Latin Dictionary* s.v. titillo.

6,2-3 Sed...sint: Iambl. *ibidem* εἰλικρινέστατον δὲ εἶναι τοῦτον ἀνθρώπου τρόπον, τὸν ἀποδεξάμενον τὴν τῶν καλλίστων θεωρίαν, ὃν καὶ προσονομάζειν φιλόσοφον. Cf. Cic. *Tusc. disp.* V 3,9 raros esse quosdam, qui ceteris omnibus pro nihilo habitis rerum naturam studiose intuerentur.

6,3-7 caelumque...rapiantur: again Poliziano inserts a digression.

6,3-4 caelumque...choros: Iambl. *Protrept.* (!) 9 p. 51,7-15 Τί δὴ τοῦτό ἐστι Πυθαγόρας ἐρωτώμενος, 'τὸ θεάσασθαι' εἶπε 'τὸν οὐρανόν', καὶ ἑαυτὸν δὲ θεωρὸν ἔφασκεν εἶναι τῆς φύσεως καὶ τούτου ἕνεκα παρεληλυθέναι εἰς τὸν βίον. Καὶ 'Αναξαγόραν δέ φασιν εἰπεῖν ἐρωτηθέντα τίνος ἂν ἕνεκα ἕλοιτο γενέσθαι τις καὶ ζῆν, ἀποκρίνασθαι πρὸς τὴν ἐρώτησιν· ὡς 'τοῦ θεάσασθαι [τὰ περὶ] τὸν οὐρανὸν καὶ <τὰ> περὶ αὐτὸν ἄστρα τε καὶ σελήνην καὶ ἥλιον', ὡς τῶν ἄλλων γε πάντων οὐδενὸς ἀξίων ὄντων. Cf. Iambl. *De vita Pyth.* 12,59 Καλὴν μὲν οὖν εἶναι τὴν τοῦ σύμπαντος οὐρανοῦ θέαν καὶ τῶν ἐν αὐτῷ φορουμένων ἀστέρων εἴ τις καθορῴη τὴν τάξιν.

6,3 hoc: 'for this reason'.

6,4 siderum choros: Apul. *Metam.* VI 19 caelestium siderum... chorum. Cf. *Thesaurus linguae Latinae* s.v. chorus, vol. III col. 1023,57 ff. Cf. [Plato] *Epin.* 982 e τὴν τῶν ἄστρων φύσιν, ἰδεῖν μὲν καλλίστην, πορείαν δὲ καὶ χορείαν πάντων χορῶν καλλίστην καὶ μεγαλοπρεπεστάτην, and *Tim.* 40 c. Cf. Clem. Alex. *Protrept.* 4,63,1 ἥλιόν τε καὶ σελήνην καὶ τὸν ἄλλον τῶν ἀστέρων χορόν.

6,4 solem...luminis: cf. Macrob. *Comm. in Somn. Scip.* I 20,3 (*sol*) quem Heraclitus *fontem* caelestis *lucis* appellat. (Cf. *Eraclito. Testimonianze e imitazioni* ed. Mondolfo-Tarán, Firenze 1972, p. 123.) This line is quoted in Ficino, *De sole* 6, *Op.* vol. I p. 969; cf. also his *Oratio ad Deum theol.* 4-5, in Kristeller, *Supplementum Ficinianum* vol. I p. 40 (sol) qui micas tantum proprio nitore, / cuncta quo fulgent rutilantque solo.

6,5 lunam...inconstans: Cic. *De nat. deor.* II 40,103 *Luna...* eam *lucem* quam a sole accepit mittit in terras et *varias* ipsa lucis mutationes habet. Cf. *ibidem* II 37,95 *luna*eque luminum *varietatem,* tum crescentis, tum senescentis.

6,5 lucem hauriat: cf. Verg. *Georg.* II 340 cum primae *lucem* pecudes *hausere;* August. *In psalm.* 80,19 extr. Non vivunt? Non auras carpunt? Non *lucem hauriunt?*

6,5-7 sidera...rapiantur: the planets and the fixed stars. In the Platonist view of the universe the sphere of the fixed stars carries the moon, the sun and the five planets with it on its revolution. Cf. 6,30-33 and the notes; Cic. *Tusc. disp.* V 24,69 cum totius mundi motus conversionesque perspexerit *sidera*que viderit innumerabilia caelo *inhaerentia* cum eius ipsius motu congruere certis infixa sedibus.

6,7-14 qui...philosophum: Iambl. *De vita Pyth.* 12,59 Καλὴν μὲν οὖν εἶναι τὴν τοῦ σύμπαντος οὐρανοῦ θέαν καὶ τῶν ἐν αὐτῷ φορουμένων ἀστέρων εἴ τις καθορώῃ τὴν τάξιν· κατὰ μετουσίαν μέντοι τοῦ πρώτου καὶ τοῦ νοητοῦ εἶναι αὐτὸ τοιοῦτον. Τὸ δὲ πρῶτον ἦν ἐκεῖνο, ἡ τῶν ἀριθμῶν τε καὶ λόγων φύσις διὰ πάντων διαθέουσα, καθ᾽ οὓς τὰ πάντα ταῦτα συντέτακταί τε ἐμμελῶς καὶ κεκόσμηται πρεπόντως, καὶ σοφία μὲν ἡ τῷ ὄντι ἐπιστήμη τις ἡ περὶ τὰ καλὰ τὰ πρῶτα καὶ θεῖα καὶ ἀκήρατα καὶ ἀεὶ κατὰ τὰ αὐτὰ καί ὡσαύτως ἔχοντα ἀσχολουμένη, ὧν μετοχῇ καὶ τὰ ἄλλα ἂν εἴποι τις καλά· φιλοσοφία δὲ ἡ ζήλωσις τῆς τοιαύτης θεωρίας.

6,12 eundemque...peragentia: ἀεὶ κατὰ τὰ αὐτὰ καὶ ὡσαύτως ἔχοντα. Cf. Liv. *Ab urbe cond.* V 5,7 brevis profecto res est, si uno *tenore peragitur.*

6,12-13 scientiam...est: Sen. *Ep. mor.* 89,7 (also quoted in *Miscell.* II 45,3) *Sapientia* est quam Graeci σοφίαν dicunt. Hoc verbo Romani quoque utebantur, sicut philosophia nunc quoque utuntur.

6,13-14 eiusque...philosophum: φιλοσοφία δὲ ἡ ζήλωσις τῆς τοιαύτης θεωρίας. Cic. *Tusc. disp.* V 3,9 hos se appellare sapientiae studiosos, id est enim philosophos.

This closing sentence contrasts with the words 'tam portentosae sapientiae professor ac venditator' at the beginning of the paragraph. The wisdom to which Pythagoras actually applies himself, i.e. insight into the eternal and immutable and the contemplation of the purest beauty, is surely quite a different matter from the absurd *symbola* and the miracles attributed to him. Poliziano dismisses that pseudo-wisdom as 'portentosa sapientia'. So, too, is there a contrast between Pythagoras's description of himself as 'eius sophiae studiosus' and as 'philo-sophus', which Poliziano quotes with respect, and Poliziano's ironical portrayal of Pythagoras the animal tamer as 'tam portentosae sapientiae *professor* ac *venditator*'.

6,15-7,5   Olim...invocandam: this passage outlining the branches of scholarship that a philosopher must master is borrowed from [Plato's] *Epinomis* 974 d-976 e and 990 a-992 a. (For humanist translations of the *Epinomis* see the introduction, pp. xxviii-xxix.) The sentence 'vicissitudinesque... rapiantur' (6,29-33) is an addition taken from Cic. *Tusc. disp.* I and *De nat. deor.* II.

6,15-16   Olim...artes: *Epin.* 974 d-e Πρῶτον μὲν τοίνυν ὧν πρῶτον δεῖ θνητῷ γένει, ἴδωμεν ὡς εἰσὶ μὲν ἀναγκαιόταται σχεδὸν ἀληθῶς τε πρῶται, ὁ δὲ ἐπιστήμων αὐτῶν γιγνόμενος, εἰ καὶ κατ' ἀρχὰς ἔδοξέν τις εἶναί ποτε σοφός, οὔκουν νῦν γε οὔτε σοφὸς εἶναι δοξάζεται... Poliziano may also have had in mind a note of Eustathius (quoted below, at 6,16-17).

6,15   Olim...priscum: Ter. *Eun.* 246-7 (the speaker is a parasite): *Olim* isti fuit generi quondam quaestus *apud saeclum* p r i u s: /hoc novomst aucupium.

6,16   qui...artes: Apul. *Flor.* 9,24-5 (Apuleius extols Hippias, a Sophist of the time of Socrates, 'artium multitudine prior omnibus' (9,15). Everything he wore — clothes, jewellery and other equipment — he had made with his own hands.) Quis autem non laudabit hominem tam numerosa arte multiscium, totiugi scientia magnificum, tot utensilium peritia daedalum? Quin et ipse Hippian laudo, sed ingenii eius fecunditatem malo doctrinae quam supellectilis multiformi instrumento aemulari fateorque me *sellularias* quidem *artes* minus *callere.*

6,16   sellularias...artes: the sedentary crafts are among the 'artes necessariae' and 'utiles' (6,20) enumerated in *Epin.* 975 a-c. The 'sellulariae artes' named there are: ἡ τῶν οἰκήσεών γε συνυφὴ καὶ σύμπασα οἰκοδομία καὶ σκευῶν πάντων ἀπεργαστική, χαλκεία τε καὶ ἡ τῶν τεκτονικῶν καὶ πλαστικῶν καὶ πλεκτικῶν καὶ συμπάντων ὀργάνων παρασκευή.

In the *Panepistemon* Poliziano does his best to bring not only arts and sciences but also technologies and crafts within the scope of philosophy. His purpose is to incorporate all human activities in a single system: Qui libros aliquos enarrare Aristotelis ingrediuntur consuevere a principio statim philosophiam ipsam velut in membra partiri, quod et Themistium facere videmus et Simplicium et Ammonium et alios item Peripateticos veteres. Mihi vero nunc Aristotelis eiusdem libros De moribus interpretanti consilium est ita divisionem istiusmodi aggredi ut, quoad eius fieri possit, non disciplinae modo et artes vel liberales quae dicuntur vel machinales, sed etiam sordidae illae ac sellulariae, quibus tamen vita indiget, intra huius ambitum distributionis colligantur (*Op.* p. 462).

6,16-17   Homerus...vocat: Clem. Alex. *Strom.* I 4,25,1 Ὅμηρος δὲ καὶ τέκτονα σοφὸν καλεῖ. *Il.* XV 411-12 τέκτονος... ὅς ῥά τε πάσης / εὖ εἰδῇ σοφίης. (The word σοφός does not occur in Homer's poetry.) Eustathius remarks ad locum (*Comm. ad Hom. Il.* 1023,10-15; vol. III p. 749,22-7, Van der Valk edn.) Οἱ γὰρ παλαιοὶ σοφοὺς ἐκάλουν ἅπαντας τοὺς τεχνίτας, ὡς τό «σοφὸς ἤραρε τέκτων»... Δῆλον δὲ ὅτι οἱ ὕστερον φιλόσοφοι σοφίαν ἄλλως εἶναί φασιν ἐπιστήμην θείων καὶ ἀνθρωπίνων καὶ τῆς περὶ ἑκάτερον αἰτίας. Cf. also an ancient *scholion* ad locum (*Scholia Graeca in Hom. Il.* vol. IV pp. 97-8, Erbse edn.) Πᾶσαν δὲ τέχνην οὕτω καλοῦσι, σοφοὺς <δὲ> τοὺς τεχνίτας... οἱ δὲ φιλόσοφοι σοφίαν εἶναι θείων καὶ ἀνθρωπίνων καὶ τῆς περὶ ἑκάτερον αἰτίας.

That Poliziano should quote Homer as well as Pythagoras and Plato on the subject of what a philosopher is actually concerned with is not as strange as it might appear: Homer was, after all, regarded as a wise and omniscient prophet. In the preface to Plato's *Charmides* (quoted at 3,1-3) Poliziano mentions Homer in the same breath as Pythagoras and Plato. In the same preface he calls him 'divinae sapientiae quasi quidem oceanus' (p. 446). In Homer's verse we find 'virtutum omnium vitiorum-que exempla, omnium semina disciplinarum, omnium rerum humanarum simulacra effigiesque'. In the entire history of philosophy 'nulla est ferme nobilior posterorum sententia aut opinio celebrata cuius non in poeta Homero originem agnoscamus' (*Oratio in expositione Homeri, Op.* p. 479). Homer 'mentis praepete nisu / pervolitat chaos immensum, coelum, aequora, terras / vimque omnem exsinuat rerum vocesque refundit / quas fera, quas volucris, quas venti atque aetheris ignes, / quas maria atque amnes, quas dique hominesque loquantur' (*Ambra* 22-6). The veneration of Homer as a seer imbued with divine inspiration had begun even in classical times. The Neoplatonist writers, so popular in Poliziano's Florence, set themselves to reconciling his verse with the philosophy of Plato by means of allegorical interpretation. Thus in his commentary to the *Politeia* Proclus defended Homer against Plato's criticisms of poets and their myths (*In Plat. Rem Publ. Comm.* vol. I pp. 69-205, Kroll edn.). Cf. also F. Buffière, *Les mythes d'Homère et la pensée grecque*, Paris 1956; I. Maïer, 'Une page inédite de Politien: la note du Vat. Lat. 3617 sur Démétrius Triclinius commentateur d'Homère', in *Bibliothèque d'Huma-nisme et Renaissance* 16 (1954), pp. 13-14; also in Poliziano, *Op.* ed. Maïer, vol. III; Maïer, *Ange Politien* pp. 91-6, and Picotti, *Ricerche* p. 10 n. 2. Bigi rightly asserts that Poliziano took little interest in the religious content of Homer's verse, regarding the poetry of antiquity as 'un fatto schiettamente terreno, produzione umana e riflesso di interessi umani' (*La cultura* p. 103). Even so, one wonders whether Bigi does not underestimate the influence on Poliziano's thinking of the traditional picture of Homer as a prophet. Certainly Poliziano also saw Homer as a philosopher.

6,17-18 Atheniensis quidam senex: Plato. This is clear if only from the description given in the same sentence. As with Pythagoras (4,21 Samium...magistrum), his name is suppressed and he is referred to by his birthplace ('Atheniensis').

Why is Plato referred to as 'Atheniensis senex'? 1. Poliziano borrowed the review of the sciences (6,19 ff.) largely from the *Epinomis*, a dialogue which, in conformity with a widely accepted tradition, he ascribed to Plato. Whether or not this ascription is correct, the author of the *Epinomis* wrote his treatise as an addition to Plato's *Nomoi*. The chief interlocutor in the *Epinomis* is an unnamed Athenian foreigner ('Αθηναῖος ξένος), who is also the chief interlocutor in the *Nomoi*. No more details are given of him, but from various passages in the *Nomoi* it is clear that he is a very old man (cf. I 625 b, II 657 d, IV 712 b, VI 769 a, VII 821 a, X 892 d and 900 c). Implicitly, Poliziano identifies him with Plato himself. In this he could have drawn on a tradition that was widely accepted in antiquity (cf. Cic. *De leg.* I 5,15 and *Scholia Platonica* p. 296, Greene edn. But see also Diogenes Laertius (*Vit. phil.* III 52), who (rightly) rejects the view that the Athenian foreigner is Plato himself. Cf. [Plato] *Epin.* ed. Tarán, p. 131 n. 548.) 2. Those who ascribe the *Epinomis* to Plato place it in the last phase of his life: indeed, they reckon it to be his last work. Poliziano would certainly have shared this view. 3. It seems to me not inconceivable that 'Atheniensis senex' is a play on words with 'Αθηναῖος ξένος.

Ficino too has no doubt that the Athenian foreigner is Plato himself: *Quod autem persona[m] hic Platonis sub ipso Atheniensis hospitis nomine et id quidem modestiae gratia lateat legenti deinceps ex multis perspicue apparebit, ex eo praecipue quod affirmabit se geminas tractavisse respublicas* (*In Dial. I de leg. epit.*, *Op.* vol. II p. 1488). Consistently with this view, he sometimes refers to Plato as the 'senex Atheniensis' (*Ep.* lib. VIII, 'Concordia Mosis et Platonis', *Op.* vol. I p. 866).

The question of whether or not the *Epinomis* is rightly attributed to Plato is discussed at length by L. Tarán, *Academica: Plato, Philip of Opus, and the Pseudo-Platonic Epinomis*, Philadelphia 1975, pp. 3 ff. For the identity of the Athenian foreigner, cf. G. R. Morrow, *Plato's Cretan City. A Historical Interpretation of the Laws*, Princeton 1969, pp. 74-5.

6,18-19 altis...satum: in the preface to his translation of Plato's *Charmides* Poliziano extols the virtues of Plato as 'philosophorum omnium sine controversia parentem ac deum totiusque sapientiae quasi quoddam, ut aiunt, terrestre oraculum' (*Op.* p. 447).

6,18 altis...aiunt: Verg. *Aen.* VI 667-8 *Musaeum ante omnis* — *medium nam plurima turba / hunc habet atque umeris exstantem suspicit altis.* Serv. ad locum: 'umeris extantem': quasi philosophum, ac si diceret Platonem: adludit enim poeta. Namque *Plato ab umerorum dictus* est latitudine. Athleta enim fuit, qui post omnium victoriam se philosophiae dedit. Cf. Ficino, *Ep.* lib. IV, 'De vita Platonis', *Op.* vol. I p. 764 Erat enim et speciosissimo et robustissimo corporis habitu. Unde et a latis humeris, ampla fronte et egregio totius corporis habitu, orationis quoque ubertate 'Plato' est nuncupatus, cum ante nominatus fuisset Aristocles. The theme of 'the majestic Plato' recurs frequently in fifteenth-century literature. There were busts of Plato in Lorenzo de' Medici's palace and Ficino's villa at Careggi (cf. A. Chastel, *Art et humanisme à Florence au temps de Laurent le Magnifique*, Paris 1961, pp. 72-3).

6,18 ut aiunt: 'as the saying goes', 'to use a well-known saying' or 'so it is said' (Del Lungo: 'così ci dicono').

6,18-19 quem...satum: Apul. *De Plat.* I,1 Sunt qui *Platonem* augustiore conceptu *prosatum* dicant, cum quidem *Apollinis* figuratio Perictionae se miscuisset. Cf. A. Swift Riginos, *Platonica. The Anecdotes concerning the Life and Writings of Plato*, Leiden 1976, pp. 9-15. Cf. Ficino, *Ep.* lib. IV, 'De vita Platonis', *Op.* vol. I p. 763 Ferunt Athenis celebre esse Aristonem Perictionem cum esset speciosissima congredi conatum esse, verum fuisse illius conatus irritos, vidisseque in somnis Apollinem atque ab eo iussum munda<m> a coniugali copula quoad pareret servasse. Quod et Laertius et Policrates (i.e. John of Salisbury, the author of the *Policraticus*) scribunt. *Ibidem* p. 770 divum Platonem a Graecis Apollinis filium...iudicatum.

6,19-21 Hic...sint: *Epin.* 974 d-e Τὰς ἄλλας τοίνυν ὅσαι ἐπιστῆμαι μέν εἰσιν λεγόμεναι, σοφὸν δὲ οὐκ ἀποτελοῦσιν τὸν λαμβάνοντά τε αὐτὰς καὶ ἔχοντα, πρῶτον διεξιτέον, ὅπως ταύτας ἐκποδὼν θέμενοι, πειρώμεθα ἐκείνας ὧν δεόμεθα παραθέσθαι τε καὶ παραθέμενοι μανθάνειν. Πρῶτον μὲν τοίνυν ὧν πρῶτον δεῖ θνητῷ γένει, ἴδωμεν ὡς εἰσὶ μὲν ἀναγκαιόταται σχεδὸν ἀληθῶς τε πρῶται, ὁ δὲ ἐπιστήμων αὐτῶν γιγνόμενος, εἰ καὶ κατ' ἀρχὰς ἔδοξέν τις εἶναί ποτε σοφός, οὔκουν νῦν γε οὔτε σοφὸς εἶναι δοξάζεται ὄνειδη τε ἴσχει μᾶλλον ἀπὸ τῆς τοιαύτης ἐπιστήμης.

6,20-21 necessariae: *Epin.* 974 e ἀναγκαιόταται, cf. 975 c τῶν ἀναγκαίων. **utiles:** 975 c δήμῳ τὸ πρόσφορον ἔχουσα. **ludicrae:** 975 d παιδιά. Sen. *Ep. mor.* XI 88,21 Quattuor ait esse artium Posidonius genera: sunt vulgares et sordidae, sunt *ludicrae*, sunt pueriles, sunt liberales. **auxiliares:** 975 e βοήθεια.

In *Epin.* 974 d-976 c the arts which falsely pretend to make men truly wise are divided into four categories: 1. those which provide for our necessities: the science that regulates our feeding on other living beings (975 a-b), agriculture and its products (975 b), 'constructive' arts (975 b-c), hunting (975 c) and divination (975 c); 2. those which provide pleasure and recreation (the fine arts, 975 d), subdivided according as one's mimicry employs instruments, the body, words, music or painting

48   LAMIA 6,20-28

and sculpture; 3. those which are a defence against evils and dangers: generalship (975 e-976 a), medicine (976 a), navigation (976 a-b) and rhetoric (976 b); 4. an ἄτοπος δύναμις, i.e. a natural aptitude for learning and for remembering and effectively utilizing acquired knowledge (976 b-c). Poliziano designates category 1 as (artes) 'necessariae' and 'utiles', 2 as 'elegantes' and 'ludicrae', 3 as 'auxiliares'. Evidently he chooses either to disregard category 4 or to count the ἄτοπος δύναμις as part of category 3. Broadly speaking this classification agrees with that of Ficino, who in his commentary to the *Epinomis* defines the skills named as (facultates) 'naturales', 'necessariae', 'ludicrae', 'iocosae' and 'auxiliares' (*In Epin. epit., Op.* vol. II p. 1526).

For the interpretation of *Epin.* 974-6 cf., besides Tarán's commentary, A.-J. Festugière, *Les trois 'Protreptiques' de Platon*, Paris 1973, p. 105.

6,21-23 Propriam...perierit: *Epin.* 976 c-e Ἀλλὰ μὴν δεῖ φανῆναί γέ τινα ἐπιστήμην ἥν ἔχων σοφὸς γίγνοιτ' ἂν ὁ σοφὸς ὄντως ὢν καὶ μὴ μόνον δοξαζόμενος. Ἴδωμεν δή. Χαλεπῷ μὲν γὰρ λόγῳ παντάπασιν ἐπιχειροῦμεν, ἑτέραν πάρεξ τῶν εἰρημένων εὑρεῖν, ἣ σοφία μὲν λέγοιτ' ἂν ὄντως τε καὶ εἰκότως, ὁ δὲ λαβὼν οὔτε βάναυσος οὔτ' ἠλίθιος ἔσται, σοφὸς δὲ καὶ ἀγαθὸς δι' αὐτὴν πολίτης τε καὶ ἄρχων καὶ ἀρχόμενος ἐνδίκως ἔσται πόλεως ἅμα καὶ ἐμμελής. Κατίδωμεν δὴ ταύτην πρώτην, τίς ποτ' ἐκ τῆς ἀνθρωπίνης φύσεως ἐπιστήμη μία διεξελθοῦσα ἢ μὴ παραγενομένη τῶν νῦν παρουσῶν ἀνοητότατον ἂν καὶ ἀφρονέστατον παράσχοιτο ζῷον τὸ τῶν ἀνθρώπων. Οὐ δὴ τοῦτό γε πάνυ χαλεπὸν τὸ κατιδεῖν. Μία γὰρ ὡς εἰπεῖν πρὸς μίαν ἡ τὸν ἀριθμὸν δοῦσα παντὶ τῷ θνητῷ γένει τοῦτ' ἂν δράσειεν. *Ibidem* 977 c καὶ μάλ' ὀρθῶς ἐνοήσαμεν ὡς, εἴπερ ἀριθμὸν ἐκ τῆς ἀνθρωπίνης φύσεως ἐξελοίμεν, οὐκ ἄν ποτέ τι φρόνιμοι γενοίμεθα.

6,23-25 Numeros...consentiant: *Epin.* 990 c Διὸ μαθημάτων δέον ἂν εἴη· τὸ δὲ μέγιστόν τε καὶ πρῶτον [καὶ] ἀριθμῶν αὐτῶν, ἀλλ' οὐ σώματα ἐχόντων, ἀλλὰ ὅλης τῆς τοῦ περιττοῦ τε καὶ ἀρτίου γενέσεώς τε καὶ δυνάμεως, ὅσην παρέχεται πρὸς τὴν τῶν ὄντων φύσιν. Paraphrase (cf. Tarán's commentary, pp. 332-3): the first study to be undertaken is that of arithmetic, for without knowledge of the properties of number *per se* we would not acquire knowledge of geometry, stereometry, harmonics; and so not astronomy either. Arithmetic deals with abstract (i.e. conceptual) numbers by themselves (i.e. without reference to objects) (τὸ δὲ μέγιστόν τε καὶ πρῶτον (μάθημα) ἀριθμῶν αὐτῶν, ἀλλ' οὐ σώματα ἐχόντων). In particular, it is concerned with the fundamental properties of numbers, i.e. evenness and oddness, and the nature of these properties (ὅλης τῆς τοῦ περιττοῦ τε καὶ ἀρτίου γενέσεώς τε καὶ δυνάμεως), and the way number confers its own properties to the nature of things (ὅσην παρέχεται (ὁ ἀριθμός) πρὸς τὴν τῶν ὄντων φύσιν).

6,23 ille: Poliziano stresses that Plato did not regard the numbers with which arithmetic concerns itself as physical, concrete entities. When thinking of numbers people are inclined, he says, to think of the concrete numerals used by, say, a merchant. In *De hominis dignitate* (p. 148) Pico too warns that Platonist arithmetic should not be confused with 'arithmetica mercatoria'.

6,24-25 quatenus...consentiant: 'in so far as (the numbers) are in accord with the nature of things (i.e. with reality)'. Did Poliziano read ὅσον ('quatenus') instead of ὅσην in his text of the *Epinomis*? Del Lungo's translation 'l'origine e la potenza del pari e dell'impari, *studiata rispetto alla natura delle cose*' is incorrect.

Ficino translates *Epin.* 990 c as follows: Quocirca doctrinis quae mathematicae appellantur opus est, primo vero ac maxime numeris, non iis dico numeris qui corpus habent, sed qui omnem paris imparisve generationem atque virtutem, quam ad perficiendam cognoscendamque rerum naturam conferunt (Plat. *Op. Ficino interprete* p. 623). Cf. also his *In Epin. epit.*, *Op.* vol. II p. 1529, and *In Dial. VII de iusto epit.* (*Polit.* VII), *Op.* vol. II pp. 1411-12 (nota) numeros non esse corporeos, siquidem nihil aliud numerus est quam unitas repetita. Unitas autem non est corpus: non enim in partes dividitur. Quae si fingatur dividi, non secatur, sed potius multiplicatur. Multiplicatur, inquam, in seipsam, non in partes ullas: pars enim quaelibet toto solet esse minor. Nulla vero unitas vel maior vel minor est unitate. Atqui haec ipsa unitas numerusque ad incorpoream nos essentiam erigunt; similiter quoque figurae, quarum ratio vera in mente reperitur potius quam in corpore.

6,25-26 Post...vocentur: *Epin.* 980 c θεογονίαν τοίνυν καὶ ζῳογονίαν ἀναγκαῖον, ὡς ἔοικεν, πρῶτόν μοι, κακῶς ἀπεικασάντων τῶν ἔμπροσθεν, βέλτιον ἀπεικάσαι. 991 b τὸ δ' ἐπὶ τούτοις τέλος, εἰς θείαν γένεσιν ἅμα καὶ τὴν τῶν ὁρατῶν καλλίστην τε καὶ θειοτάτην φύσιν ἰτέον.

6,26 theogonia zoogoniaque: i.e. the theory of the scale of living beings that shows what is the true nature of the gods. It is essential to possess a correct picture of the gods, for the god cosmos it was that gave us number in order to save us (for without number we should lead the life of beasts). The author of the *Epinomis* also states that the heavenly bodies are gods, i.e. living beings of supreme intelligence and wisdom (cf. Tarán's commentary, pp. 32, 50, 79-92 and 258).

6,26-28 siderum...peragentes: *Epin.* 990 a-b: as regards the ἀστρονομία it is stated ὅτι σοφώτατον ἀνάγκη τὸν ἀληθῶς ἀστρονόμον εἶναι, μὴ τὸν καθ' Ἡσίοδον ἀστρονομοῦντα καὶ πάντας τοὺς τοιούτους, οἷον δυσμάς τε καὶ ἀνατολὰς ἐπεσκεμμένον, ἀλλὰ τὸν τῶν ὀκτὼ περιόδων τὰς ἑπτὰ περιόδους, διεξιούσης τὸν αὑτῶν κύκλον ἑκάστης οὕτως ὡς οὐκ ἂν ῥᾳδίως ποτέ πᾶσα φύσις ἱκανὴ γένοιτο θεωρῆσαι, μὴ θαυμαστῆς μετέχουσα φύσεως... Σελήνη μὲν περίοδον τὴν αὑτῆς τάχιστα διέξεισιν, ἄγουσα μῆνα καὶ πανσέληνον πρώτην· δεύτερον δέ κατανοεῖν δεῖ τὸν ἥλιον, τροπὰς ἄγοντα διὰ πάσης τῆς αὐτοῦ περιόδου, καὶ τούτῳ τοὺς συνδρόμους.

6,26   siderum: the heavenly bodies, which Poliziano goes on to specify as the moon, the sun, the planets and the fixed stars (Del Lungo's translation 'stelle' is too restricted).

6,27   lunaeque circumitum: Σελήνη...περίοδον...διέξεισιν. Cic. *De nat. deor.* II 62,155 *circumitus* solis et *lunae* reliquorumque siderum... spectaculum hominibus praebent. Sen. *De benef.* IV 23,1 *circumitus* solis ac *lunae.*

6,27-28   lunaeque...fiant: Ficino translates this passage as follows: luna celerrime circulum suum evolvit atque ita plenilunium primum et mensem peragit (Plat. *Op. Ficino interprete* p. 623).

6,28   solis...peragentes: τὸν ἥλιον, τροπὰς ἄγοντα διὰ πάσης τῆς αὐτοῦ περιόδου. The collocation 'solis anfractus' occurs in Cic. *Somn. Scip.* 2,12; Macrob. *Comm. in Somn. Scip.* I 6,83 and August. *De civ. Dei* XII 14,5.

6,29-33   vicissitudinesque...rapiantur: this passage does not appear in the *Epinomis.* The author of the *Epinomis* describes the revolutions of the moon and the sun (990 b) but stops short of giving the times of the revolutions of the five planets. They are too difficult; only the best natures with the appropriate training will be able to know them (990 c; cf. Tarán's commentary, p. 327). Poliziano fills in this gap in the *Epinomis* drawing on Cic. *Tusc. disp.* I and *De nat. deor.* II. He adds, with reference to the revolution of the sun, the alternation of day and night and the succession of the seasons, after which he mentions the revolutions of the five planets and of the sphere of the fixed stars.

6,29-30   vicissitudinesque...quadripartitas: Cic. *Tusc. disp.* I 28, 68.

6,30-31   stellarum...errantes: Cic. *De nat. deor.* II 20,51 motus earum *quinque stellarum* quae falso vocantur *errantes* — nihil enim errat quod in omni aeternitate conservat progressus et regressus reliquosque motus constantis et ratos. Cf. *Tusc. disp.* I 28,68 in eodem orbe in duodecim partes distributo *quinque stellas* ferri, eosdem cursus constantissime servantis, disparibus inter se motibus; Plin. *Nat. hist.* II 6,12 septem sidera, quae ab incessu vocamus *errantia,* cum errent nulla minus illis; Plato, *Nom.* VII 822 a.

6,31   earumque...stationes: Cic. *Tusc. disp.* I 25,62 errantium stellarum *cursus, praegressiones,* insti[tu]tiones. Firm. Mat. *Math.* I 4,5 *cursus,* regressus, *stationes,* societates, augmenta, ortus occasusque. Cf. Plato, *Tim.* 40 c.

6,31-32   tum...astra: Cic. *Tusc. disp.* I 25,62 *astra...* cum ea quae sunt *infixa certis locis,* tum illa non re, sed vocabulo errantia.

6,31-33   fixa...rapiantur: the sphere of the fixed stars ('caelum', the outermost concentric sphere, containing and carrying with it all the

COMMENTARY 51

heavenly bodies) rotates in the opposite direction to that of the planets. They, after all, each describe a different path, and at the same time are carried along in the rotation of the outermost sphere. Cf. *Epin.* 987 b (ὁ κόσμος) ἐναντίος ἐκείνοις ξύμπασιν πορεύεται. Cf. Cic. *De nat. deor.* II 38,97 cum autem impetum *caeli* cum *admirabili celeritate* moveri vertique videamus; I 20,52 Sive enim ipse mundus deus est, quid potest esse minus quietum quam nullo puncto temporis intermisso versari circum axem caeli *admirabili celeritate?*; *Somn. Scip.* 4,17 and Macrob. *Comm. in Somn. Scip.* I 17,2 Novem tibi orbibus vel potius globis conexa sunt omnia, quorum unus caelestis est, extumus, qui reliquos omnes complectitur... in quo sunt *infixi* illi qui volvuntur s t e l l a r u m cursus sempiterni. Cui subiecti sunt septem qui versantur retro c o n t r a r i o motu a t q u e *caelum.* Cf. also Macrob. *ibidem* I 18,1-2.

6,32   mira...celeritate: cf. also Cic. *Somn. Scip.* 3,15, quoted in Macrob. *Comm. in Somn. Scip.* I 13,4 and 14,1 (sidera et stellae) circulos suos orbesque conficiunt *celeritate mirabili.*

6,33-36   Huic...conflatur: an abstract of *Epin.* 990 d-991 b, in which successively plane geometry, solid geometry and harmonics are discussed. See the commentary by Tarán. This complicated mathematical exposition, of which there are several different interpretations, is given by Poliziano in a severely condensed version. (Ficino's translation of this passage may be read in Plat. *Op. Ficino interprete* p. 623.) Ταῦτα δὲ μαθόντι τούτοις ἐφεξῆς ἐστιν ὃ καλοῦσι μὲν σφόδρα γελοῖον ὄνομα γεωμετρίαν, τῶν οὐκ ὄντων δὲ ὁμοίων ἀλλήλοις φύσει ἀριθμῶν ὁμοίωσις πρὸς τὴν τῶν ἐπιπέδων μοῖραν γεγονυῖά ἐστιν διαφανής· ὃ δὴ θαῦμα οὐκ ἀνθρώπινον ἀλλὰ γεγονὸς θεῖον φανερὸν ἂν γίγνοιτο τῷ δυναμένῳ συννοεῖν. Μετὰ δὲ ταύτην τοὺς τρὶς ηὐξημένους καὶ τῇ στερεᾷ φύσει ὁμοίους· τοὺς δὲ ἀνομοίους αὖ γεγονότας ἑτέρᾳ τέχνῃ ὁμοιοῖ, ταύτῃ ἣν δὴ στερεομετρίαν ἐκάλεσαν οἱ προστυχεῖς αὐτῇ γεγονότες· ὃ δὲ θεῖόν τ' ἐστὶν καὶ θαυμαστὸν τοῖς ἐγκαθορῶσί τε καὶ διανοουμένοις ὡς περὶ τὸ διπλάσιον ἀεὶ στρεφομένης τῆς δυνάμεως καὶ τῆς ἐξ ἐναντίας ταύτῃ καθ' ἑκάστην ἀναλογίαν εἶδος καὶ γένος ἀποτυποῦται πᾶσα ἡ φύσις. Ἡ μὲν δὴ πρώτη τοῦ διπλασίου κατ' ἀριθμὸν ἓν πρὸς δύο κατὰ λόγον φερομένη, διπλάσιον δὲ ἡ κατὰ δύναμιν οὖσα· ἡ δ' εἰς τὸ στερεόν τε καὶ ἁπτὸν πάλιν αὖ διπλάσιον, ἀφ' ἑνὸς εἰς ὀκτὼ διαπορευθεῖσα· ἡ δὲ διπλασίου μὲν εἰς μέσον, ἴσως δὲ τοῦ ἐλάττονος πλέον ἔλαττόν τε τοῦ μείζονος, τὸ δ' ἕτερον τῷ αὐτῷ μέρει τῶν ἄκρων αὐτῶν ὑπερέχον τε καὶ ὑπερεχόμενον—ἐν μέσῳ δὲ τοῦ ἓξ πρὸς τὰ δώδεκα συνέβη τό τε ἡμιόλιον καὶ ἐπίτριτον—τούτων αὐτῶν ἐν τῷ μέσῳ ἐπ' ἀμφότερα στρεφομένη τοῖς ἀνθρώποις σύμφωνον χρείαν καὶ σύμμετρον ἀπενείματο παιδιᾶς ῥυθμοῦ τε καὶ ἁρμονίας χάριν, εὐδαίμονι χορείᾳ Μουσῶν δεδομένη.

6,33-34   quae...vocetur: the word γεωμετρία is ridiculous because its etymology led to the popular misconception that geometry is really concerned with earth-measuring (cf. Tarán's commentary, pp. 333-4).

6,35 ubi: refers to 'geometria'.

6,35 ratae...rationes: cf. Cic. *Somn. Scip.* 5,18; Macrob. *Comm. in Somn. Scip.* II 1,2 and 21; 3,12 and 16; Favon. Eulog. *Disp. de Somn. Scip.* p. 20,9-12 ed. Holder: (sonus) qui intervallis coniunctus imparibus, sed tamen pro *rata* partium *ratione* distinctis, impulsu et motu ipsorum orbium efficitur (i.e. the music of the spheres). Cf. Ficino, *De rationibus musice* in Kristeller, *Supplementum Ficinianum* vol. I pp. 51-6.

6,21-36 Propriam...conflatur: in his commentary to the *Epinomis* Ficino gives the following explanation: Ubi vero speculatrices doctrinas enumerat, primo quidem arithmeticam non laudat solum, verum etiam admiratur; quam in libris superioribus maxime omnium inquit ingenium acuere, memoriam confirmare, animum ad omnem speculationem actionemque aptissimum promptissimumque efficere. Atque hic addit numerum ab ipso Deo hominibus traditum velut rationis discursionisque necessarium instrumentum, quo sublato et animus amens appareat et scientiae artesque penitus evanescant. Laudat praeterea geometriam mensuras spectantem et s<t>ereometriam librantem pondera et astronomiam coelestia observantem et musicam concentum coelestium imitantem. Commendat quoque physicam, ubi de corporum generibus, compositionibus, animalibus, motionis et generationis principio tractat; sed ita ut minutissima quaeque naturalium relinquat medicis tanquam ab eo qui ad divina se confert minimum aliena (*In Epin. epit.*, *Op.* vol. II p. 1526).

6,36-7,1 Illam...simulat: *Epin.* 991 c Πρὸς τούτοις δὲ τὸ καθ' ἓν τῷ κατ' εἴδη προσακτέον ἐν ἑκάσταις ταῖς συνουσίαις, ἐρωτῶντά τε καὶ *ἐλέγχοντα τὰ μὴ καλῶς ῥηθέντα·* πάντως γὰρ καλλίστη καὶ πρώτη βάσανος ἀνθρώποις ὀρθῶς γίγνεται, ὅσαι δὲ οὐκ οὖσαι *προσποιοῦνται, ματαιότατος πόνος ἁπάντων.* Cf. Iambl. *De comm. math. scientia* 30 p. 91,20-3 ed. Festa εἴς τε τὸ συλλογίζεσθαι καὶ ἐπιδεικνύαι καὶ ὁρίζεσθαι καλῶς ὁδηγοῦσαι, τά τε ψευδῆ διελέγχουσαι καὶ τὰ ἀληθῆ ἀπὸ τῶν ψευδῶν διακρίνουσαι. Cf. Epict. *Encheir.* 52 Ὁ πρῶτος καὶ ἀναγκαιότατος τόπος ἐστὶν ἐν φιλοσοφίᾳ ὁ τῆς χρήσεως τῶν θεωρημάτων, οἷον τὸ μὴ ψεύδεσθαι· ὁ δεύτερος ὁ τῶν ἀποδείξεων, οἷον πόθεν ὅτι οὐ δεῖ ψεύδεσθαι; Τρίτος ὁ αὐτῶν τούτων βεβαιωτικὸς καὶ διαρθρωτικός, οἷον πόθεν ὅτι τοῦτο ἀπόδειξις; Τί γάρ ἐστιν ἀπόδειξις, τί ἀκολουθία, τί μάχη, τί ἀληθές, τί ψεῦδος; Οὐκοῦν ὁ μὲν τρίτος τόπος ἀναγκαῖος διὰ τὸν δεύτερον, ὁ δὲ δεύτερος διὰ τὸν πρῶτον· ὁ δὲ ἀναγκαιότατος καὶ ὅπου ἀναπαύεσθαι δεῖ, ὁ πρῶτος. Cf. Poliziano's translation of the *Encheir.* (67!), *Op.* pp. 404-5 Primus ac maxime *necessarius* locus est in philosophia qui ad usum speculationum pertinet, velut est non mentiri. Secundus qui ad demonstrationes, velut est cur [cum *ed. cit.*] mentiri non oporteat. Tertius qui ad eas confirmandas et prospiciendas spectat, hoc est quo pacto et unde demonstrare id possimus *verum* esse aut *falsum.* Igitur tertius quidem locus necessarius est ob secundum, secundus ob primum. Maxime omnium *necessarius* et in quo quiescere oporteat primus est.

Poliziano renders the words Πρὸς τούτοις (*Epin.* 991 c) as 'in primis'. Tarán, in his commentary on the *Epinomis*, remarks that dialectic is mentioned there as an ancillary science and not as the supreme science which will give us wisdom. Tarán also states that this is at variance both with the *Politeia* and with the *Nomoi* (pp. 343 and 24-32).

7,1 verumque...mentitur: Quint. *Inst. orat.* VIII 3,6 hic ornatus... virilis...sit nec effeminatam levitatem et *fuco ementitum colorem* amet.

6,36-7,1 Illam...simulat: as Poliziano sees it, in this passage in the *Epinomis* (991 c) Plato refers to logic, the theory of argumentation, in which the validity of conclusions and arguments is investigated. According to Ficino, by contrast, Plato is thinking of metaphysical dialectic, the path that the human mind must follow in order to contemplate Ideas and — ultimately — God. This dialectic, equated with metaphysics and theology, is on a loftier plane than all other sciences: Dialecticam denique, id est metaphysicam et apicem huius theologiam, velut reginam omnibus (facultatibus) anteponit, videlicet singulis ceu gradibus utentem ad inveniendum Deum atque adorandum. Tria vero reginae huius circa caeteras facultates munera esse probat: primum, ut multitudinem harum omnium circumspiciat; secundum, quaenam una in cunctis communio connexioque sit conspiciat; tertium, qua ratione ad unum ipsum divinumque bonum et multitudo haec et huius unio conferat manifeste suspiciat. Addit autem, nisi eiusmodi unio doctrinarum ad divinum unum conducens comprehendatur, cunctas omnino inanes evadere, neque quid in eis unum sit perspici posse nisi comparentur ad unum, a quo et ipsam accipiunt unionem (Ficino, *In Epin. epit.*, *Op.* vol. II p. 1526. Cf. also *In Dial. VII de iusto* (*Polit.* VII) *epit.*, *Op.* vol. II p. 1412). In his *Praelectio de dialectica*, with which he introduced the interpretation of Aristotle's logical writings in 1491, Poliziano goes into the difference between metaphysical dialectic and logic (*Op.* p. 528). After a comprehensive outline of 'Platonist dialectic' he puts it in perspective as too abstract and too ambitious ('remota nimis nimisque etiam fortassis ardua'). Instead he prefers to occupy himself with logic, which investigates such ordinary and concrete problems as propositions and arguments.

7,1-5 Ut...invocandam: Themist. *Or.* 21, 250 c (cf. Plato, *Polit.* VI 485 a) Τοῦτο μὲν δὴ ὁμολογείσθω τῆς φιλοσόφου φύσεως πέρι ὅτι μαθήματος δέοι, οὔτι παντός, ἀλλ' ὃ ἂν ἐκείνην δηλοῖ τὴν οὐσίαν τὴν ἀεὶ οὖσαν καὶ μὴ πλανωμένην ὑπὸ φθορᾶς καὶ γενέσεως. *Epin.* 991 d-992 a (= Iambl. *De comm. math. scientia* 6 p. 20,22-21,11 ed. Festa) Νοητέον δ' ἐστὶν περὶ πάντα τὰ τοιαῦτα τόδε, ὡς, ἐὰν μέν τις ἕκαστα τούτων ὀρθῶς λαμβάνῃ, μέγ' ὄφελος γίγνεται τῷ παραλαμβάνοντι κατὰ τρόπον, εἰ δὲ μή, θεὸν ἄμεινον ἀεὶ καλεῖν· ὁ δὲ τρόπος ὅδε—ἀνάγκη γὰρ τό γε τοσοῦτον φράζειν—πᾶν διάγραμμα ἀριθμοῦ τε σύστημα καὶ ἁρμονίας σύστασιν ἅπασαν τῆς τε τῶν ἄστρων περιφορᾶς τὴν ὁμολογίαν οὖσαν μίαν ἁπάντων ἀναφανῆναι δεῖ τῷ κατὰ τρόπον μανθάνοντι, φανήσεται δέ, ἄν, ὃ λέγομεν, ὀρθῶς τις εἰς ἓν βλέπων μανθάνῃ—δεσμὸς γὰρ πεφυκὼς πάντων τούτων εἷς ἀναφανήσεται διανοουμένοις—εἰ δ' ἄλλως πως ταῦτα μεταχειριεῖταί τις, τύχην δεῖ καλεῖν, ὥσπερ καὶ λέγομεν. Οὐ γὰρ ἄνευ γε τούτων μήποτέ τις ἐν πόλεσιν εὐδαίμων γένηται φύσις, ἀλλ' οὗτος ὁ τρόπος, αὕτη ἡ τροφή, ταῦτα τὰ μαθήματα· εἴτε χαλεπὰ εἴτε ῥᾴδια, ταύτῃ πορευτέον.

Here the author of the *Epinomis* states emphatically in what way we must study the preliminary sciences (arithmetic, geometry, stereometry, harmonics) and astronomy if we are to attain wisdom. The *telos* of this study is to perceive that the sciences constitute a single unit; if we study them with the eye fixed in unity, we shall discover that a single bond unites them all. This bond, since it unifies the mathematical sciences, the highest of which is astronomy, unifies the whole of nature also. The context shows that this bond (δεσμός) is number and more specifically the theory of proportions (cf. Tarán's commentary, pp. 345-6). The *telos* is thus the awareness of the bond that unifies the cosmos, i.e. number and numerical proportions. Poliziano (who regards the *Epinomis* as the work of Plato) believes that here Plato has in mind the world of ideas (7,2-3 naturae eius... quae semper est quaeque sub corruptione generationeque non fluitat). He makes this clear by incorporating into his discourse, which is based on the *Epinomis*, a fragment of Plato's *Politeia* (in Themistius's version) — a fragment in which Plato asserts that the true philosopher applies himself to the acquisition of insight into the world of ideas.

7,5 aut...invocandam: if one does not go through the prescribed course of studies, there is no possibility of attaining wisdom: neither calling on God nor on good luck is going to help.

7,6-8,16 Sed...rariores: this part of the lecture, dealing with the moral qualities and attitude peculiar to the philosopher, is based largely on passages from Themistius's Βασανιστὴς ἢ φιλόσοφος (*Or.* 21). Poliziano rounds it off with a fragment of the *Epinomis* (8,13-16 Eumque...rariores).

7,6-7 Sed...parentibus: Themist. *Or.* 21, 248 a-b Πρῶτον δὴ ἁπάντων, φησίν (ὁ Πλάτων), ἐκ γάμων ἔστωσαν ἱερῶν. Γάμος δὲ ἱερὸς τοῦ ἀρίστου ἀνδρὸς τῇ ἀρίστῃ τῶν γυναικῶν συνερχθέντος τε καὶ συζυγέντος. Cf. Plato, *Polit.* V 458 e and 459 a.

7,7-8 Non...fit: Apul. *Apol.* 43,6 Non enim ex omni ligno, ut Pythagoras dicebat, debet Mercurius exsculpi. 'Mercurius' here means

'a pillar surmounted by a bust' (a herm, cf. Iambl. *De vita Pyth.* 34,245).
Poliziano also quotes the expression in the preface to his translation of
Plato's *Charmides*, *Op.* p. 447 Verum enimvero ut non ex omni ligno veteri
proverbio Mercurius fingitur, ita profecto non cuiusvis naturae est intima
philosophiae adyta penetrare. Qui enim animo angusto sordidoque essent rerumque humilium cupiditatibus mancipato, eos Plato in eo quem
De re publica inscripsit libro a sacrosanctae philosophiae limine ceu pro-
fanos quosdam atque ad eam capessendam minime idoneos non iniuria
ablegavit.

7,8-14   Ut...sunt: Themist. *ibidem* 248 d-249 b τὸν ἐκ μαγείρου
τυχὸν ἴσως ἢ ἀρτοκόπου, ἐντεθραμμένον χοινιχίοις τε καὶ
χονδύλοις, οἰόμεθα ἱκανῶς ἔχειν πρὸς τὸ μεγαλεῖόν τε καὶ ὑψηλόνουν
φιλοσοφίας, καὶ οὐκ ἴσμεν ὅτι τὸ βάναυσον ἐκεῖνο καὶ δουλοπρεπὲς τοῦ
σπέρματος πάντως δή τι προσομόργνυται τῇ ψυχῇ καὶ οὐκ ἐᾷ καθαρὸν οὐδὲν καὶ
εἰλικρινὲς ὑπὲρ τὴν ῥίζαν ἰδεῖν, ἀλλ' ἕλκει πρὸς τὴν ἀρχαίαν φύσιν καὶ
ἐπιστρέφειν ἐπίσταται, καθάπερ τῶν κλάδων τοὺς διαστρόφους φυέντας οὐκ
ἄν ποτε εὐθεῖς μηχανήσαιο ταῖς χερσὶ μαλάττων τε καὶ ἐπικάμπτων, ἀλλ'
ἀνατρέχουσιν αὖθις ἐπὶ τὴν σκολιότητα τῆς γενέσεως. Καὶ γὰρ ὡς ἀληθῶς τῷ
γε τοιούτῳ διὰ τὴν συντροφίαν ἐστὶν ἀναγκαῖον κάτω βλέπειν εἰς δουλικὰ ἄττα
διακονήματα. Τὸ γὰρ ἄνω αὐτῶν καὶ εὐθύ τε καὶ ἐλευθέριον ἡ ἐκ νέων δουλεία
ἀφήρηται, τὰ λαθραῖα καὶ δολερὰ καὶ ὑπὸ σκότῳ διὰ τὸ ὁμόηθες ἀναγκάζουσα
ἀγαπᾶν.

7,8-9   pravi tortuosique: διαστρόφους. 'pravi' here means the same as
'tortuosi'.

7,10   manu...emolliantur: ταῖς χερσὶ μαλάττων τε καὶ ἐπικάμπτων.
Ovid, *Metam.* X 282-6 *manibus* quoque pectora temptat: / temptatum
mollescit ebur positoque *rigore* / subsidit digitis ceditque, ut Hymettia sole
/ cera *remollescit tractataque* pollice multas / flectitur in facies.

7,11-12   hi...sunt: 248 d τὸν ἐκ μαγείρου τυχὸν ἴσως ἢ ἀρτοκόπου,
ἐντεθραμμένον χοινιχίοις τε καὶ χονδύλοις and 249 b-c αὐτοῖς ἀεὶ πρὸς τῇ
ἀνελευθερίῳ διαγωγῇ τεθραμμένοις.

**7,12-13   continuo ad humum spectant...nec in sublime animos at-
tollunt:** a person of low birth 'keeps his eyes on the ground and never
elevates his spirit upwards'. Del Lungo translates: 'in cose dappoco... tien
fitto l'animo, nè sa inalzarlo', but this is to lose the contrast intended by
Poliziano.

7,14-19   Si...observetur: Themist. *ibidem* 249 c-d Αἰσχρὸν δὲ Ἠλείους
μὲν καὶ Πισάτας οὕτω δή τι ἀποσεμνύνειν τὸν Ὀλυμπιακὸν κότινον, ὥστε
μὴ ἐφιέναι γυμνοῦσθαι, εἰ μὴ ἔχει τις ἀποδεῖξαι πατέρα τε αὐτοῦ καὶ μητέρα
καὶ τὴν ῥίζαν τῆς βλάστης ἀκέραιον, καὶ ταῦτα σωμάτων ἀγῶνα τιθέντας,
ἐν ᾧ τῶν σωμάτων ἐξήρκει ἐπιμελεῖσθαι, εἰ ἰσχυρά τε καὶ ῥωμαλέως
ξυμπεπηγότα... ἡμεῖς δὲ εἰς τὸν ἀγῶνα τῆς ἀρετῆς καὶ ὅντινα ἔτυχεν

ἐγκρινοῦμεν, οὐδὲ ἀπαμφιέσαντες πρότερον γυμνὴν τὴν ψυχὴν τῶν ἐπιθέτων ἀμφιεσμάτων περιαθρήσομέν τε εὖ μάλα καὶ περισκεψόμεθα ἀκριβῶς, μή πῃ κολοβός τε καὶ οὐκ ἄρτιος;

7,16 **stirpem generis:** τὴν ῥίζαν τῆς βλάστης. *Vulg., Levit.* 21,13-15 (the law of holiness; on the highpriest:) Virginem ducet uxorem. Viduam et repudiatam et sordidam atque meretricem non accipiet, sed puellam de populo suo, ne commisceat *stirpem generis* sui vulgo gentis suae. Cf. Cic. *De amic.* 19,70 qui... propter ignorationem *stirpis* et *generis* in famulatu fuerint; *Brut.* 58,212 istius *genus* est ex ipsius sapientiae *stirpe* generatum.

7,19-26 **Porro...nequeas:** Themist. *ibidem* 254 b (cf. Plato, *Polit.* 486 b) and 254 c-d Ἀλλ' εὖ δὴ ποιῶν ὁ λόγος μεταβέβηκεν ἐφ' ἕτερον τῶν γνωρισμάτων, μάλιστα καὶ τοῦτο ψυχὴν ἐξετάζον φιλόσοφόν τε καὶ μή. Ἐπισκέψει γὰρ εἰ κοινωνική τε καὶ ἥμερος πρὸς τοὺς παιδείας ἐπιθυμοῦντας, ἢ δυσκοινώνητός τε καὶ ἀγρία.

...ὅσοι δὲ πρὸς τὸ ὂν ἀμιλλῶνται γνησίως τε καὶ ἀληθινῶς καὶ ταύτην τρέφουσι τὴν ὠδῖνα ἐν τῇ ψυχῇ, οὗτοι ἀσπάζονται καὶ γανύσκονται καὶ ἐμπίπλανται χαρμονῆς, ὅσῳ ἂν λάβωσι πλείους κοινωνούς τε καὶ βοηθοὺς ἐπὶ τὴν θήραν τῶν παιδικῶν. Ὁρῶσι γὰρ καὶ ἐν ταῖς ἄγραις ὅτι τῷ μὲν κατὰ μόνας ἰχνηλατοῦντι ἐργῶδες ἐντυχεῖν τῷ θηρίῳ, τοῖς πλείοσι δὲ ὁμοῦ κυνηγέταις ῥᾷον κατάφωρος ἡ εὐνή. Ἔστι δέ που καὶ ἐν τῷ κυνηγεσίῳ τῆς ἀληθείας πολλὰ δύσβατα καὶ ἐπίσκια καὶ τῷ καθ' αὑτὸν μετιόντι δυσδιερεύνητα, ἐφ' ἃ ἀνάγκη πλείους ἄρα καλεῖν συνθηρευτάς τε καὶ συλλήπτορας.

7,19-20 **Porro...esse:** Plato, *Polit.* VI 485 d Τὸν ἄρα τῷ ὄντι φιλομαθῆ πάσης ἀληθείας δεῖ εὐθὺς ἐκ νέου ὅτι μάλιστα ὀρέγεσθαι;

7,24 **veritatis...venatione:** cf. Ficino, *Ep.* Apte quidem philosophantes appellavimus venatores, anhela semper veritatis indagine laborantes ('Quod necessaria sit ad vitam' etc., *Op.* vol. I p. 574).

7,24 **loca...confragosaque:** δύσβατα. Liv. *Ab urbe cond.* XXI 32,9 confragosa omnia praeruptaque. Cf. *ibidem* XXVIII 2,1, XXXII 4,4 and 10,10, XXXV 27,16 and 29,7.

7,24-25 **arboribus...umbris:** ἐπίσκια. Verg. *Aen.* I 310-12 Classem in convexo nemorum sub rupe cavata / *arboribus clausam circum atque horrentibus umbris* / occulit.

7,26-28 **Sed...barba:** Themist. *ibidem* 250 b Τὰ δὲ λοιπὰ ζητητέον σύμβολά τε καὶ γνωρίσματα, ἃ πᾶσα ἀνάγκη τοῦ φιλοσόφου ἐγκεχαράχθαι τῇ διανοίᾳ μᾶλλον ἢ τοῖς Πελοπίδαις τὸν ἐλεφάντινον ὦμον.

7,26 **gentiliciae...notae:** for this expression cf. Liv. *Ab urbe cond.* VI 20,13-14.

7,27 **Seleucidarum ancora:** before Seleucus I Nicator was born his mother dreamt that she was carrying a child of Apollo and that the god had given her a ring bearing a representation of an anchor. When the child was born it was found to have a birthmark on its thigh in the shape of an anchor. Iust. *Epit. hist. Phil. Pomp. Trogi* XV 4,3-5; *ibidem* 9 Originis eius argumentum etiam in posteris mansit, siquidem filii nepotesque eius *anchoram* in femore veluti *notam* generis naturalem habuere. Auson. *Ordo urb. nob.* IV-V 10-13 Seleucum... ingenuum cuius fuit *ancora* signum, / qualis inusta solet, generis *nota* certa; per omnem / nam subolis seriem nativa cucurrit imago.

7,27 Pelopidarum...humerus: Themist. Cf. Verg. *Georg.* III 7 umeroque Pelops insignis eburno, and Serv. *Comm. in Verg. Aen.* VI 603. Pelops, son of Tantalus, was slaughtered by his father and set before the gods as food. The gods discovered the outrage and brought Pelops back to life. However, one of his shoulders had been eaten by mistake, and was replaced with ivory. Since then, all descendants of Pelops have had a white mark on their shoulder.

7,27-28 Aenobarborum...barba: after the battle at Lake Regillus (*c.* 496 B.C.), at which the Romans defeated the Latins, the Dioscuri appeared to a certain Domitius and charged him to carry the news of the victory to his compatriots. To prove their divine birth and the truth of the report, the Twins touched the Roman's beard, whereupon it turned a fiery red. Suet. *De vita caes.* VI 1,1-2... e nigro *rutilum* aerique similem capillum redderent. Quod *insigne* mansit et in posteris eius, ac magna pars *rutila barba* fuerunt. Cf. V. Fera, *Una ignota 'Expositio Suetoni' del Poliziano,* Messina 1983, p. 171.

7,28-29 sic...amatores: Themist. *ibidem* 257 c (cf. Plato, *Polit.* VI 485 c) Τέταρτον δὲ τύπον εἶναί φησι (Πλάτων) τὴν ἀφευδίαν καὶ τὸ ἑκόντας εἶναι μηδὲν μηδαμῇ προσδέχεσθαι τὸ ψεῦδος, ἀλλὰ μισεῖν, τὴν δὲ ἀλήθειαν στέργειν.

7,28 in primis: Plato, *Polit.* VI 490 a Ἡγεῖτο δ' αὐτῷ (τῷ καλῷ τε κἀγαθῷ), εἰ νῷ ἔχεις, πρῶτον μὲν ἀλήθεια, ἣν διώκειν αὐτὸν πάντως καὶ πάντῃ ἔδει.

7,29 osores...amatores: August. *De civ. Dei* IX 3 (= Apul. *De deo Socr.* 12,145) ex hoc ferme daemonum numero poetae solent haudquaquam procul a veritate *osores* et *amatores* quorundam hominum deos fingere, and VIII 17 Cum daemones quorundam hominum *osores*, quorundam *amatores* sint.

7,30-35 Quanquam...studiis: Themist. *ibidem* 259 a-c Ἔστι δὲ δή τι καὶ ἕτερον ψεῦδος, ὃ τοὺς μὲν ἄλλους οὐ πάνυ δή τι λυμαίνεται, αἶσχος δέ ἐστι τῷ χρωμένῳ. Γίνεται γὰρ οὐκ ἐν τῷ καθ' ἑτέρου τι λέγειν ἢ πράττειν, ἀλλ' ἐν τῷ περὶ ἑαυτοῦ καὶ τῶν ἑαυτοῦ. Διπλοῦν δὲ τοῦτο καὶ δισχιδές· ἢ γὰρ ἐν τῷ φαυλότερα καὶ ἐλάττω λέγειν τῶν προσόντων ἀληθινῶς, ἢ ἐν τῷ μείζω τε καὶ σεμνότερα. Καλεῖται δὲ τὸ μὲν ἐνδεέστερον εἰρωνεία, τὸ δὲ πλέον ἀλαζονεία.

Τὸ μὲν δὴ ἐλλεῖπον τοῦ ἀληθοῦς κομψόν τέ ἐστι καὶ αἱμύλον καὶ ἐνίοτε οὐκ
ἄχρηστον τῷ φιλοσόφῳ· καὶ διὰ τοῦτο <αὐτὸ> καὶ Σωκράτης
παρελάμβανεν <ἐν> τοῖς λόγοις, ὁπότε ἐδεῖτο ἐπισκῶψαί τινα σοφιστὴν
τύφου μεστὸν καὶ γέμοντα περισσοφροσύνης. Μᾶλλον γὰρ αἰσθάνονται τῆς
ἑαυτῶν οὐδενείας, ὅταν ἀμαθέστεροι διεξελέγχωνται τοῦ μηδὲν
εἰδέναι προσποιουμένου. Τὸ δὲ ἕτερον τὸ ὑπερβάλλον βαρύ τε καὶ
ἐπαχθές, καὶ οὐδὲν οὕτως ἄκουσμα φορτικὸν ὡς ὁ καθ᾽ ἑαυτοῦ ἔπαινος, καὶ
ταῦτα ἐπὶ παιδείᾳ, ἐφ᾽ ᾗ καὶ ἄλλων ἐπαινούντων ἐρυθριᾶν χρεὼν τοὺς ἀληθινῶς
αὐτῆς ἐπηβόλους.

7,31-33 Socrates...scirent: 259 b καὶ διὰ τοῦτο... προσποιουμένου. Cic.
Brut. 85,292 Ego, inquit, ironiam illam quam in Socrate dicunt fuisse, qua
ille in Platonis et Xenophontis et Aeschini libris utitur, facetam et elegantem
puto. Est enim et minime inepti hominis et eiusdem etiam faceti, cum de
sapientia disceptetur, hanc sibi ipsum detrahere, eis tribuere illudentem,
qui eam sibi arrogant, ut apud Platonem Socrates in caelum effert
laudibus Protagoram Prodicum Hippiam Gorgiam ceteros, se
autem omnium rerum inscium fingit et rudem. Decet hoc nescio quo
modo illum. Lucull. (Acad. II) 5,15 Socrates autem de se ipse detrahens in
disputatione plus tribuebat is quos volebat refellere; ita cum aliud diceret
atque sentiret, libenter uti solitus est ea dissimulatione quam Graeci
εἰρωνείαν vocant. Quint. Inst. orat. IX 2,46 (Socrates) dictus εἴρων, agens imperitum et admiratorem aliorum tanquam sapientium. Gell. Noct. Att. XVIII
4,1 genere illo facetissimae dissimulationis, qua Socrates ad sophistas utebatur.

For the words 'extenuat' and 'inflatos' cf. Cic. De orat. III 26,102 Neque
id actores prius viderunt quam ipsi poetae, quam denique illi etiam, qui
fecerunt modos, a quibus utrisque summittitur aliquid, deinde augetur,
extenuatur, inflatur, variatur, distinguitur.

Cf. Ficino's commentary on Plato's Euthydemos, In Euthyd. epit., Op. vol.
II p. 1303 (quaestio) quid conducat frequens Socratis ironia. Quae
quidem semper Socratis bona dissimulat, saepe vero bona simulat super-
borum, et quantum semper Socrati derogat, tantum saepe superbis ar-
rogat. Atque id quidem iocis facetiisque frequentibus efficit et saepius
ultra fidem, ut in se quidem deprimendo audientes reddat modestiores,
in superbis vero supra fidei modum extollendis superbiam reddat omnibus deridendam. Profecto qui praeter modum laudantur a Socrate, si
non omnino perditi sunt, rubore confusi seipsos emenda<n>t; sin vero
iam perditissimi, non ipsi iam, sed praesentes correptionis eius exemplo
tam ridiculam superbiae vanitatem cautissime vitant. Est autem Socratis
ironia res admodum artificiosa, urbana, faceta, venusta. Tutius veritati
adstipulatur odiumque declinat, dum et professionem apte dissimulat et
prius sibi derogat manifeste quam vel clam derogare alteri deprehendatur
et, quod maximum est in vitiis corrigendis, fugit maledici notam.

Some examples of Socratic irony: Plato, *Hip. Minor* 364 c, 369 d and 372 a-373 a; *Hip. Maior* 286 d-287 a; *Prot.* 334 c-335 c and 335 e-336 a; *Polit.* I 10-11 (336 e-337 a); *Gorg.* 486 d-488 b and 489 d-e. Cf. W. Boder, *Die sokratische Ironie in den platonischen Frühdialogen*, Amsterdam 1973; J. Cousin, *Etudes sur Quintilien*, vol. II, Paris 1936, pp. 70-1.

7,35-37 Enimvero...philosophiae: Themist. *ibidem* 259 d-260 a Οὐ μὲν δὴ δωροδόκον γε ἐατέον τὸν ἄνδρα οὐδὲ φιλοκερδῆ τε καὶ φιλοχρήματον, ἢ πᾶσαι αὐτοῦ αἱ τῆς ψυχῆς ἐπιθυμίαι ἀπὸ τῶν μαθημάτων ἐκεῖσε ἀποχετεύσονται, ὥσπερ ῥεῦμα ἐπὶ τὸν πρανέστερον τόπον. Ἀλλ᾽ ὅσα μὲν σὺν δίκῃ παραλάβοιεν ἐκ πατέρων, τούτων προορᾶσθαι καὶ ἐπιμελεῖσθαι χρεὼν ὑπηρεσίαν φιλοσοφίᾳ κτωμένους, αὐτοὺς δὲ πλοῦτον οὐκ ἐργαστέον, οὐδ᾽ εἰς τὴν οἰκίαν παραδεκτέον τὸν ἕτοιμόν τε καὶ βρύοντα ἐκ τῆς ἀγορᾶς.

8,1-2 quique...integritatem: 'and who by a foul bargain forsakes his good faith and integrity' (Del Lungo's translation 'chi mercanteggia la fede e l'onore' is incomplete). Cf. *Corp. iur. civ., Dig.* III 6,3,2 *depectus...* dicitur *turpiter* pactus; *Cod. Theod.* II 10,4 Advocatos, qui consceleratis *depactionibus* (depectionibus *crit. ed.*) suae opis egentes spoliant atque nudant. 'depactionibus' is the reading of MSS N B G E and L (cf. *Cod. Theod.*, Mommsen edn., ad locum). The word 'depectio' (or 'depactio') also occurs in *Cod. Theod.* IX 37,1, *Cod. Iust.* XI 59,12 and Ioh. Cass. *Conlat.* XVI 2,1.

8,2-3 sicuti...explorantur: Cic. *Ep. ad fam.* IX 16,2 ut quasi *aurum igni* sic benevolentia fidelis periculo aliquo perspici possit. Cf. Poliziano, *Stanze* II 14,7-8 virtù nelli affanni più s'accende, *come l'oro nel fuoco* più risplende.

8,3-4 Sed...domus: Themist. *ibidem* 262 a-b Κακηγόρους γὰρ δὴ περιέργους καὶ πολυπράγμονας οὐδὲ τοὺς ἀκολούθους τῶν φιλοσόφων ἐάσομεν εἶναι, ἀλλὰ πάντων μάλιστα ἀναγκάσομεν ἐκεῖνα τῶν Πλάτωνος καταμανθάνειν τε καὶ ἐπίστασθαι· οὐδὲ γὰρ εἰ κακῶς τις γέγονεν ἐν τῇ πόλει ἢ τῷ τι κακόν ἐστιν ἐκ προγόνων γεγονὸς ἢ πρὸς ἀνδρῶν ἢ πρὸς γυναικῶν, μᾶλλον αὐτὸν λέληθεν ἢ οἱ τῆς θαλάττης λεγόμενοι χόες. *Ibidem* 262 c-d Ἀλλ᾽ οὐκ ἐνταῦθα Καρίωνος τὸ κακὸν τὸ μέγα, ὅτι μοχθηρὰ ἡ τέχνη αὐτοῦ καὶ ἀλλόκοτος, ἀλλ᾽ ὅτι πονηρὸν ἀνθρώπιον ἦν καὶ <οὐκ> ἐπὶ τῷ ἔργῳ εἰς τὰς οἰκίας παρερχόμενον, ἀλλ᾽ ἵνα λαλήσῃ καὶ ψιθυρίσῃ καὶ διαβάλῃ καὶ ἐξενέγκῃ οὐχ ὅσα μάγειρον εἰκὸς μαστιγίαν, ὃς δικαίως ἐκρέματο, ἂν οὕτω τύχῃ, διὰ τὴν χρηστὴν φιλομάθειαν, ἐν τῇ σπυρίδι, ἀλλὰ καὶ τὰ ἀπόρρητα τῆς οἰκίας, οὐδ᾽ ὅσα ἀκήκοε μόνον, ἀλλὰ πολλὴ ἡ προσθήκη καὶ ἡ τῶν κακῶν ἐποικοδόμησις.

8,3-4 curiosius...Lamiae: cf. the beginning of the *Lamia*. **curiosius et scrupulosius:** περιέργους καὶ πολυπράγμονας (Themist.). These words play a crucial role in Plut. Περὶ πολυπραγμοσύνης (*De curiositate*), from which Poliziano borrowed the simile of the lamia's (cf. the notes to 3,3 and 3,9-12).

8,4-5 scire...timeri: τὰ ἀπόρρητα τῆς οἰκίας. Juv. *Sat.* 3,113 Scire volunt secreta domus atque inde timeri.

8,5-11 Etenim...posset: Themist. *ibidem* 262 b-c Σοφὸς γὰρ ἦν Αἴσωπος ὁ μυθοποιός, ὃς ἔφη τοὺς ἀνθρώπους δύο πήρας ἕκαστον φέρειν, τὴν μὲν ἔμπροσθεν, τὴν δὲ ὀπίσω· γέμειν δὲ κακῶν ἑκατέραν, ἀλλὰ τὴν μὲν ἔμπροσθεν τῶν ἀλλοτρίων, τὴν δὲ ὄπισθεν τῶν αὐτοῦ τοῦ φέροντος. Καὶ διὰ τοῦτο οἱ ἄνθρωποι τὰ μὲν ἐξ αὐτῶν κακὰ οὐχ ὁρῶσι, τὰ δὲ ἀλλότρια πάνυ ἀκριβῶς θεῶνται. Ἐγὼ δὲ ἐβουλόμην περιτετράφθαι μοι τὰς πήρας, ἵνα τὰ ἐμαυτοῦ μόνον ὁρῴην, τὰ τῶν ἄλλων δὲ μὴ δυναίμην. *Schol. ad* Pers. *Sat.* IV 24 (Pers. *Sat.* ed. Jahn 1843, p. 314) *Aesopus* apologorum scriptor d i c e b a t *unumquemque hominem duas manticas* ferre *vitiis plenas,* et in ea quae ante *pectus* est *aliena vitia,* in ea vero quae a *tergo* nostra ferri, eoque evenire ut *aliena* potius *vitia* delictaque videamus quam nostra... Ab *Aesopo,* ut diximus, tractum, qui *ait* nos *manticas* id est duos folles *vitiis* repletos referre, et in ea mantica quae ante *pectus* p e n d e t *aliena vitia* esse, in ea quae a *tergo* est ferimus nostra, ut magis *aliena cernamus,* nostra non videamus. Cf. Aesop, *Fab.* 266 (Perry 1952 edn. = 229 Hausrath-Haas edn. = 303 Chambry edn.). Poliziano also quotes this fable at the beginning of his *Praelectio in Persium,* where, without giving his source, he uses the version in Porphyrio, *Comm. in Hor. Serm.* II 3,299 Aesopi illius Phrygis notissimi fabulatoris atque in numero sapientium virorum merito habiti lepidissimus inter primos apologus celebratur, in quo tradit homines duas manticas habere, unam ante pectus, alteram a scapulis tergoque propendentem. Sed in priorem, inquit, aliena vitia immittimus, ideo et videmus facile, in posteriorem nostra, quae abscondimus et videre negligimus.

8,5 sapientem...Aesopum: Σοφὸς γὰρ ἦν Αἴσωπος (Themist.). Dion Chrysost. *Or.* 72,13 Εἰσὶ δὲ οἳ καὶ τὸν Αἴσωπον οἴονται τοιοῦτόν τινα γενέσθαι, σοφὸν μὲν καὶ φρόνιμον. (The Aesopic fable told by Dion at the end of this oration is also used as the finishing touch to the *Lamia.*) Cf. Gell. *Noct. Att.* II 29, 1 *Aesopus* ille e Phrygia fabulator haut inmerito *sapiens* e x i s t i m a t u s est. In antiquity Aesop was sometimes regarded as one of the seven sages; he takes part in Plutarch's *Septem sapientum convivium* (cf. 150 e and *passim*).

8,6 manticas...malumus: πήρας (Themist.); 'manticas id est duos folles' (*Schol. ad* Pers.). The words 'seu vocare peras malumus' have been added by Poliziano. His intention appears to be to correct the explanation of the word 'manticas' given in the *scholia* on Persius. (Poliziano knew Persius well: in 1484-5 he devoted a series of lectures to the poet.) He may have been thinking of Porphyrio, *Comm. in Hor. Serm.* I 6,106 Mantica pera est.

The fable of the two wallets occurs in various classical texts. The word 'peras' appears in the work of Themistius and in Aesop, *Fab.* 266 (Perry 1952 edn.), Babrius 66,3, Phaedr. IV 10,1 and Stob. *Anthol.* III 23,6. The word 'manticas' is used by Pers. *Sat.* IV 24, Porphyr. *Comm. in Hor. Serm.* I 6,106 and II 3,299 and by Cat. *Carm.* 22,21. Cf. also Hieron. *Ep.* 102,2 si nostram *peram* non videntes, aliorum, iuxta Persium, *manticam* consideremus. In the *Nutricia* (712-13) Poliziano writes: Ille Menippeae ioca miscellanea *perae*/infersit.

8,7 propendulam: Apul. *Flor.* 3,10 crines... anteventuli et *propenduli.* Cf. Aesop, *Fab.* 266 ed. Perry 1952 Προμηθεὺς πλάσας ποτὲ ἀνθρώπους δύο πήρας ἐξ αὐτῶν ἀπεκρέμασε, τὴν μὲν ἀλλοτρίων κακῶν, τὴν δὲ ἰδίων, καὶ τὴν μὲν τῶν ὀθνείων ἔμπροσθεν ἔταξε, τὴν δὲ ἑτέραν ὄπισθεν ἀπήρτησεν.

8,12 adumbravit imaginem: Cic. *Tusc. disp.* III 2,3 in summa inanitate versatur consectaturque nullam eminentem effigiem virtutis, sed *adumbratam imaginem* gloriae.

8,12-13 toto...fuit: according to tradition Plato was a large man. Cf. 6,18; Sen. *Ep. mor.* 58,30 Erat (Plato) corpus validum ac forte sortitus et illi nomen latitudo pectoris fecerat; Apul. *De Plat.* 1,1; Diog. Laert. *Vit. phil.* III 4; Olympiod. *Vita Plat.* 2 Ἐκλήθη δ'οὕτω διὰ τὸ δύο μόρια τοῦ σώματος ἔχειν πλατύτατα, τό τε στέρνον καὶ τὸ μέτωπον; Anon. *Proleg. Phil. Plat.* 1; *Souda* s.n. Πλάτων, *Suidae lex.* vol. IV p. 141, 14-15, Adler edn. Poliziano also wishes to say that Platonist philosophy is superior to all other philosophical systems: an assessment that is conspicuously emphasized in the anonymous *Prolegomena Philosophiae Platonicae*: 7 p. 15, Westerink edn. πάντας ὑπερηκόντισεν ἐν τοῖς δόγμασι καὶ τῇ διανοίᾳ καὶ πᾶσιν ἅπαξ ἁπλῶς; 9 pp. 17-18 Τῶν μὲν οὖν πρὸ αὐτοῦ φιλοσόφων τὰ πρωτεῖα ἔσχεν... ὑπερῆρεν δὲ καὶ τοὺς μετ' αὐτὸν ἅπαντας; 6 p. 15, 8 p. 17, 9 p. 19, 10 p. 21 and 12 p. 25.

The expression is taken from Virgil, *Aen.* VII 784 Ipse inter primos praestanti corpore Turnus / vertitur arma tenens et *toto vertice supra est*; *ibidem* XI 683.

8,13-14 Eumque...aiebat: Cic. *Tusc. disp.* I 30,74 'Tota' enim 'philosophorum vita' ut ait idem (Socrates) '*commentatio mortis* est.' Plato, *Phaed.* 12, 67 d = Iambl. *Protrept.* 13 p. 65, 13-18 Οὐκοῦν τοῦτό γε θάνατος ὀνομάζεται, λύσις καὶ χωρισμὸς ψυχῆς ἀπὸ σώματος... τὸ μελέτημα αὐτὸ τοῦτό ἐστιν τῶν φιλοσόφων, λύσις καὶ χωρισμὸς ψυχῆς ἀπὸ σώματος. 29, 80 e-81 a (ψυχὴ) ὀρθῶς φιλοσοφοῦσα καὶ τῷ ὄντι τεθνάναι μελετῶσα· ἢ οὐ τοῦτ' ἂν εἴη μελέτη θανάτου; 9, 64 a = Iambl. *Protrept.* 13 p. 61,9-10 οὐδὲν ἄλλο αὐτοὶ (οἱ φιλόσοφοι) ἐπιτηδεύουσιν ἢ ἀποθνήσκειν τε καὶ τεθνάναι. Cf. Poliziano's preface to his translation of Plato's *Charmides, Op.* p. 447 Est etiam Platonis eiusdem in Phaedone vera illa... vox, par omnino esse ut qui ad sapientiae studium se conferant prius quidem emoriantur animumque ipsum ab omni corporis sensu contagioneque avertant et quasi in suum ius suamque libertatem vindicent.

8,14-16   solumque...rariores: [Plato] *Epin.* 992 b-c Τὸν δὲ σύμπαντα ταῦτα οὕτως εἰληφότα, τοῦτον λέγω τὸν ἀληθέστατα σοφώτατον· ὃν καὶ διισχυρίζομαι παίζων καὶ σπουδάζων ἅμα, ὅτε θανάτῳ τις τῶν τοιούτων τὴν αὑτοῦ μοῖραν ἀναπλήσει, σχεδὸν ἐάνπερ ἔτ᾽ ἀποθανὼν ᾖ, μήτε μεθέξειν ἔτι πολλῶν τότε καθάπερ νῦν αἰσθήσεων, μιᾶς τε μοίρας μετειληφότα μόνον καὶ ἐκ πολλῶν ἕνα γεγονότα, *εὐδαίμονά* τε ἔσεσθαι καὶ σοφώτατον ἅμα *καὶ μακάριον*, εἴτε τις ἐν ἠπείροις εἴτ᾽ ἐν νήσοις μακάριος ὢν ζῇ, κἀκεῖνον μεθέξειν τῆς τοιαύτης ἀεὶ τύχης, κεῖτε δημοσίᾳ τις ἐπιτηδεύσας ταῦτα εἴτε ἰδίᾳ διαβιῷ, τὰ αὐτὰ καὶ ὡσαύτως αὐτὸν πράξειν παρὰ θεῶν. Ὁ δὲ κατ᾽ ἀρχάς τε ἐλέγομεν, καὶ νῦν αὐτὸς πάρεστι λόγος ἀληθὴς ὄντως, ὡς οὐ δυνατὸν ἀνθρώποις τελέως *μακαρίοις* τε καὶ *εὐδαίμοσι* γενέσθαι πλὴν ὀλίγων, ἔστιν ταῦτα ὀρθῶς εἰρημένα. Juv. *Sat.* 7, 202 *felix* ille tamen *corvo* quoque *rarior albo.* For the idea that wisdom — and hence happiness — is reserved for the few cf. the references in Tarán's edition of the *Epinomis*, p. 55 n. 248.

8,14-15   solumque...beatum: the true philosopher is happy and blessed as no other man, not only in the life after death but also during his life on earth. Del Lungo's translation 'e pure più di tutti gli altri uomini vive lieto e felice' is incorrect.

8,17   stultior Coroebo: there was a saying, current in Greece, Κοροίβου ἠλιθιώτερος (or μωρότερος). It was recorded by Zenob. *Prov.* IV 58, Diog. *Prov.* V 56 and Apostol. *Prov.* X 3 and XI 93 (*Paroemiographi Graeci* ed. Leutsch-Schneidewin vol. I pp. 101, 262 and vol. II pp. 483, 539). This proverbial fool set himself to counting the waves in the sea. Cf. Zenob. ...Κοροίβου μωροῦ, ὃν οἴονται τὸν Μύγδονος εἶναι παῖδα τοῦ Φρυγὸς κατὰ τὰ Τρωϊκὰ γενόμενον. Τινὲς δὲ τοῦτον ἀναίσθητόν φασι γεγονέναι, ὡς καὶ τὰ κύματα τῆς θαλάσσης ἀριθμεῖν. Virgil tells of another Coroebus, who was betrothed to the Trojan princess Cassandra and went to Troy to help Priamus in the struggle against the Greeks. However, he arrived too late, disregarded the warnings of Cassandra, and, as a result, died in battle (*Aen.* II 341-6 and 424). In his commentary Servius observes (II 341): Hunc autem *Coroebum stultum* inducit Euphorion.

8,16-19   Nunc...longissime: cf. Themist. *Or.* 21, 244 a; 244 d-245 a and 246 b, quoted at 4,3-17.

8,20-9,16   An...comparavit: philosophy has often had to contend with fierce opposition. First Poliziano gives five examples of powerful and criminal enemies (8,22 ff.), then goes on to list five opponents who were learned and upright (8,34 ff.).

8,22-23   Agrippina...imperantibus: Suet. *De vita caes.* VI 52,1 *a philosophia* eum (Neronem) mater avertit monens *imperaturo* contrariam esse. Cf. Poliziano, *Praefatio in Suetonii expositionem, Op.* p. 502 philosophiam... multi ceu prorsus inutilem et neque imperantibus neque rempublicam administrantibus accomodatam reprehenderunt, multi etiam gravius insectati verbis incesserunt, nonnulli autem, inter quos Cicero, propugnarunt.

8,23-25   Domitianus...erant: Suet. *De vita caes.* VIII 10,5 (Domitian had Iunius Rusticus executed because he had taken up the cudgels on behalf of Thrasea Paetus and Helvidius Priscus) cuius *criminis* occasione *philosophos* omnis *urbe Italiaque* summovit.

8,25-26   Athenienses...substulerunt: Sen. *Ep. mor.* II 13,14 Cicuta magnum Socratem confecit. Cf. Plato *Phaed.* 57, 1 a and 116, 65 a-end; Cic. *Tusc. disp.* I 29,71.

8,25-26   Socratem...philosophiae: Cic. *De nat. deor.* I 34,93 Socraten ipsum, parentem philosophiae. Cf. *De fin.* II 1,1.

8,26-29   Fortunatissima...nutriebat: in 362 the emperor Julian came into conflict with the inhabitants of Antioch while staying in their city. The Antiochians had been expecting feasts, gifts and other opportunities of doing themselves a good turn, but were disappointed: the emperor lived according to a strict system of morals and, moreover, imposed some unpleasant decrees regarding prices. Cf. A. J. Festugière, *Antioche païenne et chrétienne. Libanius, Chrysostome et les moines de Syrie*, Paris 1959, pp. 63-89, and J. Bidez, *La Vie de l'Empereur Julien*, Paris 1965², pp. 282 ff. The emperor became the object of abuse and his shaggy philosopher's beard the target of derision. He defended himself by means of a pamphlet which he entitled 'Αντιοχικὸς ἢ Μισοπώγων (*The Enemy of the Beard*) in which he ridiculed the allegations and gibes that were circulating about him by exaggerating them. On his beard cf. 338 b-339 a and 349 c, and Amm. Marc. *Rer. gest.* XXII 14,3.

8,28-29   barbam...nutriebat: Porphyr. *Comm. in Hor. Serm.* II 3,35 'Iussit sapientem pascere barbam'. Sapientem non quasi ipsum sapientem, sed *barbam* sapientem iussit me pascere, id est *nutrire*. On beards as the outward mark of philosophers cf. the references in *Thesaurus linguae Latinae* s.v. barba, vol. II col. 1727, 6-18 and Pauly-Wissowa, *Real-Encyclopädie der classischen Altertumswissenschaft* s.v. Bart, vol. III col. 32,5-27.

8,29-32   Quid...incepto: the Persian scholar al-Gazâlî (1058-1111), one of the foremost theologians and philosophers of Islam, was known in the Latin world as Algazel. His treatise *Maqâsid al-falâsifa* (*The Meanings of the Philosophers*), which was translated in Spain in the middle of the twelfth century by Domingo Gundisalvo (Gundissalinus) soon found its way into the culture of western Europe. M. A. Alonso names over forty-five medieval authors who quote Algazel ('Influenza de Algazel en el mundo Latino', in *Al-Andalus* 23 (1958), pp. 371-80; cf. also C. H. Lohr, 'Logica Algazelis: Introduction and critical text', in *Traditio* 21 (1965), pp. 227-32). I have been unable to find any evidence to back up Poliziano's story that al-Ġazâlî thwarted a tyrant's plan to burn all philosophical writings. M. T. Heemskerk has been so kind as to carry out an extensive search.* However, a study of al-Ġazâlî's *al-Munqiḏ min aḏ-ḏalâl* (*Deliverance from Error*), of modern studies of him and of Arabic sources has uncovered nothing that might be a pointer to the event to which Poliziano refers. In al-Ġazâlî's time book burnings took place on more than one occasion in the empire of the Almoravids, which at its zenith covered part of north Africa and Spain. The Almoravid princes (Berbers) were strict in their doctrine and in their adherence to the law. As a result, philosophical books alleged to contain heretical ideas were repeatedly proscribed and burnt, a fate which also befell the books of al-Ġazâlî: the order condemning them was issued between 1106 and 1116, during the rule of ʿAli ibn Yûsuf (1106-43). (Cf. Smith, *Al-Ghazâlî* pp. 63-4 and 198-9; Cabanelas, 'Notas' (full titles cited below).) ʿAli's predecessor Yûsuf ibn Tâšfîn is known to have received a number of letters from al-Ġazâlî. He became the leader of the Almoravids in 1061 and extended his power over the Moorish (and Christian) part of Spain. To legitimize his dominion he managed between 1091 and 1100 to extract 'fatwâs' from various well-known legal scholars, including al-Ġazâlî (cf. Viguera, 'Las cartas').

---

* I am also grateful to Charles Lohr and Dominique Urvoy for information supplied. The most important literature consulted by Heemskerk: al-Ġazâlî, *al-Munqiḏ min aḏ-ḏalâl* (*Deliverance from Error*); M. Smith, *Al-Ghazâlî the Mystic*, London 1944; D. Cabanelas, 'Notas para la historia de Algazel en España', in *Al-Andalus* 17 (1952), pp. 223-32; M. J. Viguera, 'Las cartas de al-Gazâlî y al-Ṭurṭûšî al soberano al morávid Yûsuf b. Tâšufîn', in *Al-Andalus* 42 (1977), pp. 341-74; C. M. F. Jabre, 'La biographie et l'oeuvre de Ghazali réconsidérées à la lumière des Tabaqat de Subki', in *Mélanges de l'Institut Dominicain d'Etudes orientales du Caire* 1 (1954), pp. 73-102; M. Bouyges, *Essai de chronologie des oeuvres de al-Ghazali (Algazel)*, éd. par M. Allard, Beyrouth 1959; W. M. Watt, in *The Encyclopaedia of Islam*, ed. by B. Lewis, C. Pellat and J. Schacht, vol. II, Leiden-London 1965, pp. 1038-41; A. L. Tibawi, *Arabic and Islamic Themes*, London 1976, pp. 198-211. On Yûsuf ibn Tâšfîn: R. Dozy, *Histoire des Musulmans d'Espagne jusqu'à la conquête de l'Andalousie par les Almoravides (710-1110)*, éd. par E. Lévi-Provençal, tome III, Leiden 1932; W. Hoenerbach, *Islamische Geschichte Spaniens. Übersetzung der Aʿmâl al-aʿlâm und ergänzender Texte*, Zürich-Stuttgart 1970; A. G. Cheyne, *Muslim Spain. Its History and Cultus*, Minneapolis 1974, pp. 71-5; Ibn Hallikân, *Ibn Khallikan's Biographical Dictionary*. Transl. by M. G. de Slane, New York-London 1961², vol. IV pp. 448-70; Ibn al-Aṯîr, *al Kâmil fî ǎt-târîḫ*, Bayrût 1965-7, vol. X p. 417; al-Makkarî, *The History of the Mohammedan Dynasties in Spain. Extracted from Nafhuʾ t-tîb min ghosni-l-Andalusi-r-rattîb wa târîkh lisânu-d-dîn ibni-l-khattîb*. Transl. by P. de Gayangos, New York 1964², vol. II pp. 273-302. On translations: N. Rescher, 'The Impact of Arabic Philosophy on the West', in *Islamic Quarterly* 10 (1966), pp. 3-11; *The Cambridge History of Islam*, vol. II, Cambridge 1970, pp. 851-89; G. F. Hourany, 'The Medieval Translations from Arabic to Latin made in Spain', in *Muslim World* 62 (1972), pp. 97-114.

However, nothing else is known of contact between this prince and al-Gazâlî. It is conceivable that Poliziano borrowed the anecdote from the preface to a Latin (or Hebrew?) translation from Arabic (in which case this would probably have been a tractate on Aristotelian logic).

Perhaps Poliziano meant by (tyrannus) 'barbarus' not only 'uncivilized, savage': the adjective may here also refer to the Berbers. Cf. Du Cange, *Glossarium mediae et infimae Latinitatis* vol. I s.v. barbaricum; Tommaseo-Bellini, *Dizionario della lingua italiana* vol. II s.v. barbaro; and S. Battaglia, *Grande dizionario della lingua italiana* vol. II s.n. Barberia.

8,33-34   supercilium...philosophiae: Epict. *Encheir.* 22 πόθεν ἡμῖν αὕτη ἡ ὀφρύς; Cf. Poliziano's translation, quoted at 4,7 above.

8,36-9,1   Romanus...nobilissimus: Q. Hortensius Hortalus (114-50 BC), consul in 69, leading member of the aristocrats and successful rhetorician. Here Poliziano calls him 'Romanus', an epithet which heightens the contrast with the 'tyrannus barbarus' of the previous passage. Cicero was full of praise for him in his *Hortensius*. His qualities as an orator are referred to in *De orat.* III 61,229-30 and in *Brut.* 1,1-6, 64,228-9, 88,301-3, 92,317 ff. Cf. also *Lucull.* (*Acad.* II) 3,9-4,10 and 19,63.

9,1-2   cum...inscriberet: Cicero's *Hortensius* has not survived. Poliziano borrows from Cic. *De fin.* I,1,2 Quamquam philosophiae quidem vituperatoribus satis responsum est eo libro, quo a nobis philosophia defensa et collaudata est, cum esset accusata et *vituperata ab Hortensio.*

9,2-3   illustriorem...posteritati: the dialogue *Hortensius*, and hence Hortensius himself, did indeed become famous. The book made a profound impression on Augustine (cf. *De beata vita* I 4, *Solil.* I 10,17, *Confess.* III 4,7 and 8, VIII 7,17). Cf. Cic. *Hort.* Grilli edn. p. 20, Ruch edn. pp. 42-4 and M. Testard, *Saint Augustin et Cicéron*, I: *Cicéron dans la formation et dans l'oeuvre de saint Augustin*, Paris 1958, pp. 19-39.

9,3-14   Et...delectat: this passage is taken from Synesius's *Dion* 3, 4-7 Treu edn. (pp. 241-2 Terzaghi edn.).

9,3   Dion...Prusieus: Dion Cocceianus (Chrysostomus) was born *c.* AD 40 at Prusa, in Bithynia. He began as a rhetorician and was initially opposed to philosophy. He published various attacks on philosophers such as the Λόγος κατὰ τῶν φιλοσόφων and Πρὸς Μουσώνιον (both writings have been lost). Later it was to be the same Musonius who won him over to the side of philosophy.

9,3-4   tulit...cognomentum: Synes. *Dion* 1,2 (p. 234 Terzaghi edn.) Ἡμῖν δὲ ὁ Δίων τῇ μὲν περιβολῇ τῆς γλώττης, ἣν χρυσῆν εἶχεν, ὥσπερ καὶ λέγεται, σοφιστὴς ἔστω. Cf. Synes. *Enc. calv.* 1 (p. 190 Terzaghi edn.); Themist. *Or.* 5, 63 d; Eunap. *Vit. phil. et soph.* 454 b Δίων... ὃν ἐπεκάλουν Χρυσόστομον. **prior:** Dion of Prusa was, of course, to be followed by John of Antioch, the preacher, as bearer of the name Chrysostom.

9,4-5 nulla...est: Synes. *Dion* 3,7 (p. 242 Terzaghi edn.) Οὗτός τε ὁ Δίων ἤκμασε μάλιστα ἐν τῷ Κατὰ τῶν φιλοσόφων. *Ibidem* 3,4 (p. 241 Terzaghi edn.) Κἂν γὰρ ἀποπροσποιῆται, πάνυ τοῦ θεάτρου γίνεται καὶ τῆς χάριτος· καὶ οὐκ ἂν εὕροις ῥητορείαν ἐπαφροδιτοτέραν παρὰ τῷ Δίωνι.

9,4 cum...ediderit: the first part of Synesius's biography (1,1-3,9 Treu edn., pp. 233-44 Terzaghi edn.) reviews various of Dion's orations. Some 80 of Dion's diatribes have survived.

9,5-8 Et...metientem: Synes. *ibidem* 3,5 (pp. 241-2 Terzaghi edn.) ὃ καὶ θαυμάσας ἔχω τὴν τύχην φιλοσοφίας, εἰ μήτε κωμῳδία τῶν νεφελῶν μᾶλλον εὐδοκιμεῖ· οὐδὲ γάρ ἐστιν ἥντινα μετὰ τῆς ἴσης δυνάμεως Ἀριστοφάνης ἀπήγγελται. Τεκμήριον ποιοῦ τοῦ στρογγύλως καὶ σὺν εὐροίᾳ προενηνέχθαι· Κηρὸν διατήξας, εἶτα τὴν ψύλλαν λαβών,/ ἐνέβαψεν εἰς τὸν κηρὸν αὐτῆς τὼ πόδε,/ κᾆτα φυγείσῃ περιέφυσαν Περσικαί./ Ταύτας ὑπολύσας, ἀνεμέτρει τὸ χωρίον. (*Nubes* 149-52)

9,8-14 Sed...delectat: Synes. *ibidem* 3,6 (p. 242 Terzaghi edn.) Ἀριστείδην τε ὁ πρὸς Πλάτωνα λόγος ὑπὲρ τῶν τεσσάρων πολὺν ἐκήρυξεν ἐν τοῖς Ἕλλησιν. Οὗτος μὲν καὶ τέχνης ἁπάσης ἀμοιρῶν, ὅν γε οὐ δ' ἂν ἐπαγάγοις εἴδει ῥητορικῆς, οὔκουν ἐκ τοῦ δικαίου γε καὶ τῶν νόμων τῆς τέχνης· συγκείμενος δ' οὖν ἀπορρήτῳ κάλλει καὶ θαυμαστῇ τινι χάριτι, εἰκῆ πως ἐπιτερπούσῃ τοῖς ὀνόμασι καὶ τοῖς ῥήμασιν. 53 orations and 2 treatises on rhetoric by Publius Aelius Aristides (AD 117-80) are still extant, many others of his writings having been lost. In fifteenth-century Florence Aristides was by no means an unknown. His work was read in the circles round Manuel Chrysoloras and influenced, among others, Leonardo Bruni (cf. C. A. Behr, introduction to Aristides *Op.* ed. Lenz-Behr, vol. I pp. xcviii-xcix). His Πρὸς Πλάτωνα ὑπὲρ ῥητορικῆς (*Or.* II Behr edn., 46 Dindorf edn.), a defence of rhetoric, is aimed at Plato. In the first part of the second book he takes up the cudgels for Miltiades, Themistocles, Cimon and Pericles. These Athenian politicians had all been the object of fierce attacks by Plato, who had made them out to be knaves and flatterers of the people (*Gorg.* 503 c-d, 515 c-517 a).

9,10 illustrior...celebrior: Aristides' oration against Plato gave rise to a great deal of criticism which the author answered in *Or.* IV. Porphyry later wrote seven books attacking Aristides (some fragments of which have survived). Cf. Behr's introduction to Πρὸς Πλάτωνα in his edition of Aristides, vol. I (1973), p. 279 and K. Treu, *Synesios von Kyrene. Ein Kommentar zu seinem 'Dion',* Berlin 1958, p. 46.

9,14-16 Quid...comparavit: Gell. *Noct. Att.* III 17,4-5 *Τίμων amarulentus* librum maledicentissimum conscripsit, qui σίλλος inscribitur. In eo libro Platonem philosophum contumeliose appellat, quod inpenso pretio librum Pythagoricae disciplinae emisset exque eo Timaeum, nobilem illum dialogum, concinnasset. Diog. Laert. *Vit. phil.* IX 12,111 Τῶν δὲ σίλλων τρία ἐστιν, ἐν οἷς ὡς ἂν σκεπτικὸς ὢν πάντας λοιδορεῖ καὶ σιλλαίνει τοὺς δογματικοὺς ἐν παρῳδίας εἴδει. Timon the Sillographer (of Phlious, *c.* 320-230 BC) was a philosopher and adherent of the Sceptic school. His *Silloi*, satires in verse form, survive only as fragments. They were widely read in antiquity, being quoted frequently by Diogenes Laertius, Sextus Empiricus and Athenaeus. Cf. V. Brochard, *Les sceptiques grecs*, Paris 1959², pp. 81-4.

9,17-19 dulcis...gratus: cf. *Miscell.* I, praefatio, *Op.* p. 214 Nec enim gustus idem omnibus, sed suum palatum cuique.

9,19 Sermunculi...rumusculi: cf. Plin. Min. *Ep.* V 8,4 qui *sermunculis* etiam fabellisque ducantur; *ibidem* VII 17,14; Cic. *Pro Cluent.* 38,105 imperitorum *hominum rumusculos*; *Leg.* III 16,35.

9,19-22 Sermunculi...vituperatur: cf. Poliziano's letter to Iac. Antiquarius, *Ep.* lib. IV, *Op.* p. 45 Assentatiunculis autem quorundam aut item obtrectatiunculis et ineptis et levibus non magis equidem aut attollor aut deprimor quam umbra ipsa mei corporis. Non enim quia longior illa et extensior mane ac vesperi sit, meridie vero brevior et contractior, ob id ego quoque statim maior proceriorque mihi mane ac vesperi quam meridie ipso videri debeo.

9,23-16,1 Quod...loquimur: this part of the discourse, when Poliziano impresses upon his audience that it is a good idea to engage in philosophy, is based almost entirely on passages in Iamblichus's *Protrepticus* (Λόγος προτρεπτικὸς ἐπὶ φιλοσοφίαν). I refer to the edition by Pistelli. For Ficino's translation of the *Protrepticus* cf. the introduction pp. xxv-xxvi.

9,23-24 Quod...est: cf. Iambl. *Protrept.* 12 p. 60,7-10 "Ωστε φιλοσοφητέον ἂν εἴη πᾶσι τοῖς δυναμένοις· ἢ γάρ τοι τοῦτ' ἐστὶ τὸ τελέως εὖ ζῆν, ἢ μάλιστά γε πάντων ὡς ἓν εἰπεῖν αἴτιον ταῖς ψυχαῖς.

9,24-26 sicut...videmus: Iambl. *ibidem* 2 p. 8,17-19 Ψυχῇ ζῶντας ἡμᾶς τῇ ταύτης ἀρετῇ ῥητέον εὖ ζῆν, ὡς ὀφθαλμοῖς ὁρῶντας τῇ τούτων ἀρετῇ καλῶς ὁρᾶν. Poliziano uses this statement by Iamblichus as the second premiss in a syllogism. (The *Lamia* introduced a series of lectures on Aristotle's *Analytica priora*, which deal with the different forms of reasoning.) This syllogism consists of the following parts: 1. Si philosophandum non est, secundum animi virtutem vivendum non est (9,23-24). 2. At sicut animo vivimus, ita animi virtute bene vivimus *etc.* (24-26) → Qui bene vivere igitur non vult, is ne philosophetur *etc.* (26-27).

9,30-10,3 Sapientia...sint: this passage, as Poliziano himself indicates, is an almost literal translation of two passages in Archytas's Περὶ σοφίας, which survive in the *Protrepticus*. Archytas of Tarentum was a Pythagorean philosopher and a friend of Plato.

9,27-30　Veniunt...inquit: Iambl. *Protrept.* 4 p. 16,17-18 *Ἀρχύτας τοίνυν ἐν τῷ Περὶ σοφίας εὐθὺς ἀρχόμενος προτρέπει οὕτως...*

9,28　dicta aurea: this qualification of Archytas's words is probably an allusion to the title of the Pythagorean Χρυσᾶ ἔπη, which are indeed named and extensively quoted in the *Protrepticus*, viz. in the chapter immediately preceding that containing the passages from Archytas's Περὶ σοφίας. Ficino's translation of the Pythagorean verses, so popular in Neoplatonist circles, was entitled *Aurea verba* and dates from before 1464 (cf. Kristeller, *Supplementum Ficinianum* vol. I p. cxxxviii).

9,30-36　Sapientia...foventur: Archytas *apud* Iambl. *ibidem* 4 p. 16,18-17,4 Τοσοῦτον διαφέρει σοφία ἐν πᾶσι τοῖς ἀνθρωπίνοις πράγμασιν, ὅσον ὄψις μὲν αἰσθασίων σώματος, νόος δὲ ψυχᾶς, ἅλιος δὲ ἄστρων. Ὄψις τε γὰρ ἐκαβολεστάτα καὶ πολυειδεστάτα τᾶν ἀλλᾶν αἰσθασίων ἐντὶ καὶ νόος ὕπατος λόγω καὶ διανοίας τὸ δέον ἐπικραίνων καὶ ὄψις καὶ δύναμις τῶν τιμιωτάτων ὑπάρχων. Ἅλιός γε μὰν ὀφθαλμός ἐντι καὶ ψυχὰ τῶν φύσιν ἐχόντων· ὁρῆταί τε γὰρ δι᾽ αὐτῶ πάντα καὶ γεννῆται καὶ νοῆται, ριζωθέντα καὶ γενναθέντα δὲ τράφεταί τε καὶ ἀέξεται καὶ ζωπυρῆται μετ᾽ αἰσθάσιος.

9,33　ratione excogitationeque: Iambl. λόγω καὶ διανοίας. But the Florentine manuscript Laur. LXXXVI,3 has λόγω καὶ διανοία (! cf. Pistelli's note in his edition of the *Protrept.* ad locum). Undoubtedly Poliziano read λόγω καὶ διανοία, like Ficino, whose translation reads as follows: Visus utique longissime iacitur et multiformissimus est omnium corporis sensuum et intellectus consul *rationi et cogitationi* quod oportet imperat (MS Vat. lat. 5953, fo. 16ᵃ).

9,36-10,3　Homo...sint: Archytas *apud* Iambl. *ibidem* 4 p. 18,23-19,8 Ἄνθρωπος πάντων ζῴων ἐπὶ πολλὸν γέγονε σοφώτατος· θεωρῆσαί τε γὰρ δυνατός ἐντι τὰ ἐόντα καὶ ἐπιστάμαν καὶ φρόνασιν λαβὲν αὐτῶν ἀπάντων. Παρὸ καὶ ἐνεχάραξε καὶ ἐπεσημήνατο τὸ θεῖον αὐτῷ τὸ τῶ παντὸς λόγω σύσταμα, ἐν ᾧ τά τε εἴδεα πάντα τῶ ἐόντος ἐνδέδασται καὶ ταὶ σαμασίαι τε τῶν ὀνυμάτων τε καὶ ῥημάτων. Τοῖς μὲν γὰρ φθόγγοις τᾶς φωνᾶς τόπος ἀφώρισται φάρυγξ καὶ στόμα καὶ ῥῖνες. Ὥσπερ δὲ τῶν φθόγγων, δι᾽ ὧν τὰ ὀνύματά τε καὶ ῥήματα τυπούμενα σαμαίνεται, γέγονεν ἄνθρωπος ὄργανον, οὕτω δὲ καὶ τῶν νοαμάτων ἐν τοῖς ἐόντεσσιν † ὀπτιζομένοις.

9,38-10,1　rationem quasi universam: τὸ τῶ παντὸς λόγω σύσταμα. Poliziano puts Archytas's statement into perspective with the addition of 'quasi': 'almost the whole λόγος'. He endorses Archytas's view that of all living beings man is exceptionally gifted with intelligence and insight, but the assertion that God imprinted in man the λόγος *in its entirety* is a little too much for him. (Del Lungo's translation 'quasi universal tipo, la ragione' is incorrect.)

10,2-3 sic ut: 'just as' (Ὥσπερ).

10,4-5 Mihi...nolle: 'I also approve of the view that the man who does not wish to engage in philosophy does not wish to be happy either.' In the first part of his defence of philosophy Poliziano arrived at the conclusion that 'he who does not wish to live well must not engage in philosophy' (9,26). This conclusion is reinforced by Archytas's argument that wisdom and insight are the greatest good (9,30). To the conclusion 'he who does not wish to live well must not engage in philosophy' Poliziano now goes on to add a new thesis: 'the man who does not wish to engage in philosophy does not wish to be happy either' (10,4-5). The words 'Mihi autem videtur' do not, therefore, imply a contrast in respect of the foregoing, but indicate a shift in the argument. With it Poliziano allies himself with the conclusion reproduced in 9,26.

Once again, this sentence — and what follows it — is borrowed from the *Protrepticus*.

10,4-5 qui...nolle: Iambl. *Protrept.* 5 p. 26,23-4 Ἀναγκαῖον... πράττειν (quoted below).

10,5-8 Nam...est: résumé of Iambl. *Protrept.* 5 p. 24,22-27,11 Πάντες ἄνθρωποι βουλόμεθα εὖ πράττειν, εὖ δὲ *πράττομεν, εἰ ἡμῖν πολλὰ ἀγαθὰ παρείη...* Ἀλλ᾽ οὐκ εὐθὺς εὐδαιμονοῦμεν διὰ τὰ παρόντα ἀγαθά, εἰ μηδὲν ἡμᾶς ὠφελοῖ· ὠφελεῖ δὲ οὐδέν, εἰ εἴη μόνον ἡμῖν, χρώμεθα δὲ αὐτοῖς μή... Ἀλλ᾽ οὐδὲ τὸ χρῆσθαι μόνον ἐξαρκεῖ, ἀλλὰ δεῖ προσεῖναι τὸ ὀρθῶς χρῆσθαι... Ἀλλὰ μὴν ἕν γε τῇ χρήσει τε καὶ ἐργασίᾳ πάσῃ τῇ περὶ ὁτιοῦν τὸ ἀπεργαζόμενον τὸ ὀρθῶς χρῆσθαι ἐπιστήμη παρέχεται... Ἀναγκαῖον οὖν φιλοσοφεῖν τοῖς βουλομένοις εὖ πράττειν· ἡ δὲ φιλοσοφία ὄρεξίς ἐστι καὶ κτῆσις ἐπιστήμης... (The passages quoted here: p. 24,22-3; p. 25,6-8, 16-17, 20-2 and p. 26,23-5.)

10,8 profecto...est: also Iambl. *ibidem* 5 p. 30,10-11 = 5 p. 34,4-5 ἐξ ἅπαντος τρόπου φιλοσοφητέον τοῖς βουλομένοις εὐδαιμονεῖν. p. 21,3-5 οὐδὲ ἄλλη πη εὐδαιμονήσομεν, ἐὰν μὴ κτησώμεθα διὰ φιλοσοφίας καὶ θεωρήσωμεν τὴν τῶν ὄντων φρόνησιν.

10,8-10 An...philosophia: résumé of Iambl. *Protrept.* 5 p. 27,12-29,14 Ἄλλη δέ ἐστι παρὰ αὐτοῖς τοιαύτη διαίρεσις· ὡς ἔστι μέν τι *ψυχὴ* ἔστι δέ τι *σῶμα* ἐν ἡμῖν, καὶ τὸ μὲν ἄρχει τὸ δὲ ἄρχεται, καὶ τὸ μὲν χρῆται τὸ δ᾽ ἐστὶ τοιοῦτον οἷον ᾧ χρῆται, καὶ τὸ μὲν θεῖον καὶ ἀγαθὸν καὶ οἰκειότατον ἡμῖν, τὸ δὲ ἄλλως συνηρτημένον ὑπουργίας τινὸς ἕνεκα καὶ χρείας ἐχόμενον τῆς εἰς τὸν κοινὸν βίον τὸν ἀνθρώπινον. Δεῖ τοίνυν τοῦ ἄρχοντος μᾶλλον ἀλλὰ μὴ τοῦ ἀρχομένου, καὶ τοῦ θειοτέρου καὶ οἰκειοτέρου ἡμῖν ἀλλὰ μὴ τοῦ καταδεεστέρου ἐπιμελεῖσθαι.

Ταύτῃ δ᾽ ἐστὶ παραπλησία τοιαύτη διαίρεσις· ὡς τριχῇ τὰ ἡμέτερα πάντα διήρηται, εἴς τε *ψυχὴν* καὶ *σῶμα* καὶ τὰ τοῦ σώματος· τούτων δὲ τὰ μέν ἐστι πρῶτα, τὰ δὲ δεύτερα, τὰ δὲ τρίτα· καὶ προηγουμένως μὲν δεῖ στοχάζεσθαι τῶν

τῆς ψυχῆς, τὰ δ' ἄλλα τῆς ψυχῆς ἕνεκα πράττειν· καὶ γὰρ τοῦ σώματος
ἐπιμελεῖσθαι χρὴ ἀναφέροντας αὐτοῦ τὴν ἐπιμέλειαν ἐπὶ τὴν τῆς ψυχῆς
ὑπηρεσίαν, καὶ τὰ χρήματα κτᾶσθαι δεῖ διὰ τὸ σῶμα, πάντα δὲ τῆς ψυχῆς ἕνεκα
διατάττειν καὶ τῶν τῆς ψυχῆς ἀρχουσῶν δυνάμεων. Εἰ δὴ τοῦτο οὕτως ἔχει,
οὐδὲν τῶν δεόντων πράττουσιν ὅσοι χρημάτων μὲν πέρι τὴν πᾶσαν σπουδὴν
ἔχουσι, δικαιοσύνης δὲ ἀμελοῦσι δι' ἣν ἐπιστάμεθα ὀρθῶς χρῆσθαι τοῖς χρήμασι,
καὶ τοῦ μὲν ζῆν καὶ ὑγιαίνειν φροντίζουσι τῷ σώματι, τοῦ δὲ ὀρθῶς χρῆσθαι τῇ
ζωῇ καὶ τῇ ὑγείᾳ ἀμελοῦσι...
    Ἀπ' ἄλλης δὲ ἀρχῆς διαιροῦσι τὰ τοιαῦτα· χωρὶς δήπουθέν ἐστιν αὐτὸς
ἕκαστος, τὸ ἑαυτοῦ, ἅ ἐστι τῶν αὐτοῦ. Αὐτὸς μὲν οὖν ἕκαστός ἐστιν ἡμῶν ἡ
ψυχή, τὸ δ' αὐτοῦ ἐστι τὸ σῶμα καὶ τὰ τοῦ σώματος, ἃ δ' ἐστὶ τῶν αὐτοῦ, τὰ
χρήματά ἐστιν, ὅσα τοῦ σώματος ἕνεκα κτώμεθα. Καὶ ἐπιστῆμαι τοίνυν τρεῖς
εἰσιν ἐπὶ τοῖς τρισὶ τούτοις πράγμασιν. Ὁ μὲν οὖν τὰ τοῦ σώματος γινώσκων,
τὰ αὐτοῦ ἀλλ' οὐχ αὐτὸν ἔγνωκεν. Ὅθεν οἱ ἰατροὶ οὐχ ἑαυτοὺς γιγνώσκουσι
καθόσον ἰατροί, οὐδὲ οἱ παιδοτρῖβαι καθόσον παιδοτρῖβαι. Καὶ ὅσοι δὲ
πορρωτέρω τῶν ἑαυτῶν τὰ περὶ τὸ σῶμα γιγνώσκουσιν, οἷς τοῦτο θεραπεύεται,
ὡς οἱ γεωργοὶ καὶ οἱ ἄλλοι δημιουργοί, πολλοῦ δὴ δέουσιν ἑαυτοὺς γιγνώσκειν·
οὐδὲ γὰρ τὰ ἑαυτῶν οὗτοι γιγνώσκουσι. Διὰ ταῦτα δὴ καὶ βάναυσοι αὗται αἱ
τέχναι δοκοῦσιν εἶναι. Μόνη δὲ σωφροσύνη ἐστὶν ἡ τῆς ψυχῆς γνῶσις, καὶ τῷ
ὄντι ἡμετέρα ἀρετὴ μόνη ἐκείνη ὑπάρχει, ἥτις τὴν ψυχὴν βελτίονα
ἀπεργάζεται.
    10,10   Ut...philosophia: Cic. *Tusc. disp.* III 3,6 Est profecto animi
medicina, philosophia.
    10,10-18   Sed...dilanietur: résumé of Iambl. *Protrept.* 5 p. 30,12-34,4
Τελέως δ' ἂν καὶ οὕτως ἐπὶ τὸ αὐτὸ ἐκ διαιρέσεως ἐπέλθοιμεν. *Τρία τριχῇ*
ψυχῆς ἐν ἡμῖν εἴδη κατῴκισται, τὸ μὲν ᾧ λογιζόμεθα, τὸ δὲ ᾧ θυμούμεθα,
τρίτον δὲ ᾧ ἐπιθυμοῦμεν. Τυγχάνει δ' ἕκαστον αὐτῶν *κινήσεις ἔχον...*
Διαφερόντως δὲ δὴ τὸ κυριώτατον τῆς ψυχῆς εἶδος, *ὅπερ δαίμονα ὁ θεὸς*
ἑκάστῳ δέδωκε καὶ ὅπερ ἀπὸ γῆς ἡμᾶς αἴρει πρὸς τὴν ἐν οὐρανῷ ξυγγένειαν ὡς
ὄντας φυτὸν οὐκ ἔγγειον, ἀλλ' οὐράνιον, τοῦτο δὴ μάλιστα ἀσκητέον... Οὐ γὰρ
δὴ λυσιτελεῖ *τὸ παντοδαπὸν θηρίον ὥσπερ τὴν ἐπιθυμίαν εὐωχοῦντας ποιεῖν*
ἰσχυρόν, οὐδὲ τὸν λέοντα οἷον τὸν θυμὸν καὶ τὰ περὶ τὸν λέοντα τρέφειν ἄξιον
καὶ ἰσχυρὰ ποιεῖν ἐν ἡμῖν, τὸν δὲ ἄνθρωπον ὥσπερ τὸν λόγον λιμοκτονεῖν καὶ
ποιεῖν ἀσθενῆ, ὡς ἕλκεσθαι ὅπῃ ἂν ἐκείνων ὁπότερον ἄγῃ, καὶ μηδὲν
ἕτερον ἑτέρῳ συνεθίζειν μηδὲ φίλον ποιεῖν· ἀλλὰ πολὺ μᾶλλον τὸν ἐν ἡμῖν θεῖον
ἄνθρωπον τοῦ πολυκεφάλου θρέμματος ἐγκρατῆ ποιητέον, ὅπως ἂν τὰ μὲν
ἥμερα τῶν ἐπιθυμιῶν εἴδη τρέφῃ καὶ τιθασσεύῃ, τὰ δὲ ἄγρια ἀποκωλύῃ
φύεσθαι... ὑπὸ γὰρ τῷ θείῳ τὰ θηριώδη τῆς φύσεως ὑποτάττεται... ὑπὸ γὰρ τῷ
ἀγρίῳ τὸ ἥμερον δουλοῦται... (The passages quoted here: p. 30,12-15 and
20-4, p. 31,19-32,2, p. 32,7-8 and 9-10.)
    This passage in the *Lamia* was discussed by M. Martelli, 'Nota a Poli-
ziano, "Epigrammaton Latinorum" XXIX 3', in *Interpres* 3 (1980), pp.
274-5. Martelli failed to notice that Poliziano's source was Iamblichus.

10,11 cum...sint: Iambl. 5 p. 30,13-15 Τρία... ἐπιθυμοῦμεν. Cic. *Tusc. disp.* I 10,20 Xenocrates *animi* figuram et quasi corpus negavit esse ullum, numerum dixit esse, cuius *vis*, ut iam ante Pythagorae visum erat, in natura maxuma esset. Eius doctor Plato triplicem finxit *animum*, cuius principatum, id est *rationem*, in capite sicut in arce posuit, et duas *partes* parere voluit, *iram* et *cupiditatem*. Cf. Ficino, *Ep.* lib. IV 'Quod animus immortalis sit' etc., *Op.* vol. I p. 775 (Plato in Timaeo) animam in tres quasdam vires dividit quasi partes, in ratiocinandi videlicet et irascendi et concupiscendi naturam. Cf. also his letter 'Di Dio et anima', in Kristeller, *Supplementum Ficinianum* vol. II p. 146 E movimenti dell'anima principali appresso Platone tre si truovano: primo è il moto della ragione il quale nel capo s'exercita, l'altro perturbatione d'iracundia nel cuore, tertio la libidine nel fegato e nelle parti inferiori al fegato subiugate.

tres...vires: the same wording also occurs in *Miscell.* II 7,9. There Poliziano refers to the first vision of the prophet Ezekiel, in which he saw the likeness of four living creatures, each of which had four faces, viz. those of a man, a lion, an ox and an eagle (Ezek. 1,10). What do these apparitions mean? Referring to Jerome, Poliziano speaks of the explanation 'quae secundum Platonis opinionem *tris animae seu partes seu vires* tribus accommodet animantibus: *rationem homini, leoni* autem *iram, cupiditatem vitulo...*' (and the eagle symbolizes conscience). As he goes on (§12) he quotes Jerome literally: Plerique, iuxta Platonem, rationale animae et irascentiam et concupiscentiam, quod ille λογικόν, θυμικόν et ἐπιθυμητικόν vocat, ad hominem et leonem ac vitulum referunt... (Hieron. *In Hiezech.* I,1,6-8, *Corp. Christ. Ser. Lat.* vol. LXXV). At the end of the chapter he gives a translation of Origen's explanation of the apparitions: Cernere est in animalibus singulis *animam*, tum in singulorum facie *vires* eius: *rationis* in *homine*, *irae* in *leone*, *cupiditatis* in vitulo... Cf. Orig. *In Ezech.*, hom. I 16, *Patrol. Graeca* ed. Migne, vol. XIII col. 681 Ἔστιν [ἰδεῖν] ἐν ἑκάστῳ ζώῳ τὴν ψυχήν, ἐν ἑκάστῳ δὲ προσώπῳ τὰς δυνάμεις αὐτῆς· τὸ λογιστικὸν ἐν τῷ ἀνθρώπῳ· τὸ θυμικὸν ἐν τῷ λέοντι· τὸ ἐπιθυμητικὸν ἐν τῷ μόσχῳ...

Cf. also Poliziano's commentary on Statius's *Silvae* (ed. L. Cesarini Martinelli, Firenze 1978) II 146 p. 405,20-1 cum tres sint partes animae, ratio iracundia appetitus. It is conspicuous that Poliziano does not use the term 'vires' in this note, which is of much earlier date (1480) than the *Miscellanea* and the *Lamia*.

10,13 beluam multorum capitum: Iambl. 5 p. 31,27 τοῦ πολυκεφάλου θρέμματος (cf. 19 τὸ παντοδαπὸν θηρίον). Hor. *Ep.* I,1,76 (concerning the Romans:) Belua es multorum capitum.

10,16-17 huc atque illuc...raptetur: Cic. *De off.* I 28,101 Duplex est enim vis animorum atque natura: una pars in appetitu posita est, quae est ὁρμή Graece, quae hominem *huc* et [*atque* p] *illuc* rapit, altera in ratione, quae docet et explanat, quid faciendum fugiendumque sit. (huc et: 'huc atque' is the reading of MS p = Palatinus 1531; cf. Cic. *De off.*, Atzert edn., ad locum and the praefatio pp. xiv, xli.)

10,16-18 ut...dilanietur: cf. Poliziano, *Miscell.* II 1,1 Ciceronis liber secundus de deorum natura non minus lacer... reperitur quam olim fuerit Hippolytus turbatis distractus equis [Verg. *Aen.* VII 767]; cuius deinde avulsa passim membra, sicuti fabulae ferunt, Aesculapius ille collegit, reposuit, vitae reddidit. Hippolytus, son of Theseus, rejected the advances of his stepmother. She then falsely denounced him to Theseus, who cursed his son and called upon the gods to punish him. One fateful day Hippolytus's two horses bolted and he was torn to pieces. In Ovid, *Metam.* XV 515-29 the horses are frightened by a 'monstrum' (521, cf. Poliziano's 'monstris'); 524-9 Excutior curru, lorisque tenentibus artus / viscera viva trahi, nervos in stipe teneri, / membra rapi partim, partim reprensa [laniata a 11] relinqui, / ossa gravem dare fracta sonum fessamque videres / exhalari animam nullasque in corpore partes, / noscere quas posses, unumque erat omnia vulnus. 526 reprensa: 'laniata' is the reading of MS a 11 = Ambrosianus B 18, cf. Ovid, *Metam.*, Magnus edn., ad locum and p. 2. Ovid, *Fasti* VI 744 *Hippolytus* lacero corpore raptus erat. *Ibidem* III 265 *Hippolytus* furiis distractus [*discerptus* N] equorum. 'discerptus' is the reading of MS N = Moreti typ. secundus; cf. Ovid, *Fasti*, Pighi edn., ad locum and the praefatio pp. viii, lxxxiii, xcv. Suet. *Verb. diff.* s.v. 'laniat' (Suet. *Praeter Caesarum libros reliquiae* ed. Reifferscheid, p. 277) laniat lanius, cum *membratim discerpit*. Amm. Marc. *Rer. gest.* XIX 8,7 (about a rider who, having been thrown from his horse, is dragged along by the reins and torn to pieces:) membratim discerptus.

10,18-26 Quod...philosophari: paraphrase of Iambl. *Protrept.* 6 p. 37,2 and 9-22. In this chapter Iamblichus moves on to τὰς πρὸς τὸν πολιτικὸν καὶ πρακτικὸν βίον προτροπάς. His first argument in this category leads to the conclusion: Φιλοσοφητέον ἄρα ἡμῖν, εἰ μέλλομεν ὀρθῶς πολιτεύσεσθαι καὶ τὸν ἑαυτῶν βίον διάξειν ὠφελίμως (p. 37,9-11). He continues (11-22): Ἔτι τοίνυν ἄλλαι μέν εἰσιν αἱ ποιοῦσαι ἕκαστον τῶν ἐν τῷ βίῳ πλεονεκτημάτων ἐπιστῆμαι, ἄλλαι δὲ αἱ χρώμεναι ταύταις, καὶ ἄλλαι μὲν αἱ ὑπηρετοῦσαι, ἕτεραι δὲ αἱ ἐπιτάττουσαι, ἐν αἷς ἐστιν ὡς ἂν ἡγεμονικωτέραις ὑπαρχούσαις τὸ κυρίως ὂν ἀγαθόν. Εἰ τοίνυν μόνη ἡ τοῦ κρίνειν ἔχουσα τὴν ὀρθότητα καὶ ἡ τῷ λόγῳ χρωμένη καὶ ἡ τὸ ὅλον ἀγαθὸν θεωροῦσα, ἥτις ἐστὶ φιλοσοφία, χρῆσθαι πᾶσι καὶ ἐπιτάττειν κατὰ φύσιν δύναται, φιλοσοφητέον ἐκ παντὸς τρόπου, ὡς μόνης φιλοσοφίας τὴν ὀρθὴν κρίσιν καὶ τὴν ἀναμάρτητον ἐπιτακτικὴν φρόνησιν ἐν ἑαυτῇ περιεχούσης.

10,19-22 nonne...reperiri: Iambl. p. 37,11-16 Ἔτι... ἀγαθόν. 'You appreciate, surely, that of the arts practised in the town some produce the things which make life more agreeable, while others make use of those arts? Then again some of them are subordinate, and others are in command? And it is surely those arts above all, being indeed superior, in which Good itself is also found?' (Del Lungo's translation contains a fair number of errors: 'e in città che cosa troviamo? Arti che fanno ai comodi della vita: *le quali ne adoperano altre, e poi da altre sono esse adoperate, da altre governate*: e queste ultime più hanno in sè pregio ed eziandio *utile.*')

10,22-23   quae...iudicium teneat rectum: ἡ τοῦ κρίνειν ἔχουσα τὴν ὀρθότητα (16-17). τὴν ὀρθὴν κρίσιν... περιεχούσης (20-22): 'the art which contains good judgement' (Del Lungo's translation 'quella che... addirizza il giudizio' is incorrect).

10,27-37   At...veritas: résumé of Iambl. *Protrept.* 6 p. 37,22-39,8 and 40,12-41,5 Ἔτι τοίνυν, ἐπεὶ τὰ δυνατὰ καὶ ὠφέλιμα πάντες αἱρούμεθα, παραδεικτέον ὡς τῷ φιλοσοφεῖν ἀμφότερα ταῦτα ὑπάρχει, καὶ ὅτι τὴν χαλεπότητα τῆς κτήσεως ὑποδεεστέραν ἔχει τοῦ μεγέθους τῆς ὠφελείας· τὰ γὰρ ῥάω πάντες ἥδιον πονοῦμεν. Ὅτι μὲν οὖν τὰς περὶ τῶν δικαίων καὶ τῶν συμφερόντων, ἔτι δὲ περὶ φύσεώς τε καὶ τῆς ἄλλης ἀληθείας ἐπιστήμας δυνατοὶ λαβεῖν ἐσμεν, ῥᾴδιον ἐπιδεῖξαι. Ἀεὶ γὰρ γνωριμώτερα τὰ πρότερα τῶν ὑστέρων καὶ τὰ βελτίω τὴν φύσιν τῶν χειρόνων. (p. 37,22-38,5)

Καὶ περὶ μὲν ὠφελείας καὶ μεγέθους τοῦ πράγματος ἱκανῶς ἀποδεδεῖχθαι νομίζω, διότι δὲ πολλῷ ῥάστη τῶν ἄλλων ἀγαθῶν ἡ κτῆσις αὐτῆς, ἐκ τῶνδε πεισθείη τις ἄν. Τὸ γὰρ μήτε μισθοῦ παρὰ τῶν ἀνθρώπων γινομένου τοῖς φιλοσοφοῦσι, δι' ὃν συντόνως οὕτως ἂν διαπονήσειαν, πολύ τε προεμένους εἰς τὰς ἄλλας τέχνας ὅμως ἐξ ὀλίγου χρόνου θέοντας παρεληλυθέναι ταῖς ἀκριβείαις, σημεῖόν μοι δοκεῖ τῆς περὶ τὴν φιλοσοφίαν εἶναι ῥᾳστώνης. Ἔτι δὲ τὸ πάντας φιλοχωρεῖν ἐπ' αὐτῇ καὶ βούλεσθαι σχολάζειν ἀφεμένους τῶν ἄλλων ἁπάντων, οὐ μικρὸν τεκμήριον ὅτι μεθ' ἡδονῆς ἡ προσεδρεία γίγνεται· πονεῖν γὰρ οὐδεὶς ἐθέλει πολὺν χρόνον. Πρὸς δὲ τούτοις ἡ χρῆσις πλεῖστον διαφέρει πάντων· οὐδὲ γὰρ δέονται πρὸς τὴν ἐργασίαν ὀργάνων οὐδὲ τόπων, ἀλλ' ὅπη τις ἂν θῇ τῆς οἰκουμένης τὴν διάνοιαν, ὁμοίως πανταχόθεν ὥσπερ παρούσης ἅπτεται τῆς ἀληθείας. (p. 40,12-41,2)

10,27-28   si vestigiis indagetur: the subject is 'philosophia': 'if it (philosophy) is tracked down (indagetur) by the traces (vestigiis) it leaves behind it'. Here Poliziano uses the imagery of the hunt (cf. 7,21-26). Del Lungo's translation 'stando ai segni' is incorrect.

10,28   nulla...facilior: with the addition of 'pene' Poliziano distances himself from Iamblichus's categorical statement that philosophy is easier to learn than any other (good) science or skill (p. 40,13-14 πολλῷ ῥάστη τῶν ἄλλων ἀγαθῶν ἡ κτῆσις αὐτῆς, repeated at the end of the chapter, p. 41,3-4).

10,28-30   Semper...deterior: cf. Iambl. *ibidem* 6 p. 38,5-39,8 for the meaning of this proposition.

10,30-32   Sit...mercede: Iamblichus asserts (p. 40,15-19) that people
who apply themselves to philosophy soon make rapid progress. Poliziano
applies this to the development of philosophy.
10,31-32   ad...philosophia: Lact. *Inst. div.* III 6,8 Videlicet, quia
mortalis fuerat illa sapientia, paucisque ante temporibus instituta, *ad
summum* iam *incrementum pervenerat,* ut iam necessario consenesceret ac
periret, repente existit academia.
10,32-33   quotus quisque...liceat: Cic. *De orat.* I 51,219 quo in studio
(i.e. philosophy) hominum quoque *ingeniosissimorum* otiosissimorum-
que totas aetates videmus esse contritas.
   Poliziano puts Iamblichus's categorical statement, that everybody (πάντας p. 40,20) wishes to engage in philosophy, into perspective. According to
him one has to be clever (ingeniosus) and alert (vigilans 10,38). (Del
Lungo mistranslates 'ingeniosorum' as 'gentile' by confusing 'ingeniosus'
and 'ingenuus'.)
   10,33   otium...votis: Hor. *Serm.* II 6,1 Hoc erat in votis... In this
poem Horace expresses his longing for a life of seclusion with the opportunity for study and philosophy. (This poem is also quoted at the beginning of the *Lamia.*)
   10,36   Ubi ubi: the collocation appears in Plautus (approx. 10 ×) and
Terence (3 ×). Cf. G. Lodge, *Lexicon Plautinum,* Lipsiae 1926-33 and P.
McGlynn, *Lexicon Terentianum,* Londini-Glasguae 1967. It also appears
once in Livy (XLII 57,12).
   10,37-11,1   Sed...ingerit: 'But whereas it is not excessively difficult to
comprehend philosophy, at the same time it is still not accessible and
plain to everybody. For it presents itself to wakeful people, and not to
slugabeds.' (Del Lungo's translation is inaccurate: 'Però se la filosofia non
ha grandissima difficoltà ad apprendersi, neanche *potrebbe arrivarsi d'un
tratto.*) This thought, which is quite natural considering the context, does
not occur in this form in the works of Iamblichus. Possibly it is inspired
partly by *Protrept.* 8 p. 46,4-6 Διαφέρει γὰρ οὐδενὶ τῶν ἄλλων τὸ καθεύδειν
καὶ τὸ ἐγρηγορέναι πλὴν τῷ τὴν ψυχὴν τότε μὲν πολλάκις ἀληθεύειν,
καθεύδοντος δὲ ἀεὶ διεψεῦσθαι, and 11 p. 59,3-5 Οὐκοῦν τὸ ζῆν ἀποδίδομεν τῷ
μὲν ἐγρηγορότι μᾶλλον ἢ τῷ καθεύδοντι, τῷ φρονοῦντι δὲ ἢ τῷ ἄφρονι μᾶλλον.
   11,1-4   Nos...toleramus: Iambl. *ibidem* 6 p. 40,4-6 οὐδὲ δεῖ χρημάτων
μὲν ἕνεκα πλεῖν ἐφ' 'Ηρακλέους στήλας καὶ πολλάκις κινδυνεύειν, διὰ δὲ
φρόνησιν μηδὲν πονεῖν μηδὲ δαπανᾶν. The words 'Nos...ita ridiculi sumus'
have been added by Poliziano. He renders ἐφ' 'Ηρακλέους στήλας ('to or
up to the Strait of Gibraltar') as 'etiam *trans* Herculis columnas, etiam ad
Indos'. In Iamblichus's view of the world the Pillars of Hercules marked
the limits of the inhabited world, but Poliziano, who refers to the voyages
of exploration and discovery that were being undertaken in his day, sees

in the Strait of Gibraltar a gateway to a new world. In his words there is an awareness that beyond (i.e. to the west of) the Strait of Gibraltar must lie the sea route to the Indies.

Even as Poliziano spoke, Columbus was on his way to India — at least, that was what people thought. On 6 September he had left the Canaries with three Spanish ships and set course in a westerly direction with the intention of reaching Zipangu, Marco Polo's Japan. It was there, after all, that the lure of India was to be found. He was to return to Spain in the spring of 1493. The people of Florence must have been aware of Columbus's ideal. The Genoese explorer's ideas had the support of a map of the world drawn by the Florentine physicist and astronomer Paolo dal Pozzo Toscanelli (1397-1482). In 1474 Toscanelli had sent his map, on which he had indicated that the sea route to China and India must lie to the west, to a Portuguese canon (cf. E. Garin, 'Ritratto di Paolo dal Pozzo Toscanelli', in his *La cultura filosofica del Rinascimento italiano. Ricerche e documenti*, Firenze 1961, pp. 317-18 and 323-3, with references to *Scritti di Cristoforo Colombo* pubblicati... da C. de Lollis, Roma 1894, pp. clxxxvi and 364-5). Poliziano was acquainted with Toscanelli: the epigram Εἰς Παῦλον τὸν ἀστρόνομον is dedicated to his famous fellow-townsman (cf. *Epigr. Graeca* XXII, in *Prose volgari* ed. Del Lungo, p. 193).

Doubtless Poliziano is also alluding to the sea voyages undertaken by the Portuguese in order to find the route to India. Under orders from king João II, who called himself king of Guinea, Portuguese seafarers had sailed ever further along the west coast of Africa. In 1483 Diogo Cão had reached Angola. Bartholomeu Diaz rounded the Cape of Good Hope in 1488. The Portuguese also tried their luck by way of the Strait of Gibraltar and the Mediterranean Sea. Arabian merchants had long been familiar with this route, which took them across the Suez isthmus and the Red Sea. So it was that Pedro de Covilhã, having set sail from Lisbon in 1487, eventually found himself aboard an Arabian ship on the west coast of India, where he called at Calicut and Goa. (Cf. J.-C. Margolin (ed.), *L'avènement des temps modernes*, Paris 1977, pp. 125-30.)

Poliziano was in touch with various Portuguese. He ingratiated himself with João II and offered to write an epic exalting the voyages of discovery made with the king's support and referring to the 'despectas Herculis metas' and the 'redditum sibi ipsum, qui fuerat intervulsus, orbem terrarum' (i.e. the west coast of Africa). He would relate 'quantae nostris hominibus illinc invectae commoditates, quam larga compendia, quam multa importata vivendi subsidia, quanta etiam veteribus historiis accessio facta, quanta rebus antiquis olim sane vix credibilibus adiecta fides quantaque rursus eisdem sit admiratio detracta.' (*Ep.* lib. X, *Op.* pp. 136-8. The king's answer, *ibidem* pp. 138-9, bears the date 23 October 1491).

Among Poliziano's pupils were the sons of João Teixeira, the king's chancellor (cf. a letter to Teixeira of 1489, *Ep.* lib. X, *Op.* pp. 139-40). In 1490 he gave private lessons to a number of Portuguese ('Britannis quibusdam et Lusitanis'). These lessons were devoted to the *Naturalis historia* of Pliny (cf. Del Lungo, *Le Selve e la Strega* p. 238 and Perosa, *Mostra* p. 22). On Poliziano's relations with Portuguese cf. also V. Fera, *Una ignota 'Expositio Suetoni' del Poliziano*, Messina 1983, pp. 17-21.

11,2   etiam ad Indos: Hor. *Ep.* I,1,45-8 impiger extremos curris mercator *ad Indos*, /per mare pauperiem fugiens, per saxa, per ignis:/ne cures ea quae stulte miraris et optas,/discere et audire et meliori credere non vis?

11,3   per hyemem: in winter, with its inclement weather and short days, there is less going on than at other seasons. There is also less work to be done. In the winter evenings at least, says Poliziano, people ought to apply themselves to studies and philosophy. Cf. Angelo Decembrio, *Politia literaria*, Basileae 1562, pars VI pp. 38-9, where there is a reference to 'libros... quos apud uxores et liberos nostros nonnunquam hybernis noctibus exponamus.'

The merchants' cheap desire for profits is also the subject of a translation exercise which Poliziano prepared for his pupil Piero (in Poliziano, *Prose volgari* ed. Del Lungo, 'Latini dettati a Piero de' Medici (1481)' XVII p. 34).

11,5-12,15   Sed...Anaxagoras: paraphrase of Iambl. *Protrept.* 8 p. 45,4-48,25.

11,5-12   Sed...gaudia: Iambl. *ibidem* 8 p. 45,4-11 and 45,23-46,7 Οὐ χεῖρον δ' ἔτι καὶ ἀπὸ τῶν κοινῶν ἐννοιῶν ὑπομνῆσαι τὸ προχείμενον, ἀπὸ τῶν ἐναργῶς πᾶσι φαινομένων. Παντὶ δὴ οὖν τοῦτό γε πρόδηλον, ὡς οὐδεὶς ἂν ἕλοιτο ζῆν ἔχων τὴν μεγίστην ἀπ' ἀνθρώπων οὐσίαν καὶ δύναμιν, ἐξεστηκὼς μέντοι τοῦ φρονεῖν καὶ μαινόμενος, οὐδ' εἰ μέλλοι τὰς νεανικωτάτας ἡδονὰς † ζώειν χαίρων, ὥσπερ ἔνιοι τῶν παραφρονούντων διάγουσιν.

...οὔτ' ἂν μεθύων οὔτε παιδίον οὐδ' ἂν εἷς ἡμῶν ὑπομείνειεν εἶναι διὰ τέλους τὸν βίον. Διὰ δὴ τοῦτο καὶ τὸ καθεύδειν ἥδιστον μὲν οὐχ αἱρετὸν δέ, κἂν ὑποθώμεθα πάσας τῷ καθεύδοντι παρούσας τὰς ἡδονάς, διότι τὰ μὲν καθ' ὕπνον φαντάσματα ψευδῆ, τὰ δ' ἐγρηγορόσιν ἀληθῆ. Διαφέρει γὰρ οὐδενὶ τῶν ἄλλων τὸ καθεύδειν καὶ τὸ ἐγρηγορέναι πλὴν τῷ τὴν ψυχὴν τότε μὲν πολλάκις ἀληθεύειν, καθεύδοντος δὲ ἀεὶ διεψεῦσθαι· τὸ γὰρ τῶν ἐνυπνίων εἴδωλόν ἐστι καὶ ψεῦδος ἅπαν.

11,5   quod...maximam: Iambl. p. 45,5 τὸ προχείμενον ('the subject'), i.e. the notion that man is naturally inclined to take pleasure in thinking and the acquisition of knowledge (cf. 7 p. 44,25-7). With 'diximus' Poliziano refers to 10,34.

11,6   affluentem deliciis: for this collocation cf. the *Thesaurus linguae Latinae* s.v. affluo, vol. I col. 1243,66-8, 74-82 and 1244,52-3.

11,9   dormire...Endymionis: Arist. *Eth. Nicom.* X 8,7 (1178 b 19) ζῆν γε πάντες ὑπειλήφασιν αὐτούς (the gods), καὶ ἐνεργεῖν ἄρα· οὐ γὰρ δὴ καθεύδειν ὥσπερ τὸν Ἐνδυμίωνα. Apollod. *Bibl.* I 7,5 Τούτου (Endymion) κάλλει διενεγκόντος ἠράσθη Σελήνη, Ζεὺς δὲ αὐτῷ δίδωσιν ὃ βούλεται ἑλέσθαι· ὃ δὲ αἱρεῖται κοιμᾶσθαι διὰ παντὸς ἀθάνατος καὶ ἀγήρως μένων. Apollodorus's story is quoted almost word for word by Zenobius in explanation of the saying Ἐνδυμίωνος ὕπνος (*Prov.* III 76, *Paroemiographi Graeci* ed. Leutsch-Schneidewin, vol. I p. 75). Cf. Cic. *Tusc. disp.* I 38,92, and *De fin.* V 20,55 Itaque ne si iucundissimis quidem nos somniis usuros putemus, Endymionis somnium nobis velimus dari, idque si accidat mortis instar putemus. According to the legend Endymion was a beautiful youth with whom the moon fell in love. He sleeps an everlasting sleep on a mountain in Asia Minor. This eternal slumber was granted him by Zeus.

11,10   somnis: Iambl. p. 46,2-3 τὰ μὲν καθ᾽ ὕπνον φαντάσματα, and 7 τῶν ἐνυπνίων. Although 'in somnis' can also mean 'in one's sleep' (Del Lungo: 'sonno'), the translation 'dreams' is to be preferred here.

11,10-12   falsa...gaudia: Cic. *Tusc. disp.* III 2,3 Est enim gloria *solida* quaedam res et *expressa*, non *adumbrata*.

11,12-21   Cur...est: Iambl. *ibidem* 8 p. 46,8-21 Καὶ τὸ φεύγειν δὲ τὸν θάνατον τοὺς πολλοὺς δείκνυσι τὴν φιλομάθειαν τῆς ψυχῆς. Φεύγει γὰρ ἃ μὴ γιγνώσκει, τὸ σκοτῶδες καὶ τὸ μὴ δῆλον, φύσει δὲ διώκει τὸ φανερὸν καὶ τὸ γνωστόν. Διὸ καὶ μάλιστα τοὺς αἰτίους ἡμῖν τοῦ τὸν ἥλιον ἰδεῖν καὶ τὸ φῶς, αὐτούς φαμεν δεῖν τιμᾶν ὑπερβαλλόντως καὶ σέβεσθαι πατέρα καὶ μητέρα ὡς μεγίστων ἀγαθῶν αἰτίους· αἴτιοι δέ εἰσιν, ὡς ἔοικε, τοῦ φρονῆσαί τι καὶ ἰδεῖν. Διὰ τὸ αὐτὸ δὲ τοῦτο καὶ χαίρομεν τοῖς συνήθεσι καὶ πράγμασι καὶ ἀνθρώποις, καὶ φίλους τούτους καλοῦμεν τοὺς γνωρίμους. Δηλοῖ οὖν ταῦτα σαφῶς ὅτι τὸ γνωστὸν καί <τὸ> φανερὸν καὶ τὸ δῆλον ἀγαπητόν ἐστιν· εἰ δὲ τὸ γνωστὸν καὶ τὸ σαφές, δῆλον ὅτι καὶ τὸ γιγνώσκειν ἀναγκαῖον καὶ τὸ φρονεῖν ὁμοίως.

11,12-14   Cur...tenebricosum est: cf. Poliziano, *Sermone della umiltà di Gesù Cristo*, in *Prose volgari* ed. Del Lungo, p. 15 (siamo) spaventati dalla nostra fragil vita, paventando pure la morte che sopra il capo fieramente ci minaccia... Sopra il capo ci rugge la morte e la paura dello eterno danno. Cf. also a translation exercise which Poliziano prepared for his pupil Piero, in *Prose volgari* ed. Del Lungo, 'Latini dettati a Piero de' Medici (1481)' XX pp. 38-40 Ricordiamoci che noi non siamo in casa nostra, ma in casa d'altri; che non molto di poi ci bisognerà mutare questa stanza et ire ad abitare in una altra vita; e nessuno è che possi fuggire questa necessità che sopra il capo ci pende. Se noi avessimo quanto

tesoro quanto valevano le ricchezze di Creso, non potremo fare che di
questa patria non siamo sbanditi; et andremo a un paese il quale non sappiamo se è inverso ponente o inverso levante, nè sappiamo se quivi si ven-
don cavalli, o se si può dire in su qualche bella veste che si venda
all'incanto, nè se gli abitatori maritino le figliuole a'forestieri, nè quanto
essi apprezzino i nostrali. Io ho sì gran paura quando veggio aperta la
terra per inghiottire e corpi nostri, che io non ardisco pure d'aprir la
bocca. Beati coloro li quali, mentre questa età si vive, vivon come Socrate
e come Catone, e non come li uomini volgari che hanno posto nel fango
ogni lor cura.

11,15-17   parentes...intueamur: Iambl. p. 46,12 τοὺς αἰτίους ἡμῖν τοῦ
τὸν ἥλιον ἰδεῖν καὶ τὸ φῶς. Here Iamblichus means the gods. In the passage
Διὸ... γνωρίμους (p. 46,11-18) there are references to three ethical rules:
σέβε θεούς, γονεῖς τίμα, συνήδου τοῖς φίλοις (cf. I. Düring, *Aristotle's Protrepticus. An Attempt at Reconstruction*, Göteborg 1961, p. 259).

11,17   publicam lucem: Ovid, *Metam.* II 35-6 O *lux* immensi *publica*
mundi / Phoebe pater.

11,21-23   Aut...requiescendum: cf. Iambl. *ibidem* 6 p. 40, 1-4 Οὐ δὴ
δεῖ φεύγειν φιλοσοφίαν, εἴπερ ἐστὶν ἡ μὲν φιλοσοφία, καθάπερ οἰόμεθα, κτῆσίς
τε καὶ χρῆσις σοφίας, ἡ δὲ σοφία τῶν μεγίστων ἀγαθῶν. and 8 p. 48,19-20 "Η
φιλοσοφητέον οὖν ἢ χαίρειν εἰποῦσι τῷ ζῆν ἀπιτέον ἐντεῦθεν. Cf. August. *De
trinit.* 14,19,26 = Cic. *Hort.* fr. 115 Grilli edn., fr. 97 Müller edn.:
Quapropter... si aut exstingui tranquille volumus, cum in his artibus vix-
erimus, aut si ex hac in aliam haud paulo meliorem domum sine mora
demigrare, in his studiis nobis omnis opera et cura ponenda est.

11,22-23   in sola...requiescendum: Cic. *De off.* III 1,2 Ille enim *re-
quiescens* a rei publicae pulcherrimis muneribus otium sibi sumebat aliquando et e coetu hominum frequentiaque interdum *tamquam in portum*
se in solitudinem recipiebat. *Ep. ad fam.* VII 30,2 in philosophiae portum;
similarly: *Tusc. disp.* V 2,5 and August. *De beata vita* 1,1 and 1,5.

11,24-12,15   Subiciamus...Anaxagoras: Iambl. *ibidem* 8 p. 47,5-48,21
Γνοίη δ' ἄν τις τὸ αὐτὸ καὶ ἀπὸ τούτων, εἰ θεωρήσειεν ὑπ' αὐγὰς τὸν
ἀνθρώπειον βίον. Εὑρήσει γὰρ τὰ δοκοῦντα εἶναι μεγάλα τοῖς ἀνθρώποις
πάντα ὄντα σκιαγραφίαν. Ὅθεν καί λέγεται καλῶς τὸ μηδὲν εἶναι τὸν
ἄνθρωπον καὶ τὸ μηδὲν εἶναι βέβαιον τῶν ἀνθρωπίνων. Ἰσχύς τε γὰρ καὶ
μέγεθος καὶ κάλλος γέλως ἐστὶ καὶ οὐδενὸς ἄξια, κάλλος τε παρὰ τὸ
μηδὲν ὁρᾶν ἀκριβὲς δοκεῖ εἶναι τοιοῦτον. Εἰ γάρ τις ἐδύνατο βλέπειν ὀξὶ
καθάπερ τὸν Λυγκέα φασίν, ὃς διὰ τῶν τοίχων ἑώρα καὶ τῶν δένδρων, πότ' ἂν
ἔδοξεν εἶναί τινα τὴν ὄψιν ἀνεκτόν, ὁρῶν ἐξ οἵων συνέστηκε κακῶν; Τιμαὶ δὲ
καὶ δόξαι τὰ ξηλούμενα μᾶλλον τῶν λοιπῶν ἀδιηγήτου γέμει φλυαρίας· τῷ
γὰρ καθορῶντι τῶν ἀιδίων τι ἠλίθιον περὶ ταῦτα σπουδάζειν. Τί δ' ἐστὶ μακρὸν

ἢ τί πολυχρόνιον τῶν ἀνθρωπίνων; Ἀλλὰ διὰ τὴν ἡμετέραν ἀσθένειαν, οἶμαι, καὶ βίου βραχύτητα καὶ τοῦτο φαίνεται πολύ. Τίς ἂν οὖν εἰς ταῦτα βλέπων οἴοιτο εὐδαίμων εἶναι καὶ μακάριος, οἳ πρῶτον εὐθὺς φύσει συνέσταμεν, καθάπερ φασὶν οἱ τὰς τελετὰς λέγοντες, ὥσπερ ἂν ἐπὶ τιμωρίᾳ πάντες; Τοῦτο γὰρ θείως οἱ ἀρχαιότεροι λέγουσι τὸ φάναι διδόναι τὴν ψυχὴν τιμωρίαν καὶ ζῆν ἡμᾶς ἐπὶ κολάσει μεγάλων τινῶν ἁμαρτημάτων. Πάνυ γὰρ ἡ σύζευξις τοιούτῳ τινὶ ἔοικε πρὸς τὸ σῶμα τῆς ψυχῆς. Ὥσπερ γὰρ τοὺς ἐν τῇ Τυρρηνίᾳ φασὶ βασανίζειν πολλάκις τοὺς ἁλισκομένους προσδεσμεύοντας κατ᾽ ἀντικρὺ τοῖς ζῶσι νεκροὺς ἀντιπροσώπους ἕκαστον πρὸς ἕκαστον μέρος προσαρμόττοντας, οὕτως ἔοικεν ἡ ψυχὴ διατετάσθαι καὶ προσκεκολλῆσθαι πᾶσι τοῖς αἰσθητικοῖς τοῦ σώματος μέλεσιν. Οὐδὲν οὖν θεῖον ἢ μακάριον ὑπάρχει τοῖς ἀνθρώποις, πλὴν ἐκεῖνό γε μόνον ἄξιον σπουδῆς, ὅσον ἐστὶν ἐν ἡμῖν νοῦ καὶ φρονήσεως· τοῦτο γὰρ μόνον ἔοικεν εἶναι τῶν ἡμετέρων ἀθάνατον καὶ μόνον θεῖον. Καὶ παρὰ τὸ τῆς τοιαύτης δυνάμεως δύνασθαι κοινωνεῖν, καίπερ ὢν ὁ βίος ἄθλιος φύσει καὶ χαλεπός, ὅμως οὕτως ᾠκονόμηται χαριέντως, ὥστε δοκεῖν πρὸς τὰ ἄλλα θεὸν εἶναι τὸν ἄνθρωπον. ῾Ο νοῦς γὰρ ἡμῶν ὁ θεός᾽, εἴτε ῾Ερμότιμος εἴτε ᾽Αναξαγόρας εἶπε τοῦτο, καὶ ὅτι ῾ὁ θνητὸς αἰὼν μέρος ἔχει θεοῦ τινος᾽. ῍Η φιλοσοφητέον οὖν ἢ χαίρειν εἰποῦσι τῷ ζῆν ἀπιτέον ἐντεῦθεν, ὡς τὰ ἄλλα γε πάντα φλυαρία τις ἔοικεν εἶναι πολλὴ καὶ λῆρος.

11,25 inanem umbram: Iambl. p. 47,8 σκιαγραφίαν. Ovid, *Trist.* III 11,25 quid *inanem* proteris *umbram?* (about a dead man). Cf. *Vulg., Psalm.* 143,4 *Homo* vanitati similis factus est / dies eius sicut *umbra* praetereunt; *I Paralip.* 29,15 Dies nostri quasi *umbra* super terram; *Iob* 8,9; ibidem 14,2 *Homo...* fugit velut *umbra.*

11,25-26 umbrae somnium: Pind. *Pyth.* VIII 95-6 σκιᾶς ὄναρ / ἄνθρωπος. Cf. Ficino, *Ep.* lib. VII 'Quam immundus sit' etc., *Op.* vol. I p. 837 Non iniuria Eurypides hanc vitam umbrae somnium appellav*it.* Cf. Poliziano's elegy on the death of Albiera degli Albizzi, 258, in *Prose volgari* ed. Del Lungo, p. 247 Ah miseri, somnus et levis umbra sumus! (cf. Hor. *Carm.* IV 7,16 pulvis et umbra sumus).

11,26 Homo...proverbium: Iambl. p. 47,8-9 λέγεται καλῶς τὸ μηδὲν εἶναι τὸν ἄνθρωπον καὶ τὸ μηδὲν εἶναι βέβαιον τῶν ἀνθρωπίνων. *Schol. ad* Pers. *Sat.* II 10 (Pers. *Sat.* ed. Jahn 1843) proverbialiter dicitur: homo bulla est. Cf. Varro, *Rer. rust.* I,1,1 cogitans esse properandum, quod, ut dicitur, si est homo bulla, eo magis senex. Filippo Beroaldo the Elder, who reflects on this saying at the beginning of his *Oratio proverbiorum,* gives the source as Varro.

11,26-27 Nam...lepusculo: Iambl. p. 47,10-11 ᾽Ισχύς τε γὰρ καὶ μέγεθος καὶ κάλλος γέλως ἐστὶ καὶ οὐδενὸς ἄξια. Galen, *Protrept.* 9 τίς γὰρ λεόντων ἢ ἐλεφάντων ἀλκιμώτερος, τίς δ᾽ ὠκύτερος λαγωοῦ; Sen. *Ep. mor.* 124,22 Cum te ad velocitatem paraveris, par *lepusculo* non eris. Cf. August. *De civ. Dei* VIII 15.

11,29 merae nugae: cf. Plaut. *Curc.* 199, *Poen.* 348, Cic. *Ep. ad Att.* VI 3,5, Apul. *Metam.* I,8 and Auson. *Cento nupt., Opusc.* XIX p. 160, 28 ed. Prete.

11,29-30 Procul...evanescit: Iambl. p. 47,17-18 τῷ γὰρ καθορῶντι τῶν ἀιδίων τι ἠλίθιον περὶ ταῦτα σπουδάζειν, and 11-12 κάλλος τε παρὰ τὸ μηδὲν ὁρᾶν ἀκριβὲς δοκεῖ εἶναι τοιοῦτον.

11,32-33 nam...aspiceremus: Iambl. p. 47,12-15 Εἰ... κακῶν; Boeth. *Philos. cons.* III 8,10 Quodsi, ut Aristoteles ait, *Lyncei oculis* homines uterentur, ut eorum visus obstantia *penetraret,* nonne *introspectis* visceribus illud Alcibiadis superficie pulcherrimum *corpus* turpissimum videretur? Lynceus, one of the Argonauts, was renowned for his keen eyesight. (Del Lungo erroneously supposes 'lyncei' to mean 'lynxes'.)

11,35-36 Quid...comes: I have been unable to find this idea in this form in the works of Iamblichus. Boeth. *Philos. cons.* III 7,1 *Quid* autem de corporis *voluptatibus* loquar, quarum appetentia quidem plena est anxietatis, satietas vero *paenitentiae?*

11,36-37 quid...diuturnum: Iambl. p. 47,18-19 Τί δ' ἐστὶ μακρὸν ἢ τί πολυχρόνιον τῶν ἀνθρωπίνων; and p. 47,9-10 μηδὲν εἶναι βέβαιον τῶν ἀνθρωπίνων.

11,38 imbeccillitas: Iambl. p. 47,20 ἀσθένειαν: weakness of the body or of the mind (Del Lungo's translation 'sciocchezza' is much too narrow).

11,38 aevi brevitas: Iambl. p. 47,20 βίου βραχύτητα. Sen. *Ep. mor.* 99,31 omnes, quantum ad *brevitatem aevi...* in aequo sumus... Hoc quod vivimus, proximum nihilost; et tamen, o dementiam nostram, late disponitur.

11,24-38 Subiciamus...brevitas: cf. Poliziano, *Sermone della umiltà di Gesù Cristo,* in *Prose volgari* ed. Del Lungo, pp. 14-15 sono, come dice el tuo Iob, 'homo natus de muliere, brevi vivens tempore, repletus cunctis miseriis': sono uomo nato di donna, di brevissima vita, pieno di tutte le miserie! Veggo el nostro misero corpo, Signore, a migliaia e migliaia d'infermità essere sottoposto; sempre in continuo pericolo della sua salute, sempre incertissimo del fine della propria vita... nulla in fra gli uomini è stabile... da ogni parte siamo guerreggiati, combattuti e percossi: quinci dalla ambizione, quinci dall'avarizia...; ora dalla cupidità di tutte le cose stimolati, ora all'imperio della fera vanagloria suggetti, ora tutti nella paura involti e confusi, e sopra tutto spaventati dalla nostra fragil vita, paventando pure la morte che sopra il capo fieramente ci minaccia. Perchè altro non è questa nostra umana miseria che ha nome vita se non uno velocissimo correre alla morte; nè facciamo altro vivendo se non continuamente morire... Se noi ci rivolgiamo all'anima nostra, veggiamo continuamente intorno a lei volare uno sciame di morbi: se via cacceremo el dolore, succede in suo scambio la paura; se la paura si parte, l'ira surge; restata l'ira, lieva su el capo la invidia. Innanzi a' piedi sono le molestie, da ogni canto ci priemano gli affanni, sopra il capo ci rugge la morte e la paura dello eterno danno. Cf. also a translation exercise which Poliziano prepared for his pupil Piero, in *Prose volgari* ed. Del Lungo, 'Latini dettati a Piero de' Medici (1481)' XX p. 38 Questa nostra vita non altrimenti sdrucciola che l'acqua d'un fiume; e le cose umane si dimenono un pezo, e finalmente rovinono. Chi dunque cura la gloria appresso i posteri, dovrebbe darsi tutto alli studii, li quali dalla morte liberono li uomini e fannoli eterni: a questo non solo si vuol la notte ma el dì vegliare.

11,38-12,1   Ita...luere: Iambl. p. 47,24-48,2 Τοῦτο... ἀμαρτημάτων. Lact. *Inst. div.* III 18 Quae ignorantia effecit, ut *quosdam* dicere non puderet, idcirco nos esse natos, ut *scelerum poenas lueremus*; quo quid delirius dici possit, non video. Cf. August. *Contra Iul. Pelag.* IV 15,78 cum multa quae videmus et gemimus de hominum vanitate atque felicitate dixisset (Cicero in the *Hortensius*), 'Ex quibus humanae' inquit 'vitae erroribus et aerumnis fit ut interdum *veteres* illi sive vates sive in sacris initiisque tradendis divinae mentis interpretes, qui nos ob aliqua scelera suscepta in vita superiore *poenarum luendarum* causa natos esse dixerunt, aliquid vidisse videantur verumque sit illud quod est apud Aristotelem, simili nos affectos esse supplicio atque eos qui quondam, cum in praedonum Etruscorum manus incidissent, crudelitate excogitata necabantur, quorum corpora viva cum mortuis, adversa adversis accomodata quam artissime colligabantur: sic nostros animos cum corporibus cumulatos ut vivos cum mortuis esse coniunctos.'

11,39   animas...coniectas: cf. Poliziano, *Oratio in expositione Homeri, Op.* p. 482 *Corpus* autem *animae carcerem...* appellat (Homerus). Illa item Pythagorae in alia corpora animarum immigratio non aliunde quam ab Homero est, apud quem et equi loquuntur et homines in bestias demutantur. Cf. Plato, *Crat.* 400 c Δοκοῦσι μέντοι μοι μάλιστα θέσθαι οἱ ἀμφὶ 'Ορφέα τοῦτο τὸ ὄνομα (i.e. σῶμα), ὡς δίκην διδούσης τῆς ψυχῆς ὧν δὴ ἕνεκα δίδωσιν, τοῦτον δὲ περίβολον ἔχειν, ἵνα σώζηται, δεσμωτηρίου εἰκόνα. Cf. *Phaed.* 62 b ἔν τινι φρουρᾷ ἐσμεν οἱ ἄνθρωποι (on the meaning of φρουρᾷ (prison) cf. R. Loriaux, *Le Phédon de Platon. Commentaire et traduction,* vol. I, Namur-Gembloux 1969, pp. 59-68). Cf. *ibidem* 82 d-e. Cf. [Plato] *Axioch.* 365 e 'Ημεῖς μὲν γάρ ἐσμεν ψυχή, ζῷον ἀθάνατον ἐν θνητῷ καθειργμένον φρουρίῳ. Cf. Cic. *Tusc. disp.* I 30,74 vincla carceris (i.e. the body); *Somn. Scip.* 3,14 and Macrob. *Comm. in Somn. Scip.* I 10,6, 11,3 hi vivunt qui e *corporum* vinclis *tamquam* e *carcere* evolaverunt; Macrob. *ibidem* I 10,9 *corpora*, quibus inclusae *animae carcerem* foedum tenebris... patiuntur. Cf. Athen. *Deipnosoph.* IV 157 c, Clem. Alex. *Strom.* III 3,17,1 and Theodoret. *Graec. affect cur.* V 13-14 pp. 229,18-230,5 ed. Canivet.

Cf. Ficino, *Liber de volupt.*, *Op.* vol. I p. 988 Corpus... carcer et
sepulchrum est nobis; *Ep.* lib. I 'Consolatio in amici obitu', *Op.* vol. I p.
654; 'Tres vitae duces' etc., *ibidem* p. 658 Vitaque corporis poena est et
mors animi nuncupanda; 'De divinitate animi' etc., *ibidem* p. 660
necessarium esse videtur animis nostris ab hoc carcere discedentibus
lucem aliquam superesse; *Ep.* lib. VII 'Quam immundus sit' etc., *ibidem*
p. 837. The same theme also occurs in some Italian letters; see Kristeller,
Supplementum Ficinianum vol. II p. 163; *ibidem* p. 174 ('A una sua cugina'
etc.): e theologi e philosophi tutti vogliono che... il corpo (sia) la prigione
o sepultura in che l'uomo è legato e sepellito il primo dì che piglia 'l
corpo, et quando si parte l'anima dal corpo, non muore l'uomo, anzi si
spezza la prigione et sciogliesi el legame, apresi la sepultura in che
l'animo era occupato et obtenebrato, et torna libero allo eterno bene, se
egli esce di prigione senza debito.

    12,1-2   quanquam...potest: unlike Iamblichus, Poliziano has his
reservations regarding the Orphic-Platonist notion of the soul being in-
carcerated in the body as if in a prison, doing penance for misdeeds com-
mitted in a former life: however striking the metaphor, it is beside the
truth. As becomes clear from the next sentence, his reservations relate
only to the view that the soul does penance for misdeeds in a previous
existence. This idea belongs to the doctrine of the transmigration of souls,
a doctrine which Poliziano rejects. His ironical observation about the
'several times born and born again' Pythagoras (4,22-23) has already indicated this. The same combination of agreement and reservation is expressed in Cicero's *Hortensius* (...aliquid vidisse videantur, see August.
Contra Iul. Pelag. IV 15,78, quoted at 11,38-12,1). Lactantius calls the idea
of the transmigration of souls insane. This condemnation is characteristic
of the early Christian writers.

    Poliziano speaks of human life and the life to come in a translation ex-
ercise which he prepared for his pupil Piero (quoted at 11,12-14).

    12,3-4   omnisque...meatus: Iambl. p. 48,8-9 πᾶσι τοῖς αἰσθητικοῖς τοῦ
σώματος μέλεσιν. Cf. Calc. *Comm.* 37 p. 86,9 ed. Waszink: *sensuum omnium
qui sunt in capite septem meatus, oculorum aurium narium atque oris*;
Mart. Cap. *De nupt. Phil. et Merc.* VII 739.

    12,4   non...quam: Cic. *Hort. apud* August. *Contra Iul. Pelag.* IV 15, 78
(quoted at 11,38-12,1) simili nos affectos esse supplicio atque eos...

    12,5   cives: Verg. *Aen.* VIII 489.

    12,7-10   Mortua...necabat: Verg. *Aen.* VIII 485-8.

    12,9   fluenti: all critical editions of the *Aeneid* have 'fluentis' (-es) in-
stead of 'fluenti'. In MS γ (Gudianus fo. 70), however, the final letter of
'fluentis' has been erased (fluentiʃ: ʃ *eras.* γ): see Ribbeck's editions of
Virgil, Lipsiae 1860 and 1895, ad locum.

12,12 divinae...aurae: Hor. *Serm.* II 2,77-9 Quin corpus onustum / hesternis vitiis animum quoque praegravat una / atque adfigit humo *divinae particulam aurae.*

12,12-13 in...turbine: Iambl. p. 48,14 καίπερ ὢν ὁ βίος ἄθλιος φύσει καὶ χαλεπός. Cf. Sen. *Ep. mor.* XXXVII 5 in medio turbine rerum; Ovid, *Metam.* VII 614 tanto miserarum turbine rerum; Petrarca, *Secr.* II p. 96 ed. Carrara: in tanto rerum humanarum turbine.

12,13-14 Deus...profecto: Iambl. p. 48,16-17 Ὁ νοῦς γὰρ ἡμῶν ὁ θεός. 'For our soul is God, yea God in truth' (Del Lungo's translation 'Perocchè nostro Dio è l'anima, Dio veramente' is incorrect).

12,14-15 sive...Anaxagoras: Iambl. p. 48,17 εἴτε Ἑρμότιμος εἴτε Ἀναξαγόρας εἶπε τοῦτο. Cic. *Tusc. disp.* I 26,65 Ergo *animus*, ut ego dico, divinus est, ut *Euripides dicere audet, deus*: et quidem, si deus aut anima aut ignis est, idem est animus hominis. Cf. Eurip. ὁ νοῦς γὰρ ἡμῶν ἐστιν ἐν ἑκάστῳ θεός (*Tragic. Graec. Fragm.* ed. Nauck, Lipsiae 1889², fr. 1018 pp. 684-5; it is not known to which tragedy this verse belongs). Euripides (485/80-406 BC) and Anaxagoras (500/496-428 BC) were contemporaries. Hermotimus of Clazomenai was a legendary philosopher of antiquity.

Cf. Arist. *Eth. Nicom.* X 7, 1177 a Εἴτε δὴ νοῦς τοῦτο εἴτε ἄλλο τι, ὃ δὴ κατὰ φύσιν δοκεῖ ἄρχειν καὶ ἡγεῖσθαι καὶ ἔννοιαν ἔχειν περὶ καλῶν καὶ θείων, εἴτε θεῖον ὂν καὶ αὐτὸ εἴτε τῶν ἐν ἡμῖν τὸ θειότατον, ἡ τούτου ἐνέργεια κατὰ τὴν οἰκείαν ἀρετὴν εἴη ἂν ἡ τελεία εὐδαιμονία.

12,16-21 At...poterimus: paraphrase of Iambl. *Protrept.* 9 p. 53,15-54,5 Οὐδὲν οὖν δεινόν, ἂν μὴ φαίνηται χρησίμη οὖσα μηδ' ὠφέλιμος (ἡ φρόνησις)· οὐ γὰρ ὠφέλιμον ἀλλ' ἀγαθὴν αὐτὴν εἶναί φαμεν, οὐδὲ δι' ἕτερον ἀλλὰ δι' ἑαυτὴν αἱρεῖσθαι αὐτὴν προσήκει. Ὥσπερ γὰρ εἰς Ὀλυμπίαν αὐτῆς ἕνεκα τῆς θέας ἀποδημοῦμεν, καὶ εἰ μηδὲν μέλλοι πλεῖον ἀπ' αὐτῆς ἔσεσθαι (αὐτὴ γὰρ ἡ θεωρία κρείττων πολλῶν ἐστι χρημάτων), καὶ τὰ Διονύσια δὲ θεωροῦμεν οὐχ ὡς ληψόμενοί τι παρὰ τῶν ὑποκριτῶν ἀλλὰ καὶ προσθέντες, πολλάς τε ἄλλας θέας ἑλοίμεθα <ἂν> ἀντὶ πολλῶν χρημάτων· οὕτω καὶ τὴν θεωρίαν τοῦ παντὸς προτιμητέον πάντων τῶν δοκούντων εἶναι χρησίμων. Οὐ γὰρ δήπου ἐπὶ μὲν ἀνθρώπους μιμουμένους γύναια καὶ δούλους, τοὺς δὲ μαχομένους καὶ θέοντας, δεῖ πορεύεσθαι μετὰ πολλῆς σπουδῆς ἕνεκα τοῦ θεάσασθαι αὐτούς, τὴν δὲ τῶν ὄντων φύσιν καὶ τὴν ἀλήθειαν οὐκ οἴεσθαι δεῖν θεωρεῖν ἀμισθί.

12,20-21 naturam...poterimus: 'but are we going to be unable to bring ourselves to watch the universe itself, magnificent though it is, just because we are not being paid for it?' In other words: 'We all flock together, unpaid, to watch a show. We should be even readier, then, to watch the universe itself, magnificent as it is, despite being paid nothing for it.' (Del Lungo's translation 'e al solenne spettacolo della natura universale ci dorrà assistere gratuitamente?' is incorrect.)

12,21-25   At...sentiant: paraphrase of Iambl. *Protrept.* 10 p. 56,2-12
Ἔστι μὲν οὖν θεωρητικὴ ἥδε ἡ ἐπιστήμη, παρέχει δ᾽ ἡμῖν τὸ
δημιουργεῖν κατ᾽ αὐτὴν ἅπαντα. Ὥσπερ γὰρ ἡ ὄψις ποιητικὴ μὲν καὶ
δημιουργὸς οὐδενός ἐστι (μόνον γὰρ αὐτῆς ἔργον ἐστὶ τὸ κρίνειν καὶ δηλοῦν
ἕκαστον τῶν ὁρατῶν), ἡμῖν δὲ παρέχει τὸ πράττειν τι δι᾽ αὐτὴν καὶ βοηθεῖ πρὸς
τὰς πράξεις ἡμῖν τὰ μέγιστα (σχεδὸν γὰρ ἀκίνητοι παντελῶς ἂν εἶμεν
στερηθέντες αὐτῆς), οὕτω δῆλον ὅτι καὶ τῆς ἐπιστήμης θεωρητικῆς οὔσης μυρία
πράττομεν κατ᾽ αὐτὴν ὅμως ἡμεῖς, καὶ τὰ μὲν λαμβάνομεν τὰ δὲ φεύγομεν τῶν
πραγμάτων, καὶ ὅλως πάντα τὰ ἀγαθὰ δι᾽ αὐτὴν κτώμεθα.

12,21   nihil agit philosophia: 'philosophy does not do anything, is
not active' (Del Lungo's rendering 'è oziosa' is too negative).

12,22   modum...officio: philosophy 'prescribes for every man how
he should perform his task'.

12,26-13,36   At...reges: paraphrase of Iambl. *Protrept.* 14 p. 72,11-75,2
and 14-17. Iamblichus himself took this part of his discourse from Plato,
Theaet. 173 c-175 d (the only alteration which he permitted himself was
to leave out the reactions of Socrates' interlocutor).

12,26-32   At...Cyrenis: Iambl. 14 p. 72,9-21 Δεῖ δὲ καὶ ἀπὸ τοῦ βίου
τῶν κορυφαίων ἐν φιλοσοφίᾳ ἀνδρῶν ἑπομένως ταῖς Πυθαγόρου ὑποθήκαις
ποιήσασθαι τὴν προτροπήν. Οἱ γὰρ τοιοῦτοί που ἐκ νέων πρῶτον μὲν εἰς ἀγορὰν
οὐκ ἴσασι τὴν ὁδόν, οὐδὲ ὅπου δικαστήριον ἢ βουλευτήριον ἤ τι κοινὸν ἄλλο
τῆς πόλεως συνέδριον, νόμους δὲ καὶ ψηφίσματα λεγόμενα ἢ γεγραμμένα οὔτε
ὁρῶσιν οὔτε ἀκούουσι· σπουδαὶ δὲ ἑταιρειῶν ἐπ᾽ ἀρχὰς καὶ σύνοδοι καὶ δεῖπνα
καὶ σὺν αὐλητρίσι κῶμοι, οὐδὲ ὄναρ πράττειν προσίσταται αὐτοῖς. Εὖ δὲ ἢ
κακῶς τις γέγονεν ἐν πόλει, ἢ τί τῳ κακόν ἐστιν ἐκ προγόνων γεγονὸς ἢ πρὸς
ἀνδρῶν ἢ γυναικῶν, μᾶλλον αὐτὸν λέληθεν ἢ οἱ τῆς θαλάττης λεγόμενοι χόες.

12,26   secors: 'sluggish, inactive' (Del Lungo's translation 'in-
sociévole' is incorrect).

12,29   comessationes: Iambl. p. 72,17 κῶμοι: 'revels, carouses' (Del
Lungo's translation 'merende' is incorrect).

12,31-32   quantus...Cyrenis: Iambl. p. 72,21 οἱ τῆς θαλάττης
λεγόμενοι χόες. Cat. *Carm.* 7,1-4 Quaeris, quot mihi basationes / tuae,
Lesbia, sint satis superque. / Quam magnus numerus *Libyssae harenae /
lasarpiciferis iacet Cyrenis...* In a marginal note in an edition of Catullus and
other poets (now in the Biblioteca Corsiniana) Poliziano refers in explanation of 'lasarpiciferis Cyrenis' to Pliny, *Nat. hist.* XIX 15,1-2 (cf.
Maïer, *Ange Politien* p. 127).

12,32-37   Adde...pedes: Iambl. 14 p. 73,4-14 ...εἰς τῶν ἐγγὺς οὐδὲν
ἑαυτὴν συγκαθιεῖσα (ἡ διάνοια). Ὥσπερ δὴ καὶ Θαλῆν ἀστρονομοῦντα καὶ
ἀναβλέποντα πεσόντα εἰς φρέαρ Θρᾷττά τις ἐμμελὴς καὶ χαρίεσσα θεραπαινὶς
ἀποσκῶψαι λέγεται, ὡς τὰ μὲν ἐν οὐρανῷ προθυμοῖτο εἰδέναι, τὰ δὲ ὄπισθεν
αὐτοῦ καὶ παρὰ πόδας λανθάνοι αὐτόν. Ταὐτὸν δὲ ἀρκεῖ σκῶμμα ἐπὶ

πάντας ὅσοι ἐν φιλοσοφίᾳ διάγουσι. Τῷ γὰρ ὄντι τὸν τοιοῦτον ὁ μὲν πλησίον καὶ ὁ γείτων λέληθεν, οὐ μόνον ὅ τι πράττει, ἀλλ᾽ ὀλίγου καὶ <εἰ> ἄνθρωπός ἐστιν ἤ τι ἄλλο θρέμμα.

12,33 nec...ater: Iambl. 14 p. 73,12-13 λέληθεν, οὐ μόνον ὅ τι πράττει, ἀλλ᾽ ὀλίγου καὶ <εἰ> ἄνθρωπός ἐστιν. Cat. *Carm.* 93 Nil nimium studeo, Caesar, tibi velle placere, /nec scire utrum sis albus an ater homo. Quint. *Inst. orat.* XI 1,38 negat se magni facere aliquis poetarum *utrum* Caesar ater an albus homo sit. Cf. Cic. *Phil.* II 16,41 and Apul. *Apol.* 16.

12,37 non...pedes: Iambl. 14 p. 73,9-10 τὰ δὲ ὄπισθεν αὐτοῦ καὶ παρὰ πόδας λανθάνοι αὐτόν. Don. *Comm. Ter. Adelph.* 386 *Non quod ante pedes modo est videre*: hoc sumpsit poeta de illo in physicum pervulgato *ancillae* dicto '*quod ante pedes est, non vident: caeli* scrutantur plagas'. Poliziano quotes Ter. *Adelph.* 385-8 in his *Pro Epicteto Stoico epistola* (an attack on Bartolomeo Scala), *Op.* p. 407. Cic. *Tusc. disp.* V 39,114 cum alii saepe *quod ante pedes esset non viderent*, ille (Democritus) in infinitatem omnem peregrinabatur. Cf. Ennius *apud* Cic. *De divin.* II 13,30 *Quod est ante pedes* nemo spectat, caeli scrutantur plagas.

12,37-13,4 Ergo...baculo: Iambl. 14 p. 73,17-23 Τοιγάρτοι ἰδίᾳ τε συγγιγνόμενος ὁ τοιοῦτος ἑκάστῳ καὶ δημοσίᾳ, ὅταν ἐν δικαστηρίῳ ἤ που ἄλλοθι ἀναγκασθῇ περὶ τῶν παρὰ πόδας καὶ τῶν ἐν ὀφθαλμοῖς διαλέγεσθαι, γέλωτα παρέχει οὐ μόνον Θρᾴτταις ἀλλὰ καὶ τῷ ἄλλῳ ὄχλῳ, εἰς φρέατά τε καὶ πᾶσαν ἀπορίαν ἐμπίπτων ὑπὸ ἀπειρίας, καὶ ἡ ἀσχημοσύνη δεινή, δόξαν ἀβελτηρίας παρεχομένη. and p. 75,14-18 Ἰλιγγιῶν τε ἀπὸ ὑψηλοῦ κρεμασθεὶς καὶ βλέπων μετέωρος ἄνωθεν ὑπὸ ἀηθείας ἀδημονῶν τε καὶ ἀπορῶν καὶ βαρβαρίζων γέλωτα Θρᾴτταις μὲν οὐ παρέχει οὐδ᾽ ἄλλῳ ἀπαιδεύτῳ οὐδενί (οὐδὲ γὰρ αἰσθάνονται), τοῖς δὲ ἐναντίως ἤ ὡς ἀνδραπόδοις τραρεῖσι πᾶσιν. In the second fragment Iamblichus (i.e. Plato) speaks of the man of the world who finds himself forced into the exalted position of the unworldly philosopher. Poliziano applies this description to the philosopher who is forced to associate with the vanities of the sublunary.

12,38-39 in...contionem: Iambl. p. 73,18 ἐν δικαστηρίῳ ἤ που ἄλλοθι and p. 72,13-14 (quoted at 12,26-32) δικαστήριον ἤ βουλευτήριον ἤ τι κοινὸν ἄλλο τῆς πόλεως συνέδριον.

12,39-13,1 quae...sint: Iambl. p. 73,19-20 τῶν παρὰ πόδας καὶ τῶν ἐν ὀφθαλμοῖς. Verg. *Aen.* XI 311 ante oculos interque manus sunt omnia vestras.

13,1-2 haesitet...vespertilio: Iambl. p. 75,14-16 Ἰλιγγιῶν... βαρβαρίζων. The philosopher confronted with matters of practicality meets the same fate as a bird caught by bird lime or a bat blinded by the sunlight. Poliziano's similes are inspired both by the words ἀπὸ ὑψηλοῦ κρεμασθεὶς καὶ βλέπων μετέωρος ἄνωθεν (p. 75,14-15) and at the same time by Plato's comparison of the philosopher investigating the nature of things to a bird in the sky (*Phaedr.* 249 d ὄρνιθος δίκην βλέπων ἄνω, τῶν κάτω δὲ ἀμελῶν. *Theaet.* 173 e πανταχῇ πέτεται (quoted in Iambl. 14 p. 73,1, cf. at 13,21-26 below)).

13,1-2 caliget...quasi ad solem vespertilio: cf. Ficino, *Ep.* lib. XII ('Apologia in librum suum De sole et lumine', *Op.* vol. I p. 949) Vespertilionibus...sub lumine caligantibus caecutientibusque.

13,3-4 lascivis...baculo: Iambl. p. 73,21 τῷ ἄλλῳ ὄχλῳ and p. 75,17-18 τοῖς δὲ ἐναντίως ἢ ὡς ἀνδραπόδοις τραφεῖσι πᾶσιν. Hor. *Serm.* I 3,133-4 Vellunt tibi *barbam / lascivi pueri*: quos tu nisi fuste coerces, / urgeris turba circum te stante. Porphyr. *Comm. in Hor. Serm.* ad locum: Quomodo rex es, inquit, Stoice, cum petulantiam puerorum barbam tibi vellentium non aliter possis repellere quam vi, id est *baculo* tuo?

13,4 barbam...suam: 'that typical philosopher's beard of his'. A beard was an unmistakable mark of the philosopher (cf. 8,28-29).

13,4-11 Quod...delirus: Iambl. p. 73,23-75,2 Ἔν τε γὰρ ταῖς λοιδορίαις ἴδιον ἔχει οὐδὲν οὐδένα λοιδορεῖν αὐτὸς οὐκ εἰδὼς κακὸν οὐδὲν οὐδενὸς ἐκ τοῦ μὴ μεμελετηκέναι· ἀπορῶν οὖν γελοῖος φαίνεται· ἔν τε τοῖς ἐπαίνοις καὶ ταῖς τῶν ἄλλων μεγαλαυχίαις οὐ προσποιήτως, ἀλλὰ τῷ ὄντι γελῶν ἔνδηλος γινόμενος ληρώδης δοκεῖ εἶναι. Τύραννόν τε γὰρ ἢ βασιλέα ἐγκωμιαζόμενον ἕνα τῶν νομέων οἷον συβώτην ἢ ποιμένα ἤ τινα βουκόλον ἡγεῖται ἀκούειν εὐδαιμονιζόμενον πολὺ βδάλλοντα γάλα, δυσκολώτερον δὲ ἐκείνων ζῷον καὶ ἐπιβουλότερον ποιμαίνειν τε καὶ βδάλλειν νομίζει αὐτούς, ἀγροῖκον δὲ καὶ ἀπαίδευτον ὑπὸ ἀσχολίας οὐδὲν ἧττον τῶν νομέων τὸν τοιοῦτον ἀναγκαῖον γίγνεσθαι, σηκὸν ἐν ὄρει τὸ τεῖχος περιβεβλημένον. Γῆς δὲ ὅταν μυρία πλέθρα ἢ ἔτι πλείω ἀκούσῃ ὥς τις ἄρα κεκτημένος θαυμαστὰ πλήθει κέκτηται, πάνσμικρα δοκεῖ ἀκούειν, εἰς ἅπασαν εἰωθὼς τὴν γῆν βλέπειν. Τὰ δὲ δὴ γένη ὑμνούντων, ὡς γενναῖός τις ἑπτὰ πάππους πλουσίους ἔχων ἀποφῆναι, παντάπασιν ἀμβλὺ καὶ ἐπὶ σμικρὸν ὁρώντων ἡγεῖται τὸν ἔπαινον, ὑπὸ ἀπαιδευσίας οὐ δυναμένων εἰς τὸ πᾶν ἀεὶ βλέπειν οὐδὲ λογίζεσθαι ὅτι πάππων καὶ προγόνων μυριάδες ἑκάστῳ γεγόνασιν ἀναρίθμητοι, ἐν αἷς πλούσιοι καὶ πτωχοὶ καὶ βασιλεῖς καὶ δοῦλοι βάρβαροί τε καὶ Ἕλληνες πολλάκις μυρίοι γεγόνασιν ὁτῳοῦν, ἀλλ' ἐπὶ πέντε καὶ εἴκοσι καταλόγῳ προγόνων σεμνυνομένων καὶ ἀναφερόντων εἰς Ἡρακλέα τὸν Ἀμφιτρύωνος. <ἄτοπα αὐτῷ καταφαίνεται τῆς σμικρολογίας, ὅτι δὲ ὁ ἀπ' Ἀμφιτρύωνος> εἰς τὸ ἄνω <πεντεκαιεικοστὸς> τοιοῦτος ἦν οἷα συνέβαινεν αὐτῷ τύχῃ, καὶ ὁ πεντηκοστὸς ἀπ' αὐτοῦ, γελᾷ οὐ δυναμένων λογίζεσθαί τε καὶ χαυνότητα ἀνοήτου ψυχῆς ἀπαλλάττειν. Ἐν ἅπασι δὴ τούτοις ὁ τοιοῦτος ὑπὸ τῶν πολλῶν καταγελᾶται, τὰ μὲν ὑπερηφάνως ἔχων, ὡς δοκεῖ, τὰ δ' ἐν ποσὶν ἀγνοῶν τε καὶ ἐν ἑκάστοις ἀπορῶν.

13,11 delirus: Iambl. p. 75,1-2 τὰ δ' ἐν ποσὶν ἀγνοῶν τε καὶ ἐν ἑκάστοις ἀπορῶν. Cf. Plato, *Phaedr.* 249 d Ἔστι δὴ οὖν δεῦρο ὁ πᾶς ἥκων λόγος περὶ τῆς τετάρτης μανίας· ἥν, ὅταν τὸ τῇδέ τις ὁρῶν κάλλος, τοῦ ἀληθοῦς

ἀναμιμνησκόμενος, πτερῶται, ἀναπτερούμενός τε καὶ προθυμούμενος
ἀναπτέσθαι ἀδυνατῶν δέ, ὄρνιθος δίκην βλέπων ἄνω, τῶν κάτω δὲ ἀμελῶν,
αἰτίαν ἔχει ὡς μανικῶς διακείμενος.

13,12 non...laudatus: Sen. *De brevit. vit.* 5,1 (persons who occupy
desirable positions in society not uncommonly hanker after an opportunity to occupy themselves with philosophy. Thus it was with Cicero
too:) quotiens illum ipsum consulatum suum *non sine causa sed sine fine
laudatum* detestatur!

13,14 veriora veris: Martial. *Epigr.* VI 30,6 Vis dicam tibi veriora
veris?

13,14-16 Nescit...despicit: Iambl. 14 p. 72,11-14, 18-21 and 25-p. 73,1
Οἱ γὰρ τοιοῦτοί που ἐκ νέων πρῶτον μὲν εἰς ἀγορὰν οὐκ ἴσασι τὴν ὁδόν, οὐδὲ
ὅπου δικαστήριον ἢ βουλευτήριον ἤ τι κοινὸν ἄλλο τῆς πόλεως συνέδριον...
Εὖ δὲ ἢ κακῶς τις γέγονεν ἐν πόλει, ἢ τί τῷ κακόν ἐστιν ἐκ προγόνων γεγονὸς
ἢ πρὸς ἀνδρῶν ἢ γυναικῶν, μᾶλλον αὐτὸν λέληθεν ἢ οἱ τῆς θαλάττης λεγόμενοι
χόες. ...ἡ δὲ διάνοια, ταῦτα πάντα ἡγησαμένη σμικρὰ καὶ οὐδέν, ἀτιμάσασα
πανταχῇ πέτεται.

13,15 hominum conventicula: Iambl. p. 72,14 κοινὸν... τῆς πόλεως
συνέδριον. Cic. *Pro Sest.* 42,91 conventicula hominum, quae postea
civitates nominatae sunt.

13,15-16 Partim...pusilla: Iambl. p. 72,25 ταῦτα πάντα ἡγησαμένη
σμικρὰ καὶ οὐδέν. 'Those are matters that do not concern him, he finds;
moreover, they are also too tiny and petty for him' (Del Lungo's translation 'reputandosi ad *alcune di tali cose* estraneo, ad *altre* superiore' is incorrect).

13,18-21 Themistocles...Themistocles: Plut. *Vit., Themist.* 18,2 Τῶν
δὲ νεκρῶν τοὺς ἐκπεσόντας ἐπισκοπῶν παρὰ τὴν θάλατταν, ὡς εἶδε
περικειμένους ψέλια χρυσᾶ καὶ στρεπτούς, αὐτὸς μὲν παρῆλθε, τῷ δ' ἑπομένῳ
φίλῳ δείξας εἶπεν· 'ἀνελοῦ σαυτῷ· σὺ γὰρ οὐκ εἶ Θεμιστοκλῆς.' Amm. Marc.
Rer. gest. XXX 8,8 Themistoclis illius... qui cum post pugnam agminaque
deleta Persarum, licenter obambulans, *armillas aureas* vidisset humi pro-
iectas et torquem, 'Tolle' inquit 'haec', ad *comitum quendam* prope
adstantem versus, 'quia *Themistocles non es*', quodlibet spernens in duce
magnanimo lucrum.

13,21-26 Ita...suas: Iambl. 14 p. 72,22-73,5 Καὶ ταῦτα πάντα οὐδ' ὅτι
οὐκ οἶδεν, οἶδεν· οὐδὲ γὰρ αὐτῶν ἀπέχεται τοῦ εὐδοκιμεῖν χάριν, ἀλλὰ τῷ ὄντι
τὸ σῶμα μόνον ἐν τῇ πόλει κεῖται αὐτοῦ καὶ ἐπιδημεῖ, ἡ δὲ διάνοια, ταῦτα
πάντα ἡγησαμένη σμικρὰ καὶ οὐδέν, ἀτιμάσασα πανταχῇ πέτεται κατὰ
Πίνδαρον τά τε γᾶς ὑπένερθε καὶ τὰ ἐπίπεδα γεωμετροῦσα, οὐρανοῦ
τε ὕπερ ἀστρονομοῦσα καὶ πᾶσαν πάντῃ φύσιν ἐρευνωμένη τῶν ὄντων ἑκάστου
ὅλου, εἰς τῶν ἐγγὺς οὐδὲν ἑαυτὴν συγκαθιεῖσα.

13,22 interdum: once again Poliziano puts into perspective a categorical statement by Iamblichus (p. 72,22). A philosopher, he says, is *sometimes* completely unworldly. (Del Lungo leaves 'interdum' untranslated.)

13,23 Peregrinatur...animus: Iambl. p. 72,25-73,1 ἡ δὲ διάνοια... πανταχῇ πέτεται. Cic. *De nat. deor.* I 20,54 immensam et interminatam in omnis partis magnitudinem regionum... in quam se iniciens *animus* et intendens ita late longeque *peregrinatur* ut nullam tamen oram ultimi videat in qua possit insistere.

13,23-24 multa...tractus: Iambl. p. 73,1-3 πέτεται... ἀστρονομοῦσα. Poliziano renders the fragment of Pindar quoted in the *Protrepticus* with verses by Horace on the subject of Pindar's poetry: Hor. *Carm.* IV 2,25-7 Multa Dircaeum levat aura cycnum, / tendit, Antoni, quotiens in altos / nubium tractus.

13,25 caeli...mensor: Iambl. p. 73,2-3 τὰ ἐπίπεδα... ἀστρονομοῦσα. Hor. *Carm.* I 28,1-2 Te maris et *terrae* numeroque carentis harenae / *mensorem...* Archyta.

13,25-26 dum...suas: Iambl. p. 73,1-5 πανταχῇ... συγκαθιεῖσα. Ovid, *Trist.* II 215-18 utque deos caelumque sublime tuenti / non vacat exiguis rebus adesse Iovi, / de te pendentem sic *dum circumspicis orbem,* / *effugiunt curas inferiora tuas.* [Verg.] *Ciris* 16 unde hominum errores *longe lateque* per *orbem* / despicere atque humilis possem contemnere *curas.*

13,26-36 An...reges: Iambl. 14 p. 74,2-27 Τύραννόν τε γὰρ ἢ βασιλέα ἐγκωμιαζόμενον ἕνα τῶν νομέων οἷον συβώτην ἢ ποιμένα ἤ τινα βουκόλον ἡγεῖται ἀκούειν εὐδαιμονιζόμενον πολὺ βδάλλοντα γάλα, δυσκολώτερον δὲ ἐκείνων ζῷον καὶ ἐπιβουλότερον ποιμαίνειν τε καὶ βδάλλειν νομίζει αὐτούς, ἀγροῖκον δὲ καὶ ἀπαίδευτον ὑπὸ ἀσχολίας οὐδὲν ἧττον τῶν νομέων τὸν τοιοῦτον ἀναγκαῖον γίγνεσθαι, σηκὸν ἐν ὄρει τὸ τεῖχος περιβεβλημένον. Γῆς δὲ ὅταν μυρία πλέθρα ἢ ἔτι πλείω ἀκούσῃ ὥς τις ἄρα κεκτημένος θαυμαστὰ πλήθει κέκτηται, πάνσμικρα δοκεῖ ἀκούειν, εἰς ἅπασαν εἰωθὼς τὴν γῆν βλέπειν. Τὰ δὲ δὴ γένη ὑμνούντων, ὡς γενναῖός τις ἑπτὰ πάππους πλουσίους ἔχων ἀποφῆναι, παντάπασιν ἀμβλὺ καὶ ἐπὶ σμικρὸν ὁρώντων ἡγεῖται τὸν ἔπαινον, ὑπὸ ἀπαιδευσίας οὐ δυναμένων εἰς τὸ πᾶν ἀεὶ βλέπειν οὐδὲ λογίζεσθαι ὅτι πάππων καὶ προγόνων μυριάδες ἑκάστῳ γεγόνασιν ἀναρίθμητοι, ἐν αἷς πλούσιοι καὶ πτωχοὶ καὶ βασιλεῖς καὶ δοῦλοι βάρβαροί τε καὶ Ἕλληνες πολλάκις μυρίοι γεγόνασιν ὁτῳοῦν, ἀλλ᾽ ἐπὶ πέντε καὶ εἴκοσι καταλόγῳ προγόνων σεμνυνομένων καὶ ἀναφερόντων εἰς Ἡρακλέα τὸν Ἀμφιτρύωνος. <ἄτοπα αὐτῷ καταφαίνεται τῆς σμικρολογίας, ὅτι δὲ ὁ ἀπ᾽ Ἀμφιτρύωνος> εἰς τὸ ἄνω <πεντεκαιεικοστὸς> τοιοῦτος ἦν οἷα συνέβαινεν αὐτῷ τύχη, καὶ ὁ πεντηκοστὸς ἀπ᾽ αὐτοῦ, γελᾷ οὐ δυναμένων λογίζεσθαί τε καὶ χαυνότητα ἀνοήτου ψυχῆς ἀπαλλάττειν.

13,27 subulcum...busequam: Iambl. p. 74,3-4 συβώτην ἢ ποιμένα ἢ τινα βουκόλον. Cf. Apul. *Apol.* 10,6; *Flor.* 3,3 upilio seu busequa; *Metam.* VIII 1 Equisones opilionesque et busequae; Cato, *De agri cult.* 10,1 = Varro, *Rer. rust.* I 18,1 bubulcos III, asinarium I, subulcum I, opilionem I; Sidon. *Ep.* I 6,3 busequas rusticanos subulcosque.

13,31-32 cui...videtur: Iambl. p. 74,11-12 πάνσμικρα... βλέπειν. Cic. *Tusc. disp.* I 17,40 Persuadent enim mathematici *terram* in medio mundo sitam ad universi caeli complexum quasi *puncti instar* obtinere, quod κέντρον illi vocant.

13,32-36 An...reges: Iambl. p. 74,12-27 Τὰ δὲ δή... ἀπαλλάττειν. Sen. *Ep. mor.* V 44,1-5 Si quid est aliud in philosophia boni, hoc est, quod *stemma* non inspicit: omnes, si ad *originem* primam revocantur, a dis sunt... Nec reicit quemquam philosophia nec eligit: omnibus lucet... Omnibus nobis totidem ante nos sunt: nullius non *origo* ultra memoriam iacet. Platon ait **neminem** *regem non ex servis esse* **oriundum**, **neminem** *servum non* ex *regibus* (cf. *Theaet.* 174 e-175 a). *Omnia ista longa* varietas *miscuit* et sursum deorsum fortuna versavit. Quis est *generosus?* Ad virtutem bene a natura compositus... A primo mundi ortu usque in hoc tempus perduxit nos ex splendidis sordidisque alternata *series.*

13,36-37 Omnia...miscuit: Sen. *Ep. mor.* V 44,4 (quoted above) Omnia ista longa varietas miscuit.

13,38 imaginem...Iamblichi: Iamblichus borrowed the allegory of the cave (*Protrept.* 15) from Plato, *Polit.* VII 514 a-517 c. On the fifteenth-century translations of the *Protrepticus* and the *Politeia* cf. the introduction pp. xxv-xxvi and xxx. Poliziano's translation of this allegory is based on Iamblichus's version. He had, after all, used the *Protrepticus* as a source throughout the preceding part of his oration (9,23 ff.). The way he introduces Iamblichus, mentioning him here by name for the first time, is curious, appearing as it does to suggest that here Poliziano is using the work of Iamblichus for the first time.

13,38-39 Iamblichi...solet: Iamblichus is called θειότατος in Julian, *Ep.* 98 p. 182,20 ed. Bidez and Proclus, *In Plat. Tim. comm.* I p. 77,24-5 ed. Diehl. Poliziano means the epithet θεῖος, which is indeed conspicuously often attached to the name Iamblichus (though it would be an exaggeration to suggest that all the Greek authors who quote him always give him some honorary title): Julian, *Ep.* 12 p. 19,8 ed. Bidez; Syrian, *In Metaph. comm.* ed. Kroll (*C.A.G.* vol. VI 1) p. 38,38, 103,6-7 and 140,14-15; Herm. Alex. *In Plat. Phaedr. schol.* ed. Couvreur p. 113,25, 136,17, 143,23-4, 150,24 and 215,12-13; Proclus, *In Plat. theol.* ed. Aemilius Portus I 11 p. 28,5-6, III 11 p. 140,15-16, III 13 p. 142,48-9, IV 16 p. 216,1 and

V 30 p. 313,12; Proclus, *In Plat. Tim. comm.* ed. Diehl *passim, In Alcib.* ed.
Westerink 11,12, 25,20, 84,1, 88,11 and 126,23; Anon. *Proleg. philos. Plat.*
26 p. 47 ed. Westerink; Damasc. *In Phileb.* 227 p. 107 ed. Westerink;
Damasc. *Dubit. et solut. de prim. princip.* ed. Ruelle vol. I p. 291,23 and II
p. 256, 24; Ammon. *In Arist. De interpret.* ed. Busse (*C.A.G.* vol. IV 5) p.
135,14 and 202,4; Simpl. *In Arist. De caelo* ed. Heiberg (*C.A.G.* vol. VII)
p. 1,24, 169,2-3 and 564,11; Simpl. *In Arist. Phys. libr. comm.* ed. Diels
(*C.A.G.* vol. IX) p. 639,23, 642,18, 786,11 and 795,3; Simpl. *In libr. Arist.
De an. comm.* ed. Hayduck (*C.A.G.* vol. XI) p. 313,2; Simpl. *In Arist. Categ.
comm.* ed. Kalbfleisch (*C.A.G.* vol. VIII) *passim*; Philop. *In Arist. Analyt.
priora comm.* ed. Wallies (*C.A.G.* vol. XIII 2) p. 26,5; Olympiod. *Proleg. et
in Categ. comm.* ed. Busse (*C.A.G.* vol. XII 1) p. 19,36-7; Olympiod. *Schol.
in Plat. Alcib.* ed. Westerink p. 73,14. (*C.A.G. =Commentaria in Aristotelem
Graeca*)

13,39-15,33   Finge...unguibus: Iambl. *Protrept.* 15 p. 78,1-82,9

Μετὰ ταῦτα δὴ ἀπεικάσαι δεῖ τοιούτῳ πάθει
τὴν ἡμετέραν φύσιν παιδείας τε πέρι καὶ ἀπαιδευσίας.
Ἰδὲ γὰρ ἀνθρώπους οἷον ἐν καταγείῳ οἰκήσει σπηλαιώ-
δει, ἀναπεπταμένην πρὸς τὸ φῶς τὴν εἴσοδον ἐχούσῃ
5   μακρὰν παρὰ πᾶν τὸ σπήλαιον, ἐν ταύτῃ ἐκ παίδων
ὄντας ἐν δεσμοῖς καὶ τὰ σκέλη καὶ τοὺς αὐχένας, ὥστε
μένειν τε αὐτοὺς εἴς τε τὸ πρόσθεν μόνον ὁρᾶν, κύκλῳ
δὲ τὰς κεφαλὰς ὑπὸ τοῦ δεσμοῦ ἀδυνάτους περιάγειν,
φῶς δὲ αὐτοῖς πυρὸς ἄνωθεν καὶ πόρρωθεν καόμενον
10   ὄπισθεν αὐτῶν, μεταξὺ δὲ τοῦ πυρὸς καὶ τῶν δεσμω-
τῶν ἐπάνω ὁδόν, παρ' ἣν εἶναι τειχίον ᾠκοδομημένον,
ὥσπερ τοῖς θαυματοποιοῖς πρὸ τῶν ἀνθρώπων πρόκειται τὰ παραφράγματα, ὑπέρ ὧν·τὰ θαύματα δεικνύουσιν. Ἔτι τοίνυν ὅρα παρὰ τοῦτο τὸ τειχίον φέ-
15   ροντας ἀνθρώπους σκεύη τε παντοδαπὰ ὑπερέχοντα τοῦ
τειχίου καὶ ἀνδριάντας καὶ ἄλλα ζῷα λίθινά τε καὶ
ξύλινα καὶ παντοῖα εἰργασμένα, οἷον εἰκός, τοὺς μὲν
φθεγγομένους, τοὺς δὲ σιγῶντας τῶν παραφερόντων.
Τὴν δὴ ἄτοπον εἰκόνα ταύτην καὶ τοὺς δεσμώτας τοὺς
20   ἀτόπους θὲς εἶναι ὁμοίους ἡμῖν. Τοὺς γὰρ τοιούτους
πρῶτον μὲν ἑαυτῶν τε καὶ ἀλλήλων οἴει ἄν τι ἑωρα-
κέναι ἄλλο πλὴν τὰς σκιὰς τὰς ὑπὸ τοῦ πυρὸς εἰς τὸ
κατ' ἀντικρὺ αὐτῶν τοῦ σπηλαίου προσπιπτούσας;
Οὐδὲν ἄλλο. Πῶς γάρ, εἰ ἀκινήτους γε τὰς κεφαλὰς
25   ἔχειν ἠναγκασμένοι εἶεν διὰ βίου; Τί δὲ τῶν παρα-
φερομένων; Οὐ ταὐτὸν τοῦτο; Τί μήν; Εἰ οὖν διαλέγεσθαι οἷοί τ' εἶεν πρὸς ἀλλήλους, οὐ ταῦτα ἡγῇ

p. 79 ἂν τὰ ὄντα αὐτοὺς ὀνομάζειν, ἅπερ ὁρῷεν; Ἀνάγκη.
Τί δ'; Εἰ καὶ ἠχὼ τὸ δεσμωτήριον ἐκ τοῦ κατ' ἀντικρύ
ἔχοι, ὁπότε τις τῶν παριόντων φθέγξαιτο, οἴει ἂν ἄλλο
τι αὐτοὺς ἡγεῖσθαι τὸ φθεγγόμενον ἢ τὴν παριοῦσαν
5 σκιάν; Οὐδέν ἄλλο. Παντάπασι δὴ οὖν οἱ τοιοῦτοι
οὐκ ἂν ἄλλο τι νομίζοιεν τὸ ἀληθὲς ἢ τὰς τῶν σκευ-
αστῶν σκιάς. Πολλὴ ἀνάγκη. Σκόπει οὖν αὐτῶν λύσιν
τε καὶ ἴασιν τῶν τε δεσμῶν καὶ τῆς ἀφροσύνης, οἵα
τις ἂν εἴη, εἰ φύσει τοιάδε ξυμβαίνοι αὐτοῖς· ὁπότε
10 τις λυθείη καὶ ἀναγκάζοιτο ἐξαίφνης ἀνίστασθαί τε
καὶ περιάγειν τὸν αὐχένα καὶ βαδίζειν καὶ πρὸς τὸ
φῶς ἀναβλέπειν, πάντα δὲ ταῦτα ποιῶν ἀλγοῖ τε καὶ
διὰ τὰς μαρμαρυγὰς ἀδυνατοῖ καθορᾶν ἐκεῖνα ὧν
τότε τὰς σκιὰς ἑώρα, τί ἂν οἴει αὐτὸν εἰπεῖν, εἴ τις
15 αὐτῷ λέγοι ὅτι τότε μὲν ἑώρα φλυαρίας, νῦν δὲ μᾶλλόν
τι ἐγγυτέρω τοῦ ὄντος καὶ πρὸς μᾶλλον ὄντα τετραμμένος ὀρθότερον βλέποι, καὶ δὴ καὶ ἕκαστον τῶν
παριόντων δεικνὺς αὐτῷ ἀναγκάζοι ἐρωτῶν ἀποκρίνασθαι ὅ τι ἐστίν; Οὐκ οἴει αὐτὸν ἀπορεῖν τε ἂν καὶ
20 ἡγεῖσθαι τὰ τότε ὁρώμενα ἀληθέστερα ἢ τά νῦν δει-
κνύμενα; Πάντως δήπου. Οὐκοῦν κἂν εἰ πρὸς αὐτὸ
τὸ φῶς ἀναγκάζοι αὐτὸν βλέπειν, ἀλγεῖν τε ἂν τὰ
ὄμματα καὶ φεύγειν ἀποστρεφόμενον πρὸς ἐκεῖνα ἃ
δύναται καθορᾶν, καὶ νομίζειν ταῦτα τῷ ὄντι σαφέ-
25 στερα τῶν δεικνυμένων; Εἰ δὲ ἐντεῦθεν ἕλκοι τις
αὐτὸν βίᾳ διὰ τραχείας τῆς ἀναβάσεως καὶ ἀνάν-
τους, καὶ μὴ ἀνείη πρὶν ἐξελκύσειεν εἰς τὸ τοῦ ἡλίου
φῶς, ὀδυνᾶσθαί τε ἂν καὶ ἀγανακτεῖν ἑλκόμενον; Καὶ

p. 80 ἐπειδὴ πρὸς τὸ φῶς ἔλθοι, αὐγῆς ἂν ἔχοντα τὰ ὄμματα μεστὰ ὁρᾶν οὐδ' ἂν ἓν δύνασθαι τῶν <νῦν>
λεγομένων ἀληθῶν, ὥστε ἐξαίφνης αὐτοῖς προσβάλ-
λοντας; Συνηθείας δή, οἶμαι, δέοιτ' ἂν εἰ μέλλοι τὰ
5 ἄνω ὄψεσθαι· καὶ πρῶτον μὲν τὰς σκιὰς ἂν ῥᾷστα
καθορῴη, καὶ μετὰ τοῦτο ἐν τοῖς ὕδασι τά τε τῶν
ἀνθρώπων καὶ τὰ τῶν ἄλλων εἴδωλα, ὕστερον δὲ
αὐτά· ἐκ δὲ τούτων τὰ ἐν τῷ οὐρανῷ καὶ αὐτὸν τὸν
οὐρανὸν νύκτωρ ἂν ῥᾷον θεάσαιτο, προσβλέπων τὸ
10 τῶν ἄστρων τε καὶ σελήνης φῶς, ἢ μεθ' ἡμέραν τὸν
ἥλιόν τε καὶ τὸ τοῦ ἡλίου. Τελευταῖον δή, οἶμαι, τὸν
ἥλιον οὐκ ἐν ὕδασιν οὐδ' ἐν ἀλλοτρίᾳ ἕδρᾳ φαντάς-
ματα αὐτοῦ, ἀλλ' αὐτὸν καθ' αὑτὸν ἐν τῇ αὑτοῦ χώρᾳ

δύναιτ' ἂν κατιδεῖν καὶ θεάσασθαι οἷός τέ ἐστι. Καὶ
15 μετὰ ταῦτ' ἂν ἤδη συλλογίζοιτο περὶ αὐτοῦ, ὅτι οὗτος
ὁ τάς τε ὥρας παρέχων καὶ ἐνιαυτοὺς καὶ πάντα ἐπι-
τροπεύων τὰ ἐν τῷ ὁρωμένῳ τόπῳ, καὶ ἐκείνων ὧν
σφεῖς ἑώρων τρόπον τινὰ πάντων αἴτιος. Δῆλον γὰρ
ὅτι ἐπὶ ταῦτα ἂν μετ' ἐκεῖνα ἔλθοι. Τί οὖν; Ἀνα-
20 μιμνῃσκόμενον αὐτὸν τῆς πρώτης οἰκήσεως καὶ τῆς
ἐκεῖ σοφίας καὶ τῶν τότε ξυνδεσμωτῶν οὐκ ἂν οἴει
αὐτὸν μὲν εὐδαιμονίζειν τῆς μεταβολῆς, τοὺς δὲ ἐλεεῖν;
Καὶ μάλα. Τιμαὶ δὲ καὶ ἔπαινοι εἴ τινες ἦσαν αὐτοῖς
τότε παρ' ἀλλήλων καὶ γέρα τῷ ὀξύτατα καθορῶντι
25 τὰ παριόντα, καὶ μνημονεύοντι μάλιστα ὅσα τε πρότερα αὐτῶν καὶ ὕστερα εἴωθε καὶ ἅμα πορεύεσθαι, καὶ
ἐκ τούτων δὴ δυνατώτατα ἀπομαντευομένῳ τὸ μέλλον
ἥξειν, δοκεῖς ἂν αὐτὸν ἐπιθυμητικῶς αὐτῶν ἔχειν καὶ

p. 81 ζηλοῦν τοὺς παρ' ἐκείνοις τιμωμένους τε καὶ ἐνδυναστεύοντας, ἢ τὸ τοῦ Ὁμήρου ἂν πεπονθέναι καὶ σφόδρα
βούλεσθαι ἐπάρουρον ἐόντα θητευέμεν ἄλλῳ ἀνδρὶ παρ' ἀκλήρῳ καὶ ὁτιοῦν ἂν πεπονθέναι μᾶλλον ἢ
5 ἐκεῖνά τε δοξάζειν καὶ ἐκείνως ζῆν; Οὕτως ἔγωγε οἶμαι,
πᾶν μᾶλλον πεπονθέναι ἂν δέξασθαι ἢ ζῆν ἐκείνως.
Καὶ τόδε δὴ ἐννόησον· εἰ πάλιν ὁ τοιοῦτος καταβὰς εἰς
τὸν αὐτὸν θᾶκον καθίζοιτο, ἆρ' οὐ σκότους ἀνάπλεως
σχοίη τοὺς ὀφθαλμούς, ἐξαίφνης ἥκων ἐκ τοῦ ἡλίου;
10 Μάλα γε. Τὰς δὲ δὴ σκιὰς ἐκείνας πάλιν εἰ δέοι αὐτὸν
γνωματεύοντα διαμιλλᾶσθαι τοῖς ἀεὶ δεσμώταις ἐκείνοις, ἐν ᾧ ἀμβλυωπεῖ, πρὶν καταστῆναι τὰ ὄμματα,
οὗτος δὲ ὁ χρόνος μὴ πάνυ ὀλίγος εἴη τῆς συνηθείας,
ἆρα οὐ γέλωτ' ἂν παρέχοι, καὶ λέγοιτο ἂν περὶ αὐτοῦ,
15 ὡς ἀναβὰς ἄνω διεφθαρμένος ἥκει τὰ ὄμματα, καὶ ὅτι
οὐκ ἄξιον οὐδὲ πειρᾶσθαι ἀνιέναι, καὶ τὸν ἐπιχει-
ροῦντα λύειν τε καὶ ἀνάγειν, εἴ πως ἐν ταῖς χερσὶ
δύναιντο λαβεῖν καὶ ἀποκτείνειν, ἀποκτιννύναι ἄν;
Σφόδρα γε. Ταύτην τοίνυν τὴν εἰκόνα προσαπτέον
20 ἅπασαν ὡς ἀληθῶς τοῖς λεγομένοις, τὴν μὲν δι' ὄψεως
φαινομένην ἕδραν τῇ τοῦ δεσμωτηρίου οἰκήσει ἀφο-
μοιοῦντα, τὸ δὲ τοῦ πυρὸς ἐν αὐτῇ φῶς τῇ τοῦ ἡλίου
δυνάμει· τὴν δὲ ἄνω ἀνάβασιν καὶ θέαν τῶν ἄνω τὴν
εἰς τὸν νοητὸν τόπον τῆς ψυχῆς ἄνοδον τιθεὶς οὐχ
25 ἁμαρτήσει τῆς ἀληθείας. Αὕτη δέ που οὕτω φαίνεται
ἐν τῷ γνωστῷ τελευταία ἡ τοῦ ἀγαθοῦ ἰδέα καὶ μόγις

ὁρᾶσθαι, ὀφθεῖσα δὲ συλλογιστέα εἶναι ὡς ἄρα πᾶσι
πάντων αὕτη ὀρθῶν τε καὶ καλῶν αἰτία, ἔν τε ὁρατῷ

p. 82 φῶς καὶ τὸν τούτου κύριον τεκοῦσα, ἔν τε νοητῷ
αὐτὴ κυρία ἀλήθειαν καὶ νοῦν παρεχομένη, καὶ ὅτι δεῖ
ταύτην ἰδεῖν τὸν μέλλοντα ἐμφρόνως πράξειν ἢ ἰδίᾳ
ἢ δημοσίᾳ. Εἰ δὴ τοῦτο ἔργον ἐστὶ τῆς παιδείας, καὶ
5 τοσοῦτον πρόκειται τὸ διάφορον αὐτῆς πρὸς τὴν ἀπαι-
δευσίαν, τί ἂν ἄλλο ἁρμόζοι ἢ παιδείας ἀντιλαμβάνε-
σθαι καὶ φιλοσοφίας, τῶν δὲ νῦν δοκούντων εἶναι
περισπουδάστων τοῖς πολλοῖς ἀφίεσθαι ὡς οὐδεμίαν
ἐχόντων εἰς εὐδαιμονίαν ῥοπὴν ἀξιόλογον;

14,1-2 spatiosam...fauces: Iambl. p. 78,3-5 ἐν καταγείῳ... σπήλαιον.
In Ficino's translation of Iamblichus (MS Vat. lat. 5953, fo. 37^b) this
passage reads: in subterraneo specu versus lumen in introitu patefacto
per totum antrum extenso; in his translation of Plato's *Politeia* (Plat. *Op.
Ficino interprete* p. 419): subterraneum, specus instar, domicilium, cuius ingressus longissimus versus lumen in antrum totum pateat; and in *Ep.* lib.
IV, 'Transitus repentinus a minimo lumine' etc., *Op.* vol. I p. 773: quandam sub terra speluncam, cuius ingressus versus lumen quoddam inci-
piens per totam speluncam pervius undique pateat.
14,1-2 recedentem...introrsus: Plin. *Nat. hist.* VI 8,24 Longissime
haec (gens) Ponticarum omnium *introrsus recedens.* Cf. Solinus, *Collect. rer.
memor.* 45,1 and Mart. Cap. *De nupt. Phil. et Merc.* VI 690.
14,3-5 qui...quoquam: Iambl. p. 78,5-8 ἐν ταύτῃ...περιάγειν. Cic.
Lucull. (*Acad.* II) 19,61 Cimmeriis quidem, quibus aspectum solis sive
deus aliquis sive natura ademerat sive eius loci quem incolebant situs,
ignes tamen aderant quorum illis uti lumine licebat: isti autem quos tu
probas tantis offusis tenebris ne scintillam quidem ullam nobis ad dispi-
ciendum reliquerunt; quos si sequamur iis *vinclis* simus *astricti* ut nos
commovere nequeamus. Rufinus, translation of Basil. *Hom.* 1,6 (*Patrol.
Graeca* ed. Migne, vol. XXXI col. 1732 B) Sicut enim ii qui in voraginem
coeni prolapsi, quocunque *se* visi fuerint *convertere* vel *commovere*, in eodem
semper haesitant luto, ita etiam isti libidinis suae spurcitias omnibus suis
motibus per dies singulos renovant.
14,7-8 via...pensilis: Iambl. p. 78,11 ἐπάνω ὁδόν. Ficino translates
this simply as 'viam quandam' (MS Vat. lat. 5953, fo. 38^a). In his
translation of Plato's *Politeia* we read 'via superior paulo' (Plat. *Op. Ficino
interprete* p. 419, so too in *Ep.* lib. IV, *Op.* vol. I p. 773).
14,10 animantium...ligneas: Iambl. p. 78,16-17 ζῷα λίθινά τε καὶ
ξύλινα. Tertull. *De idol.* 4 p. 33,24-8 ed. Reifferscheid-Wissowa (*Corp.

Script. Eccl. Lat. vol. XX) qui imagines facitis aureas et argenteas et *ligneas* et *lapideas* et fictiles et servitis phantasmatibus et daemoniis et spiritibus infernis et omnibus erroribus non secundum scientiam.

14,13-16 quasi...ludicrum: Iambl. p. 78,12-14 ὥσπερ... δεικνύουσιν. Ficino translates this passage as follows: sicut plerumque ioculatoribus figmenta facientibus scene atque cortine alique super quibus sua miranda demonstrant ante aspectantium oculos opponuntur (MS Vat. lat. 5953, fo. 38ᵃ, where 'apponuntur' should be corrected). In his translation of the *Politeia* (Plat. *Op. Ficino interprete* p. 419) we read: sicut plerunque praestigiatoribus septa quaedam super quibus sua miranda demonstrant coram spectantibus opponuntur; and in *Ep.* lib. IV, *Op.* vol. I p. 773: sicut plerunque praestigiatoribus miracula fingentibus scenae seu cortinae aliquae super quibus sua miranda demonstrant spectantium oculis opponuntur.

Was Poliziano's digression inspired by puppet theatre performances in his own day?

14,15 imagunculas: cf. *Miscell.* I 97, *Op.* p. 307 automata appellari solita quae ita mechanici fabricabantur ut sua sponte efficere quippiam velut ignara causa viderentur, qualia nunc aut horologia sunt aut versatiles quaepiam machinae in quibus *imagunculas* occulta vi cursitantes ludibundasque miramur.

14,16 per ludicrum: 'in fun' (Del Lungo's translation 'facendo il chiasso' is incorrect).

14,16-19 Quid...nobis: Iambl. p. 78,19-20 Τὴν δὴ... ἡμῖν. Cf. Plato, *Polit.* VII 515 a Ἄτοπον, ἔφη, λέγεις εἰκόνα καὶ δεσμώτας ἀτόπους. Ὁμοίους ἡμῖν, ἦν δ' ἐγώ.

14,21-23 umbras...iaculetur: Iambl. p. 78,22-3 τὰς σκιὰς... προσπιπτούσας. This expression occurs in Plin. *Nat. hist.* XXXVI 10 (15),72 and Stat. *Theb.* V 749.

14,24-26 Ceterum...resultet: Iambl. p. 79,2-3 Τί... ἔχοι. Cf. Poliziano's translation of Alex. Aphrod. *Problemata* I 134, *Op.* p. 432 Cur purae speluncae et altissima loca atque pura *vocis imaginem* gignunt ac remittunt?... Pro qualitate autem et quantitate ictus ac vocis redditur qualitas quantitasque *eius imaginis quae Echo appellatur.* The original text reads: Διὰ τί τὰ καθαρὰ τῶν ἄντρων καὶ οἱ ὑψηλότατοι τόποι καὶ κρημνοὶ ποιοῦσι καὶ ἀντιπέμπουσι ταῖς φωναῖς ἦχον;... πρὸς δὲ τὸ ποιὸν καὶ τὸ ποσὸν τῆς φωνῆς καὶ τῆς πληγῆς καὶ τὸ ποιὸν καὶ τὸ ποσὸν τοῦ ἤχου ἐναποτελεῖται (Alex. Aphrod. *Probl.* I 134, *Physici et medici Graeci minores* ed. Ideler, vol. I pp. 45-6). Cf. Poliziano, *Rusticus* 15-16 Hic tua vicinis ludit lasciva sub umbris / iandudum nostri captatrix carminis Echo. Porphyr. *Comm. in Hor. Carm.* I 12,3 iocosa nomen imago: echo, quia velut *ludens* respondet; *imago* autem *dicitur,* quasi imitago. Serv. *In Verg. Georg. comm.* IV 50 *Resonat echo* repercussa... *quae graece* ἠχὼ, latine *imago dicitur*: Cicero Tusculanarum tertio (2,3) *resonat* tamquam *imago*. Verg. *Georg.* IV 49-50 concava pulsu / saxa sonant *vocis*que offensa *resultat imago. Aen.* V 149-50 consonat omne nemus, vocemque inclusa volutant / litora, pulsati colles clamore *resultant. Aen.* VIII 305 Consonat omne nemus strepitu collesque *resultant*.

On the theme of the echo in Poliziano's Italian poetry cf. Branca, *Poliziano* p. 60.

14,29   solvamus...vinculis: Iambl. p. 79,7-8 Σκόπει... δεσμῶν. Plaut. *Capt.* 203-5 At pigeat postea / nostrum erum, si vos *eximat vinculis*, / aut *solutos* sinat, and 354-6 *Solvite* istum *nunc*iam, / atque utrumque, (Tyn.:) Di tibi omnes omnia optata offerant, / cum me tanto honore honestas cumque ex *vinclis eximis*.

14,31   manicas...iusseris: Iambl. p. 79,10 λυθείη. Verg. *Aen.* II 146-7 Ipse viro primus manicas atque arta levari / vincla iubet Priamus.

14,32-33   radiis...praestringetur: Iambl. p. 79,12-13 ἀλγοῖ... καθορᾶν. Cf. Plaut. *Mil. glor.* 1,1,1-4 Curate ut splendor meo sit clupeo clarior / quam solis *radii*... (ut) *praestringat oculorum* aciem in acie hostibus.

15,2   coniecturumque...pedes: Iambl. p. 79,23 φεύγειν ἀποστρεφόμενον. Ter. *Phorm.* 190 hinc me conicerem protinam in pedes.

15,4   per...acclivia: Iambl. p. 79,26-7 διὰ...ἀνάντους. Ovid, *Metam.* X 53-4 Carpitur *adclivis* per muta silentia trames, / arduus, obscurus, caligine densus opaca. (About Orpheus, who, followed by Eurydice, is in the process of leaving the underworld.)

15,5   sub...evectus: Iambl. p. 80,1 ἐπειδὴ πρὸς τὸ φῶς ἔλθοι. Cf. Verg. *Aen.* VI 128-31 revocare gradum superasque evadere ad *auras*, / hoc opus, hic labor est. Pauci, quos aequus amavit / Iuppiter aut ardens *evexit* ad aethera virtus, / dis geniti potuere; Ovid, *Metam.* XIV 127 evectus ad auras.

15,5-6   torquebit...Cerberus: Iambl. p. 80,1-2 αὐγῆς ἂν ἔχοντα τὰ ὄμματα μεστά. Ovid, *Metam.* VII 410-13 est via declivis, per quam Tirynthius heros / restantem contraque diem radiosque micantes / obliquantem oculos nexis adamante catenis / *Cerberon* attraxit. (One of Hercules' labours was to capture the hell-hound from the underworld.) Cf. Verg. *Aen.* VII 399 torquens aciem.

15,7   bona: Iambl. p. 80,3 (and Plato, *Polit.* VII 516 a) ἀληθῶν. Did Poliziano read ἀγαθῶν instead of ἀληθῶν? Ficino's translations of the allegory have 'vera' (cf. his Iamblichus translation in MS Vat. lat. 5953, fo. 38ᵇ, his translation of Plato's *Politeia* in Plat. *Op. Ficino interprete* p. 419, and *Ep.* lib. IV, *Op.* vol. I p. 773).

15,8   umbras: 'the shadows' (Del Lungo's translation 'ombre *notturne*' is incorrect).

15,11-12 qui...peragat: Iambl. p. 80,16 ὁ τάς τε ὥρας παρέχων καὶ ἐνιαυτούς. The sun 'marks out the seasons and brings about the turn of the year' (Del Lungo's translation '(il sole) *misura il tempo* e regola le stagioni' is incorrect).

15,13-14 Cedo...faciet: Iambl. p. 80,19 Τί οὖν; Verg. *Aen.* VI 157-8 caecosque *volutat* / eventus *animo* secum (about Aeneas, leaving the cave in which he has consulted the oracles of the Sibyl).

15,14-15 Quoties...recordabitur: Del Lungo erroneously regards this as an interrogative sentence ('che memoria serberà di quella cieca prigione, delle catene, di quella sapienza veramente da collegio?').

carcerem caecum: Iambl. p. 80,20 τῆς πρώτης οἰκήσεως. *Aen.* VI 733-4 neque auras / dispiciunt (animae) clausae tenebris et *carcere caeco.*

15,16 inde se emerserit; 17 malis: Iambl. p. 80,22 τῆς μεταβολῆς. Ter. *Andr.* 562 dehinc facile ex illis sese emersurum malis.

15,21 addivinarent: Iambl. p. 80,27 ἀπομαντευομένῳ. Plin. *Nat. hist.* XXXV 36,88 *Imagines* adeo similitudinis indiscretae pinxit, ut — incredibile dictu — Apio grammaticus scriptum reliquerit, quendam ex facie hominum *addivinantem* (divinantem *crit. edn.*), quos metoposcopos vocant, ex iis dixisse aut futurae mortis annos aut praeteritae vitae. 'addivinantem' is the reading of MSS Florentinus Riccardianus (R), Parisinus latinus 6797 (d) and Paris. lat. 6801 (h); cf. Plin., Mayhoff edn., ad locum and vol. V pp. vi-vii.

15,23-25 Non...istos: Iambl. p. 81,2-6 ἢ τὸ τοῦ Ὁμήρου... ζῆν ἐκείνως. Here Poliziano renders the verses from Homer (*Od.* XI 489-90), quoted in his source, with a verse from Juvenal (*Sat.* 2,1-2) and rounds it off with a partial translation of *Od.* XI 491, thus returning to Homer.

In *Odyssey* XI, the book dealing with the underworld, the shade of Achilles admits to Odysseus that he is indeed held in great respect among the dead. His glory, however, gives him no satisfaction: he would prefer to be among the living, even as a slave: Μὴ δή μοι θάνατόν γε παραύδα, φαίδιμ' Ὀδυσσεῦ./ Βουλοίμην κ' ἐπάρουρος ἐὼν θητευέμεν ἄλλῳ,/ ἀνδρὶ παρ' ἀκλήρῳ, ᾧ μὴ βίοτος πολὺς εἴη,/ ἢ πᾶσιν νεκύεσσι καταφθιμένοισιν ἀνάσσειν (Hom. *Od.* XI 488-91). Poliziano renders vv. 489-90 with Juv. *Sat.* 2,1-2 *Ultra Sauromatas fugere* hinc *libet et glacialem* / *Oceanum, quotiens aliquid de moribus audent* / *qui Curios simulant et Bacchanalia vivunt.* Here Juvenal lunges at hypocrites, who make themselves out to be better than they really are. Thus even the men in chains in the cave think they know truth, whereas in fact they are living in a world of mere appearance.

15,25 regnare inter istos: Iambl. p. 81,5 ἐκείνως ζῆν. p. 81,1-2 τοὺς παρ' ἐκείνοις... ἐνδυναστεύοντας. Hom. *Od.* XI 491, quoted above.

15,25-26 Verum...postliminio: Iambl. p. 81,7-8 εἰ πάλιν ὁ τοιοῦτος καταβὰς εἰς τὸν αὐτὸν θᾶκον καθίζοιτο. 'But suppose this same man now returns, so to speak, from captivity to his own country, and regains his former civic rights...' **quasi postliminio:** 'by virtue of the right of postliminium, so to speak'. *Corp. iur. civ., Dig.* XLIX 15: in this chapter, dealing with the principle of postliminium, the expression 'postliminio redire' occurs with some frequency. For Poliziano's studies on the *Digestae* see at 17,15-17. Cf. the preface to his translation of Plato's *Charmides, Op.* p. 448 Laurenti Medices... qui... philosophiam longo iam tempore exulantem... *quasi postliminio* in patriam revoces. A Roman citizen who had been caught by an enemy as a prisoner of war became, according to Roman law, a slave of the enemy, but he regained freedom and all his former rights through postliminium, when he returned to Roman territory (A. Berger, *Encyclopedic Dictionary of Roman Law*, Philadelphia 1953, p. 639; cf. M. Kaser, *Das römische Privatrecht*, vol. I, München 1955, pp. 31 and 250-1). Cf. Cic. *Top.* 8,36, *De orat.* I 40,182, Fest. *De verb. signif.* 275 (p. 244 Lindsay edn.), Apul. *Flor.* 19,8, Gell. *Noct. Att.* VI 18,7 and Isid. *Etym.* V 27,28.

15,29   erit...deridiculo: Iambl. p. 81,14 γέλωτ' ἂν παρέχοι. Plaut. *Mil. glor.* 92 (about a conceited fop) is *deridiculost, quaqua incedit, omnibus.*

15,33   si...unguibus: Iambl. p. 81,17-18 εἴ πως ἐν ταῖς χερσὶ δύναιντο λαβεῖν καὶ ἀποκτείνειν. Ter. *Eun.* 647-8 Qui nunc si detur mihi, /ut ego *unguibus* facile illi *in oculos involem* venefico!

15,34-35   Florentini...sollertia: Poliziano's compliment to the Florentines is sincerely meant: cf. the beginning of his *Oratio in expositione Homeri, Op.* p. 477 Et vos hi estis, Florentini viri, quorum in civitate Graeca omnis eruditio, iampridem in ipsa Graecia extincta, sic revixerit atque effloruerit ut et vestri iam homines Graecam publice literaturam profiteantur et primae nobilitatis pueri, id quod mille retro annis in Italia contigit nunquam, ita sincere Attico sermone, ita facile expediteque loquantur ut non deletae iam Athenae atque a barbaris occupatae, sed ipsae sua sponte cum proprio avulsae solo cumque omni, ut sic dixerim, sua suppellectile in Florentinam urbem immigrasse eique se totas penitusque infudisse videantur.

15,36-16,1   vinctos...philosophum: Iambl. p. 82,4-7 Εἰ... φιλοσοφίας.

16,2   Non...huius: this phrase is perhaps reminiscent of Cic. *In Catil.* III 2,3 non enim iam vereor huius verbi invidiam.

16,4-5   haec...repetita: 'so many far-fetched arguments' (Del Lungo's translation 'solenni dichiarazioni' is incorrect). Cf. e.g. Cic. *Pro Sestio* 13,31 Etsi me attentissimis animis summa cum benignitate auditis, iudices, tamen vereor, ne quis forte vestrum miretur, quid haec mea oratio *tam* longa aut *tam alte repetita* velit; *De orat.* III 24,91 quorsum igitur haec spectat... *tam* longa et *tam alte repetita* oratio? and *Or.* 3,11.

16,5 aculeate: cf. 4,7-8 quasi vespae dimisso aculeo. Plaut. *Bacch.* 63-4 (the suggestions you make) *aculeata* sunt: animum fodicant, bona destimulant, facta et famam sauciant.

16,8 cum...dicebamus: cf. 4,6-7.

16,11-12 facere...subarroganter: Cic. *Lucull.* (*Acad.* II) 36,114 Vereor ne subadroganter facias. **ne...verbo:** cf. Cic. *Ep. ad fam.* I 7,7 perversitas (graviore enim verbo uti non libet).

16,12-15 qui...didiceris: cf. 17,20-18,18. **nugatorem...diximus:** cf. 4,6.

16,16-17 Audio...Lamiae: at last Poliziano's opponents have come out in the open with their criticisms, instead of blackening his name behind his back (cf. 4,5-6 inter se detortis nutibus consusurrarunt).

16,17-19 Ego...profiteor: 'I myself call myself an interpreter of Aristotle. Whether I am adept or inept in that role is irrelevant. But in any case the fact is this: I profess to be an interpreter, not a philosopher.' (Del Lungo's translation 'se buono o cattivo, non *sta a me* a dirlo' is incorrect.) Simpl. *Comm. in Epict. Encheir.* 49 p. 134 ed. Dübner Ἐὰν δὲ θαυμάσω τὸν ἐξηγούμενον, ὅτι καλῶς ἐξηγεῖται, καὶ νοῆσαι δύνωμαι, καὶ αὐτὸς ἐξηγεῖσθαι, καὶ πάντα ἁπλῶς τὰ ἄλλα μοι παραγίνεται, πλὴν τοῦ χρήσασθαι τοῖς γεγραμμένοις· τί ἄλλο ἢ γραμματικὸς ἐξετελέσθην, ἀντὶ φιλοσόφου; Μέρος γὰρ ἓν τῆς γραμματικῆς τὸ ἐξηγητικόν ἐστι. Cf. Poliziano's translation of *Encheir.* 49 (cap. 64, *Op.* p. 404) si autem interpretantem admirer aut etiam ipse interpretari possim, grammaticum, non philosophum admirer aut agam. (The notion expressed in this chapter is: what counts is not the work of the commentator but the writing of the philosopher himself and the practical adherence to the principles laid down in it.) As is clear from the dedicatory letter accompanying the *Encheiridion* translation (*Op.* p. 393) Poliziano was perfectly familiar with the commentary by Simplicius.

Cf. Poliziano's letter to Bartolomeo Scala, *Ep.* lib. XII, *Op.* p. 179 Nec ... pro philosopho me gero, quamvis Aristotelis publice libros enarrem.

16,20-22 Nec...interpretentur: the grammarian Aelius Donatus (mid 4th cent.) wrote commentaries to Terence and Virgil. Tiberius Claudius Donatus (end 4th cent.) wrote a commentary on the *Aeneid.* In Poliziano's day the two Donats were still thought to be one and the same. Servius (*c.* 400) wrote a commentary on Virgil. The Alexandrian grammarian Aristarchus (*c.* 217-145 BC) is famous for his commentaries on Homer, and is referred to by Poliziano in his *Oratio in expositione Homeri*, *Op.* p. 491. In the *Souda* there are references to two grammarians called Zenodotus (*Suidae lex.* s.n. Ζηνόδοτος, vol. II p. 506 Adler edn.). Zenodotus of Ephesus (*c.* 330 BC) produced an edition of Homer. His namesake (an Alexandrian, 2nd-1st cent. BC) wrote Λύσεις Ὁμηρικῶν ἀπορημάτων and a commentary on Hesiod's *Theogony.*

16,23-25   An...grammaticum: John Philoponus (*c.* 500, Alexandria), a philosopher and theologian, was like his later opponent Simplicius a pupil of the Neoplatonist thinker Ammonius. All three wrote commentaries on the work of Aristotle. Philoponus is always referred to as a 'grammaticus', never as 'philosophus'. This is also what he preferred to call himself (cf. Simpl. *Comm. in Arist. De caelo* ed. Heiberg (*Comm. in Arist. Graeca* (vol. VII) p. 49,10 and 119,7; *Anonymous Prolegomena to Platonic Philosophy* ed. Westerink, Amsterdam 1962, introd. p. xiii; *Jean Philopon, Commentaire sur le De anima d'Aristote. Traduction de G. de Moerbeke* ed. Verbeke, Louvain-Paris 1966, introd. p. xiv).

In October 1491 Poliziano borrowed from the Medici's private library 'uno libro di Philopono sopra la priora et parte della posteriora', doubtless to help him in the preparation of his lectures on Aristotle (Perosa, *Mostra* no. 56 p. 60).

16,25-28   Non...libros: Erotianus, *Vocum Hippocraticarum collectio* 31 and 32 ed. Nachmanson πολλοὶ τῶν ἐλλογίμων οὐκ ἰατρῶν μόνον, ἀλλὰ καὶ γραμματικῶν ἐσπούδασαν ἐξηγήσασθαι τὸν ἄνδρα καὶ τὰς λέξεις ἐπὶ τὸ κοινότερον τῆς ὁμιλίας ἀγαγεῖν. Ξενόκριτος γὰρ ὁ Κῷος, γραμματικὸς ὤν, ὥς φησιν ὁ Ταραντῖνος Ἡρακλείδης, πρῶτος ἐπεβάλετο τὰς τοιαύτας ἐξαπλοῦν φωνάς... Τῶν δὲ γραμματικῶν οὐκ ἔστιν ὅστις ἐλλόγιμος φανεὶς παρῆλθε τὸν ἄνδρα. Καὶ γὰρ ὁ ἀναδεξάμενος αὐτὸν Εὐφορίων πᾶσαν ἐσπούδασε λέξιν ἐξηγήσασθαι διὰ βιβλίων ς', περὶ ὧν γεγράφασιν Ἀριστοκλῆς καὶ Ἀριστέας οἱ Ῥόδιοι. Ἔτι δὲ Ἀρίσταρχος καὶ μετὰ πάντας Ἀντίγονος καὶ Δίδυμος οἱ Ἀλεξανδρεῖς. Little more is known about Xenocritus of Cos, Aristocles and Aristeas of Rhodes and Antigonus of Alexandria (these grammarians live in the 3rd-1st centuries BC) than what Erotianus tells us in these passages. Better known is Didymus (Alexandria, 1st cent. BC), who fully deserved his nickname Chalcenterus ('of the Brazen Guts') and compiled commentaries on a wide variety of works (surviving only as fragments). (Vasoli, *La dialettica* p. 122, confuses Xenocritus and Xenocrates.)

16,29   alii...enumerat: in the preface to his dictionary to Hippocrates Galen too reviews a number of predecessors, including Aristarchus 'the grammarian' (*Op. omnia* ed. Kühn, vol. XIX pp. 63 ff.).

16,30-32   Grammaticorum...enarrent: Sext. Empir. *Adv. mathem.* I 3,59 (according to Dionysius Thrax it is the task of grammarians to study poetry and prose:) Παρὸ καὶ οἱ χαρίεντες ἐξ αὐτῶν περὶ πολλῶν ἐπραγματεύσαντο συγγραφέων, τοῦτο μὲν ἱστορικῶν τοῦτο δὲ ῥητορικῶν καὶ ἤδη φιλοσόφων. Cf. *ibidem* I 3,63 (Dionysius) πολυειδήμονά τινα καὶ πολυμαθῆ βούλεται εἶναι τὸν γραμματικόν. (Poliziano was familiar with the work of Sextus Empiricus: the manuscript Mon. lat. 798 contains a number of extensive excerpts from his *Adv. mathem.* Cf. L. Cesarini Martinelli, 'Sesto Empirico e una dispersa enciclopedia delle arti e delle

scienze di Angelo Poliziano', in *Rinascimento* II^a serie 20 (1980), pp. 327-
58.) Cf. Cic. *De orat.* I 42,187 (parts of the subject of grammar are:)
poetarum pertractatio, historiarum cognitio, verborum interpretatio, pro-
nuntiandi quidam sonus; Quint. *Inst. orat.* II 1,4 Nos suum cuique profes-
sioni modum demus: et grammatice, quam in Latinum transferentes
litteraturam vocaverunt, fines suos norit, praesertim tantum ab hac ap-
pellationis suae paupertate intra quam primi illi constitere provecta; nam
tenuis a fonte adsumptis poetarum historicorum viribus pleno iam satis
alveo fluit, cum praeter rationem recte loquendi non parum alioqui
copiosam prope omnium maximarum artium scientiam amplexa sit.

In the first Centuria of the *Miscellanea*, published in 1489, Poliziano was
already stressing that to be able to interpret the poetry of the ancients cor-
rectly it was necessary to have a thorough knowledge of a wide range of
classical authors, particularly philosophers: Nec prospiciendae autem
philosophorum modo familiae, sed et iureconsultorum et medicorum
item et dialecticorum et quicunque doctrinae illum orbem faciunt quae
vocamus encyclia, sed et philologorum quoque omnium (*Miscell.* I 4, *Op.*
p. 229). In the *Panepistemon* (1490) he ascribes to grammar, on the grounds
of the statements principally of Quintilian, an extensive package of tasks
(*Op.* p. 471): grammatice... vel methodice vel historice vel mixta est:
methodice in loquendo et scribendo est, historice in legendo et enar-
rando, communis in iudicio. Grammatices infantia grammatistice a
Graecis, a Varrone literatio vocatur. Hic literae syllabaeque cum suis vel
fastigiis vel longitudinibus, hic orationis partes et proportio et inae-
qualitas et vitia duo rusticitas et stribiligo et orthographia et item pedes,
metaplasmi, tropi, schemata, glossemata, nota, suspensio, distinctio,
clausula, vocis elatio, depressio, flexus, concitatio, mora posituraeque
tractantur et qui legendi, qui reiciendi, quid in quoque probandum, qui
cuique praeponendi, quae sit in his oeconomia quodve decorum.
Praeterea rhetorum progymnasmata quidam grammaticis attribuerunt.
(The first sentence of this passage, in which Poliziano lists the parts of
grammar, is based on a conflation of Quint. *Inst. orat.* I 9,1 and I 4,3. This
fact seems to have been overlooked by Cesarini Martinelli, 'Sesto Empirico' (cited above), pp. 357-8.) In the *Lamia* Poliziano's thoughts concerning his philological work have come to their fruition: it is the task of the
grammarian to interpret every possible kind of text.

Curiously enough, in the first Centuria of the *Miscellanea* Poliziano still
uses the term 'grammaticus' in the narrow, and in his day usual, sense
of 'elementary schoolmaster' — a usage which later on in the *Lamia* he
censures (cf. 16,32-33, 17,3 ff. and the notes). In the preface to the
Miscellanea (*Op.* p. 216) he even goes so far as to associate grammarians
with the scum or dregs (faex): ne putent homines maleferiati nos ista

quaequae sunt de faece hausisse neque grammaticorum transiluisse lineas... In cap. 3 (*Op.* p. 229) the term has the same contemptuous meaning: Risi etiam nuper, quia verbum ex Varrone dimidiatum 'pardalis tantum' nescio quis grammaticus in lexicon rettulerat suum. But in the second Centuria, which Poliziano worked on for the last years of his life, he uses the word 'grammatici' solely to refer to philologists (ancient and modern: cf. *Miscell.* II 2,1, 14,1, 42,52 and 57,1). There the conception formulated in the *Lamia* has won the day.

16,33 nimis...sepsit: Cic. *De orat.* III 19,70 ex ingenti quodam oratorem immensoque campo in exiguum sane *gyrum* compellitis.

16,34 censores: is like 'iudices' a translation of κριτικοί ('criticos' 35). Cf. Hieron. *Ep.* 125,18 *criticum* diceres esse Longinum *censorem*que Romanae facundiae, notare quem vellet et de senatu doctorum excludere; Quint. *Inst. orat.* I 4,3 (quoted in 36 ff.) *censoria* virgula.

16,34 iudices: Cic. *Ep. ad fam.* IX 10,1 me inter Niciam nostrum et Vidium *iudicem* esse. Profert alter, opinor, duobus versiculis expensum Niciae, alter Aristarchus hos ὀβελίζει; ego tamquam *criticus* antiquus iudicaturus sum utrum sint τοῦ ποιητοῦ an παρεμβεβλημένοι. Cf. Hor. *Ars poet.* 78 *grammatici* certant et adhuc sub *iudice* lis est; *ibidem* 387 Maeci... *iudicis*, where the scholiast observes: Maetius... *criticus* summus fuit (Acr. et Porphyr. *Comm. in Hor.* ed. Hauthal, vol. II ad locum). *Serm.* I 10,38 *iudice* Tarpa, where the scholiast observes: Tarpa quidam *criticus*... fuit (ed. Hauthal, vol. II ad locum). Cf. Quint. *Inst. orat.* I 4,3 scribendi ratio coniuncta cum loquendo est, et narrationem praecedit emendata lectio, et mixtum his omnibus *iudicium* est; Diom. *gramm.* II, *Gramm. Lat.* ed. Keil, vol. I p. 426,21-2 grammaticae officia, ut adserit Varro, constat in partibus quattuor, lectione enarratione emendatione *iudicio* (so also Victor. *De arte gramm.*, *Gramm. Lat.* ed. Keil, vol. VI p. 188,6-8); Mart. Cap. *De nupt. Phil. et Merc.* III 230 Officium vero meum (here it is Grammar speaking) tunc fuerat docte scribere legereque; nunc etiam illud accessit, ut meum sit erudite intelligere probare que: quae duo mihi vel cum philosophis *criticis*que videntur esse communia. Cf. also August. *De ord.* II 14,40 (ratio) *iudices* in eos (poetas) *grammaticos* esse permisit.

16,35 grammatici...vocabant: in classical literature grammarians are explicitly equated with critics in the following passages: Dion Chrysost. *Or.* 53,1 Ἀρίσταρχος καὶ Κράτης καὶ ἕτεροι πλείους τῶν ὕστερον γραμματικῶν κληθέντων, πρότερον δὲ κριτικῶν. Clem. Alex. *Strom.* I 16,79,3 Ἀπολλόδωρος δὲ ὁ Κυμαῖος πρῶτος <τοῦ γραμματικοῦ ἀντὶ> τοῦ κριτικοῦ εἰσηγήσατο τοὔνομα καὶ γραμματικὸς προσηγορεύθη. Charis. *Inst. gramm.* II 15, *Gramm. Lat.* ed. Keil, vol. I p. 236,18-19 omnes criticos grammaticos. *Souda*, s.n. Ἑκαταῖος and Κράτης (*Suidae lex.* ed. Adler, vol. II p. 213,359 and III p. 182,2342). Numerous passages in which this identification is

102   LAMIA 16,35-17,10

implied are quoted by Gudeman in Pauly-Wissowa, *Real-Encyclopädie der classischen Altertumswissenschaft* vol. XXI s.v. Κριτικός (for some of these, see the previous note). Crates and his Pergamum school objected to this equation: according to them, the task of the critics was more comprehensive and more important than that of mere grammarians. Cf. Sext. Empir. *Adv. mathem.* I 3,79 ἔλεγε (Κράτης) διαφέρειν τὸν κριτικὸν τοῦ γραμματικοῦ· καὶ τὸν μὲν κριτικὸν πάσης, φησί, δεῖ λογικῆς ἐπιστήμης ἔμπειρον εἶναι, τὸν δὲ γραμματικὸν ἁπλῶς γλωσσῶν ἐξηγητικὸν καὶ προσῳδίας ἀποδοτικὸν καὶ τῶν τούτοις παραπλησίων εἰδήμονα. Cf. *ibidem* I 12,248 Ταυρίσκος γοῦν ὁ Κράτητος ἀκουστής, ὥσπερ οἱ ἄλλοι κριτικοί, ὑποτάσσων τῇ κριτικῇ τὴν γραμματικήν... Despite the resistance of the Pergamum school the terms κριτικὸς and γραμματικὸς came to be used synonymously in the post-Alexandrian period. Indeed, the term κριτικὸς was almost completely supplanted by its rival. The Romans used the term 'criticus' relatively seldom (an exception being Servius). Cf. Gudeman (cited above).

16,35-17,2   sic...numero: Quint. *Inst. orat.* I 4,2-3 professio (grammaticorum), cum brevissime in duas partis dividatur, recte loquendi scientiam et poetarum enarrationem, plus habet in recessu quam fronte promittit. Nam et scribendi ratio coniuncta cum loquendo est, et narrationem praecedit emendata lectio, et mixtum his omnibus iudicium est: quo quidem ita severe sunt usi veteres *grammatici, ut non versus modo censoria quadam virgula notare* et *libros qui falso viderentur inscripti tamquam* subditos *submovere familia permiserint sibi,* sed *auctores* alios *in ordinem redegerint,* alios *omnino exemerint numero.*

17,2-3   Nec...litteratus: Suet. *De gramm. et rhet.* 4,1-4 Appellatio *grammaticorum* Graeca consuetudine invaluit, sed initio *litterati* vocabantur. Cornelius quoque Nepos libello quo distinguit litteratum ab erudito, litteratos vulgo quidem appellari ait eos qui aliquid diligenter et acute scienterque possint aut dicere aut scribere, ceterum proprie sic appellandos poetarum interpretes, qui a Graecis grammatici nominentur. Eosdem litteratores vocitatos Messalla Corvinus in quadam epistula ostendit... Sunt qui *litteratum* a *litteratore* distinguant, ut Graeci *grammaticum* a *grammatista,* et illum quidem absolute, hunc mediocriter doctum existiment. Cf. E. W. Bower, 'Some Technical Terms in Roman Education', in *Hermes* 89 (1961), pp. 462-77 and M. L. Clarke, *Higher Education in the Ancient World,* London 1971, pp. 11 and 13-14.

17,3-4   Nos...pistrinum: Cic. *De orat.* I 11,46 Multi erant praeterea clari in philosophia et nobiles, a quibus omnibus una paene voce repelli oratorem a gubernaculis civitatum, excludi ab omni doctrina rerumque maiorum scientia ac tantum in iudicia et contiunculas *tamquam in* aliquod *pistrinum detrudi* et compingi videbam.

17,4   ludum trivialem: 'elementary school'. Poliziano means the teaching of reading and writing ('prima elementa') in his own times — taught in antiquity by the 'grammatista' or 'litterator' (7 ff.). The term goes back to Quint. *Inst. orat.* I 4,27 in verbis quoque quis est adeo inperitus ut ignoret genera et qualitates et personas et numeros? Litterarii paene ista sunt *ludi* et *trivialis* scientiae. However, in the fifteenth century the word 'trivialis' was also used in connection with the 'trivium'. This had been the usual word for the subjects of grammar, rhetoric and dialectic since the ninth century (cf. P. Rajna, 'Le denominazioni Trivium e Quadrivium', in *Studi medievali* 1 (1928), p. 35). Thus in his *Catholicon* (s.v. Trivium) Giovanni Balbi noted: triviales dicuntur qui docent vel qui student in trivio. The use of 'trivialis' in this sense was censured by Lorenzo Valla on the grounds that it went against classical Latin: Est igitur ludus literarius tum aliarum quarundam artium, tum schola grammaticae, quam trivialem scientiam dicimus, quod in triviis et compitis docetur. Hoc ideo admonui quod quidam imperiti trivialem scientiam appellant grammaticam, rhetoricam et dialecticam, quadriviales alias quatuor liberalium artium (*Elegantiae* IV 16, *Op.* Basileae 1540, pp. 116-17). It may be supposed that on hearing the term 'ludum trivialem' some of those in Poliziano's audience would have thought of the teaching of the 'trivium', but this interpretation does not accord with the speaker's intention. Thus Del Lungo's translation 'le scolette del Trivio' is incorrect (despite which it was taken over by Garin, 'L'ambiente' p. 352 and Vasoli, *La dialettica* p. 122).

17,5-7   animo...dicerentur: Apul. *Flor.* 4,1-2 Tibicen quidam fuit *Antigenidas...* Is igitur cum esset in tibicinio adprime nobilis, nihil aeque se laborare et *animo angi* et mente dicebat, quam *quod monumentarii ceraulae tibicines dicerentur.* The Greek flautist and composer Antigeneidas was active in the years 400-370 BC. Apuleius tells us that he was a master in all the musical genres. The comparison of the grammarian — that is, the grammarian as held up to us by Poliziano, the 'interpres' of a wide variety of texts — with this versatile musician is thus both appropriate and effective.

17,8   prima elementa: Hor. *Serm.* I 1,25-6 Ut pueris olim dant crustula blandi / doctores, *elementa* velint ut discere *prima; Ep.* I 20, 17-18 Hoc quoque te manet, ut pueros *elementa docentem* / occupet extremis in vicis balba senectus. Sen. *De benef.* III 34,1 qui prima elementa docuerunt.

17,9-10   apud...vocabantur: Suet. *De gramm. et rhet.* 4,3 (quoted at 17,2-3). Cf. *Panepistemon, Op.* p. 471 Grammatices infantia grammatistice a Graecis, a Varrone literatio vocatur.

17,11-12 philosophi...caducum: Cic. *De orat.* III 31,122 nostra (i.e. of the orators) est, inquam, omnis ista prudentiae doctrinaeque possessio, in quam homines quasi *caducam* atque vacuam abundantes otio, nobis occupatis, involaverunt. (As we have seen, this part of Poliziano's discourse makes use of various passages from *De oratore*: cf. the notes to 16,33 and 17,3-4.)

17,11-12 Non...caducum: 'Of course, I do not assume the title of philosopher as if it were vacant (as if the philosophers of today had no right to it)...' Here Poliziano uses the term 'caducum' in the legal sense of an inheritance or legacy which has become vacant because of the incapacity of the heir or legatee (cf. A. Berger, *Encyclopedic Dictionary of Roman Law*, Philadelphia 1953, s.v. Caduca, and M. Kaser, *Das römische Privatrecht* vol. I, München 1955, pp. 601-2). The sentence contains a substantial dose of irony, aimed at the professional philosophers. (Garin misunderstands it when he paraphrases: '(Il Poliziano) *disdegnosamente* rifiuta il nome di filosofo' (*L'umanesimo italiano. Filosofia e vita civile nel Rinascimento*, Bari 1958², p. 82). This paraphrase, the result of the erroneous interpretation of 'caducum' as 'fragile', was earlier corrected by Bigi, *La cultura* p. 69 n. 4.)

17,13-14 adeon...ut: cf. Ter. *Hec.* 547 Adeon me esse pervicacem censes... ut eo essem animo; *Phorm.* 499 Adeon te esse incogitantem atque impudentem... ut; Cic. *Tusc. disp.* I 6,10 Adeone me delirare censes ut ista esse credam?

17,15-17 Commentarios...parturio: cf. Plin. *Nat. hist.* praef. 28 audio et Stoicos et dialecticos Epicureosque... *parturire* adversus libellos quos de Grammatica edidi.

Commentarios...vigiliis: Cf. *Miscell.* II 44,1 Volo iurisconsultis nostris gustum pauxillulum dare vigiliarum nostrarum quas olim subivimus ut Pandectarum quinquaginta libros pro mediocritate nostra interpretaremur. Poliziano also mentions his notes to the *Digests* in a letter of 1494: commentariorum quorundam, quos in ius civile Romanorum multis dicebar vigiliis elucubrare (to Marquard Breisach, 3 February 1494 (1493 Florentine style), *Ep.* lib. X, *Op.* pp. 140-1). Even earlier than 1489 Poliziano studied the famous Pisa manuscript of the *Digests*, which had been brought to Florence as the spoils of war in 1406 (cf. *Miscell.* I 41, 77, 78, 82 etc.). In 1490 he collated the manuscript from start to finish. The results may be seen in *Miscell.* II 8, 44, 56 and 58. Poliziano's notes may be read in A. M. Bandini, *Ragionamento istorico sopra le collazioni delle fiorentine Pandette fatte da Angelo Poliziano*, Livorno 1762 (also in *Op.* ed. Maïer, vol. III pp. 245-355). For a survey of Poliziano's work on the *Digests* and other legal texts see *Miscell.* II ed. Branca-Pastore Stocchi, vol. I pp. 14-18 and Branca, *Poliziano* pp. 182-92. Cf. also E. Bigi, *La cultura* *del Poliziano e altri studi umanistici*, Pisa 1967, pp. 67-109 and *Aldo Manuzio editore. Dediche, prefazioni, note ai testi* ed. C. Dionisotti-G. Orlandi, Milano 1975, vol. II p. 328.

17,16-17   medicinae auctores: Poliziano translated and wrote commentaries on both Hippocrates and Galen. In a letter to Lorenzo de' Medici of 5 June 1490 he asks his patron to show his work to the famous physician Pier Leoni: se maestro Pier Lione volessi durar fatica in riveder quella mia traduzione di Ippocrate e Galieno, che è quasi alla fine, e così el commento che fo sopra, dove dichiaro tutti e termini medicinali che vengono dal greco (*Prose volgari* ed. Del Lungo, p. 77). These writings have been lost. Poliziano was familiar with Erotianus's dictionary (cf. 16,28). His interest in medical tractates is also apparent in *Miscell.* II 34,4 ff., 37,10 ff., 38,9 ff., 52,19 ff. and 57,10 ff. Cf. J. Hill Cotton, 'Death and Politian', in *Durham University Journal* 15 (1954) and 'Materia medica del Poliziano', in *Il Poliziano e il suo tempo. Atti del IV Convegno Internazionale di Studi sul Rinascimento*, Firenze 1957, pp. 237-45; Perosa, *Mostra* no. 254 p. 173; Maïer, *Ange Politien* pp. 175, 202 n. 81 and 384 n. 64.

17,17   multis vigiliis: cf. *Miscell.* II 44,1 and the letter to Breisach quoted at 17,15-17. Cf. Cic. *Tusc. disp.* IV 19,44 Cui non sunt auditae Demosthenis *vigiliae?...* Philosophiae denique ipsius principes numquam in suis studiis tantos progressus sine flagranti cupiditate facere potuissent.

17,19   semidocti: Gell. *Noct. Att.* XV 9,6 semidoctus grammaticus.

17,21-18,5   Quomodo...medium: Poliziano also goes into the matter of his competence as a teacher of philosophy in the *Praelectio de dialectica, Op.* pp. 529-30. This address, I think, was delivered in 1491, a year before the *Lamia*. The speech in which he then justified his teaching of philosophy is now reiterated in a partial paraphrase. Two of the arguments that he advanced in 1491 do not reappear in the *Lamia*, namely his thorough knowledge of the 'artes liberales', an important preliminary to the study of philosophy, and the discussions he had had with philosophers of his day. (In 1491 he also advanced his experience of interpreting philosophical texts, experience that he had already demonstrated in his lectures at the University and in his private teaching. On p. 18,7 ff. of the *Lamia* he gives full details of his philosophy lectures at the University.)

17,21-22   Quomodo...attigeris: cf. *Prael. de dial.* p. 529 respondendum mihi tacitis quorundam cogitationibus video qui, quoniam ante hoc tempus partem hanc philosophiae nunquam *attigerim*, quaerent ex me fortassis quo tandem *magistro* usus dialecticae me doctorem profiteri audeam.

17,22-23   fungino...procreet: Ovid, *Metam.* VII 392-3 hic aevo veteres mortalia primo / corpora vulgarunt pluvialibus edita fungis. Plaut. *Trin.* 851 hic quidem *fungino generest*: capite se totum tegit. Cf. Lact. *Inst. div.* VII 4,3 putantque hominis in omnibus terris et agris tamquam *fungos* esse generatos.

17,23-25   terrigenis...galea: Ovid, *Metam.* III 104-10 ut presso sulcum patefecit (Cadmus) aratro, / spargit humi iussos, mortalia semina, dentes. / Inde (fide maius) *glaebae* coepere moveri, / primaque *de sulcis* acies apparuit hastae, / tegmina mox capitum picto nutantia cono, / mox umeri pectusque onerataque bracchia telis / exsistunt, crescitque seges *clipeata* virorum. *Ibidem* 118 terrigenis. *Heroid.* XII 97-102 Arva venenatis pro semine dentibus imples, / nascitur et gladios scutaque miles habet. / Ipsa ego, quae dederam medicamina, pallida sedi, / cum vidi subitos arma tenere viros, / donec *terrigenae* — facinus mirabile! — fratres / inter se strictas conseruere manus. (The same saga is told by e.g. Nonnus, *Dionysiaca* IV 424-40.) Cf. *Pro Epicteto Stoico* (letter to Scala, *Op.* p. 405) semina... e quibus quemadmodum fabulae *terrigenas* viros Thebis aut Colchis satu dentium enatos dicunt.

17,25-26   te...Epicurus: cf. *Prael. de dial.* p. 529 (Epicurus) se ipsum tantum sibi in omni disciplina magistrum fuisse iactabat atque αὐτομαθής, hoc est 'a se ipso doctus', et esse et haberi volebat. Cic. *De nat. deor.* I 26,72 Ista enim a vobis quasi dictata redduntur, quae Epicurus oscitans halucinatus est, cum quidem gloriaretur, ut videmus in scriptis, *se magistrum* habuisse nullum. Quod et non praedicanti tamen facile equidem crederem, sicut mali aedificii domino glorianti se architectum non habuisse; nihil enim olet ex Academia, nihil ex Lycio, nihil ne e puerilibus quidem disciplinis. Diog. Laert. *Vit. phil.* X 13 ('Επίχουρον) 'Απολλόδωρος ἐν Χρονικοῖς Ναυσιφάνους ἀκοῦσαί φησι καὶ Πραξιφάνους· αὐτὸς δὲ οὔ φησιν, ἀλλ' ἑαυτοῦ, ἐν τῇ πρὸς Εὐρύλοχον ἐπιστολῇ. Cf. Sext. Empir. *Adv. mathem.* I 3 and Paese's note to Cic. *De nat. deor.* I 26,72.

17,26-27   noctu...fertur: in the various lives of Aesop there are differing accounts of how, while sleeping (in the middle of the day!), he was given the gift of words and wisdom from above. Cf. B. E. Perry, *Aesopica*, Urbana (Ill.) 1952, *Vita G* cap. 7 pp. 37-8 'Ενταῦθα δὴ ἡ θεός, ἡ κυρία ᾿Ισις, παραγίνεται ἅμα ταῖς ἐννέα Μούσαις... αὐτὴ δὴ ἡ ᾿Ισις ἐχαρίσατο <τὴν φωνήν> [τὸν λόγον καὶ ῞Ελληνα λόγων μυθικῶν εὑρέσεις], ἔπεισεν δὲ καὶ τὰς λοιπὰς Μούσας ἑκάστη <ν> τι τῆς ἰδίας δωρεᾶς χαρίσασθαι. Αἱ δὲ ἐχαρίσαντο λόγων εὕρεμα καὶ μύθων 'Ελληνικῶν πλοκὴν καὶ ποιήσεις. Cf. *ibidem Vita W* cap. 7 p. 82 'Η δὲ Τύχη ἐπιστᾶσα καθ' ὕπνους ἐχαρίσατο αὐτῷ ἄριστον λόγον καὶ τὸ ταχὺ τῆς γλώττης καὶ ἐτοιμολογίας εὕρεσιν διὰ ποικίλων μύθων. Cf. *ibidem Prooemium de Aesopo* 1 b p. 214 'Επιστᾶσα δ' αὐτῷ ἡ Τύχη, δάφνην εὐωχηθῆναι κατ' ὄναρ παρ' αὐτῆς ἔδοξε, καὶ δὴ τῇ πικρίᾳ ταύτης ἀφυπνισθεὶς ὁρᾷ ἑαυτὸν εὐστρόφως τὴν γλῶτταν κινοῦντα... ἡ Τύχη τὸ λέγειν αὐτῷ ἐχαρίσατο διὰ τὸ τῆς δάφνης ἀειθαλές, καὶ γέγονε τῷ νοῖ ἐπιτήδιος. Ποικίλους γὰρ μύθους πρὸς συνοπτικὴν παιδείαν καὶ νουθεσίαν ὠφελίμους καὶ νουθετικοὺς συνταξάμενος, εἰσενήνοχεν εἰς τὸν βίον. Cf. also *ibidem* the *Vita Aesopi Lolliniana* 7 p. 112 Deus enim clemens in sompno ingessit ei gratiam et donavit ei verbum rectum et linguam accutam, quia prius non poterat loqui.

17,29-33 Nec...solent: cf. *Prael. de dial.* p. 529 Doctores enim habui numero plurimos, doctrina eminentissimos, auctoritate celeberrimos... si ex me quaeritatis qui mihi praeceptores in Peripateticorum fuerint scholis, strues vobis monstrare librarias potero, ubi Theophrastos, Alexandros, Themistios, Hammonios, Simplicios, Philoponos aliosque praeterea ex Aristotelis familia numerabitis, quorum nunc in locum, si diis placet, Burleus, Erveus, Occan, Tisberus, Antisberus Strodusque succedunt. Et quidem ego adulescens doctoribus quibusdam, nec is quidem obscuris, philosophiae dialecticaeque operam dabam, quorum alii Graecarum nostrarumque iuxta ignari literarum ita omnem Aristotelis librorum puritatem dira quadam morositatis illuvie foedabant ut risum mihi aliquando, interdum etiam stomachum moverent, pauci rursus, qui Graeca tenebant, quanquam nova quaedam nonnullis inaudita admirabiliaque proferre videbantur, nihil tamen omnino afferebant quod non ego aliquanto antea deprehendissem in iis ipsis commentariis, quorum mihi iam tum copia fuit huius beneficio Laurenti Medicis, cuius totum muneris hoc est quod scio, quod profiteor.

17,30 familiaritates...philosophis: in his younger years Poliziano attended the lectures given by Marsilio Ficino and Johannes Argyropoulos. He was far from being an enthusiastic listener: by his own admission he followed the expositions of the two philosophers — the one inspired by Neoplatonism, the other Aristotelian in orientation — 'with drowsy eyes'. He felt more attracted to poetry, especially Homer, and in so far as he concerned himself with philosophy in later years he did so no more than incidentally and superficially at that. This memoir, however, recorded by Poliziano in the Coronis of the *Miscellanea* (*Op.* p. 310) in 1489, needs to be put into perspective. There are other documents from which we may deduce that in his youth he had in fact read Neoplatonist works with some interest (cf. I. Maïer, 'Une page inédite de Politien: la note du Vat. lat. 3617 sur Démétrius Triclinius commentateur d'Homère', in *Bibliothèque d'Humanisme et Renaissance* 16 (1954), pp. 14-17 and L. Cesarini Martinelli, 'In margine al commento di Angelo Poliziano alle "Selve" di Stazio', in *Interpres* 1 (1978), pp. 125-7). Moreover there are in his innovative approach to classical texts signs of Argyropoulos's influence, though Poliziano, who later took up the pen against his Greek master in the matter of a philosophical problem (cf. *Miscell.* I,1) would not willingly have admitted as much.

He also attended lectures on literature by Cristoforo Landino, a fervent champion of Ficino's Neoplatonism, and the lectures by Andronicus Callistus, who took over from Argyropoulos in about 1471, and — albeit for only a few years — those given by Demetrius Chalcondyles, the successor in his turn to Callistus (1475).

The intense interest in philosophy which Poliziano was later to display was due, he himself avowed, to Giovanni Pico. Particularly after 1488 (cf. Bigi, *La cultura* p. 69 n. 2) a cordial friendship grew up between this versatile and independent member of the Neoplatonist movement and Poliziano, though the latter did not share his enthusiasm for the Hermetic books and the cabbala. Poliziano also kept in touch with Ficino for the rest of his life, and however much he objected to Ficino's mystical speculations and theologico-metaphysical constructions his work nevertheless bears the traces of certain Neoplatonist ideas, namely those which, as Garin observes, were susceptible of association with the Stoic wisdom of Epictetus's *Encheiridion* ('L'ambiente' p. 345). From 1491, incidentally, if not earlier, his relations with Ficino were sorely tried by disagreements arising out of Poliziano's increasing involvement with philosophical texts: was not Ficino one of the lamias? (Cf. the introduction, pp. xvi-xvii.)

Poliziano's philological approach to Aristotle, which was calculated to rid the great philosopher's work of false and confused Scholastic interpretations and thus to restore its original meaning, was influenced by his Venetian friend Ermolao Barbaro (cf. Branca, *Poliziano* pp. 13-18 and 56).

Cf. Picotti, *Ricerche* pp. 9-11 and 21; Garin, 'L'ambiente' pp. 336-52; Maïer, *Ange Politien* pp. 22-36; Bigi, *La cultura* pp. 68-79 and 189-92; Vasoli, *La dialettica* pp. 116-31; Poliziano, *Miscell.* II ed. Branca-Pastore Stocchi, vol. I (Introduzione) p. 55; Verde, *Lo Studio* vol. I pp. 61-2 and III, tomo I p. 72, and the articles by E. Bigi and A. Petrucci in *Dizionario biografico degli italiani* vol. III s.n. Andronico (Callisto), IV s.n. Argiropulo and XVI s.n. Caldondila.

17,31   extructa...loculamenta: 'book-cases piled up to the roof by me' (or 'for me'). Sen. *De tranquill. an.* 9,7 Apud desidiosissimos ergo videbis quicquid orationum historiarumque est, *tecto tenus exstructa loculamenta*: iam enim, inter balnearia et thermas, bibliotheca quoque ut necessarium domus ornamentum expolitur.

A year earlier Poliziano had already boasted of having piles of Greek commentaries on Aristotle. In that connection he made acknowledgements to Lorenzo de' Medici (*Prael. de dial.* p. 529, quoted at 17,29-33). He was probably not referring to his own collection of books, — which would inevitably have been relatively limited — but to the Medici's private library. This, as Branca observes (*Poliziano* p. 109), was housed on the top floor of the Medici palace. From 1491 Poliziano was the curator or librarian of this library, which is not to be confused with the 'bibliotheca publica' in the S. Marco monastery. He had had access to the Medici library since 1473. Cf. the preface to the translation of Epictetus, *Op.* p. 394; *Miscell.* I 90, *Op.* p. 301; *Miscell.* II 7,8 and 14,4; Perosa, *Mostra* pp. 5-6, no. 10 p. 25, no. 56 p. 60, no. 63 p. 68 and no. 66 p. 69; Maïer, *Ange Politien* pp. 64-6; *Miscell.* II ed. Branca-Pastore Stocchi, vol. I (Introduzione) p. 6 n. 13 and p. 12 n. 5; Branca, *Poliziano* pp. 108-24.

17,31-33   veterum...solent: Poliziano names some of these Greek commentators in the *Praelectio de dialectica* (quoted at 17,29-33), where he contrasts them with medieval commentators. He also aired his aversion to the Scholastic commentaries in the *Praefatio in Suetonii expositionem, Op.* p. 502. In April 1493 Girolamo Amaseo, a student, wrote: vidi enim ego Graeca scripta in Aristotelem quae, ut ait Angelus (i.e. Poliziano), ubi linguam non ignoravero, ipsum mihi facillime aperient; sunt enim commentaria multiplicia Graeca in Aristotelem et mare magnum, quamvis apud Latinos omnia sint angusta et labirynthea, saltem a barbaricis scriptoribus ambage perplexa: proh divumque hominumque fidem, quantum omnia inverterunt!... (Politianus) legit primum Prioris; audivi interdum, legit optime et minutias illas barbaris non intellectas resolvit; nec mirum: Graecis praesidiis audet tot et talia. (This letter was published by G. Pozzi, 'Da Padova a Firenze nel 1493', in *Italia medievale e umanistica* 9 (1966), pp. 191-227; the passages quoted: p. 194,70-5 and 195,110-12.)

17,34   sermonibus: 'speeches'. This refers mainly to the *praelectiones* or introductory lectures, that he gave at the Florentine university. (On p. 18,22 he calls the *Lamia* a 'sermo'.)

17,33-34   nullus...odor...philosophiae; 36 sectam redoleant aliquam: Lact. *Inst. div.* II 3,17 odor quidam sapientiae; VII 1,11 odor ille sapientiae. Cic. *De nat. deor.* I 26,72 (quoted at 17,25-26) nihil enim *olet* ex Academia, nihil ex Lycio, nihil ne e puerilibus quidem disciplinis. *De orat.* II 25,109 doctrinam *redolet* exercitationemque paene puerilem.

17,37   doctoribus: cf. 21 magistros. As in 32 this means 'teachers'. Del Lungo's translation 'color che sanno' is too vague. What Poliziano means is: I most certainly have been taught some philosophy. My teachers may not have been the philosophy professors of today, but they were the Greek commentators of antiquity.

18,2-5   Oves...medium: this passage is an almost word-for-word repeat of the end of the *Praelectio de dialectica, Op.* p. 530 Ut enim oves, quod Stoicus inquit Epictetus, in pascua dimissae nequaquam illae quidem apud pastorem gloriantur plurimo se pastas gramine, sed lac ei potius vellusque praebent, ita philosophus minime quidem praedicare

110   LAMIA 18,2-18

ipse debet quantum in studiis desudaverit, sed ipsam suae doctrinae frugem proferre in medium. Epict. *Encheir.* 46 Μηδαμοῦ σεαυτὸν εἴπῃς φιλόσοφον μηδὲ λάλει τὸ πολὺ ἐν ἰδιώταις περὶ τῶν θεωρημάτων, ἀλλὰ ποίει τὸ ἀπὸ τῶν θεωρημάτων... Ἐπεὶ καὶ τὰ πρόβατα οὐ χόρτον φέροντα τοῖς ποιμέσιν ἐπιδεικνύει πόσον ἔφαγεν, ἀλλὰ τὴν νομὴν ἔσω πέψαντα ἔρια ἔξω φέρει καὶ γάλα· καὶ σὺ τοίνυν μὴ τὰ θεωρήματα τοῖς ἰδιώταις ἐπιδείκνυε, ἀλλ' ἀπ' αὐτῶν πεφθέντων τὰ ἔργα. Cf. Poliziano's translation of the *Encheir.* (61!) Nullo modo te ipsum dixeris philosophum neque multum loquere inter ineruditos de speculationibus, sed fac aliquid ex ipsis speculationibus... *Nam* et *oves* non herbam evomentes *pastoribus* ostendunt quantum comederint, *sed* cibum intus concoquentes *vellera* extra ferunt[ur] *et lac.* Et tu igitur ne speculationes ineruditis ostenta, sed ex his concoctis opera.

    18,5-7 Quod...Quare: in the *Praelectio de dialectica* Poliziano continues in similar manner after the Epictetus passage: *Quod* et nobis erit, opinor, *faciendum. Quare* ades auribus atque animis, Florentina iuventus, ac verae philosophiae primordia non iam de lutosis barbarorum lacubus, sed de Graecorum Latinorumque nitidis fontibus hauri mecum.

    18,6-7 Musis...amore: Verg. *Georg.* II 475-7 Me vero primum dulces ante omnia *Musae,* / *quarum sacra fero ingenti perculsus* (percussus *crit. edn.*) *amore* / accipiant caelique vias et sidera monstrent.

    18,7-14 Quare...continetur: cf. *Dialectica, Op.* p. 517 (this is Poliziano's last *praelectio,* given in 1493): Nam cum proximo biennio praeter Porphyrii communes quinque voces etiam Aristotelis ipsius decem summa rerum genera (hoc est, ut quidam inquit, decem naturae verba) librumque de elocutione singularem priorisque duos qui Resolutorii dicuntur et extra ordinem de cavillorum praestigiis unum publice interpretati simus supersintque duo posteriores, cum quibus hoc anno luctabimur, et de argumentorum sedibus octo, quibus tota disputandi ratio continetur, facturus operaepretium videor si praelectione dumtaxat unica rerum capita ipsa quas aut hactenus enarravi aut ad enarrandum dei<n>ceps accingor, brevi quadam velut enumeratione sub oculos constituero.

    In the lectures which he gave at the university ('publice') during the last years of his life Poliziano dealt mainly with logical and philosophical texts: he worked through the entire *Organon* of Aristotle. In the academic year 1490-1 he interpreted Aristotle's *Ethics* (and Suet. *De vita caes.* and Quint. *Inst. orat.* V); in 1491-2 the *Categoriae, De interpretatione* and *De sophisticis elenchis* of Aristotle, Porphyry's *Isagoge sive quinque voces* and the *Liber de sex principiis,* ascribed to Gilbert de la Porrée (Porreta); in 1492-3 the *Analytica priora* (and Cic. *Tusc. disp.*); and finally in 1493-4 the *Analytica posteriora* and the *Topics* (as well as Ovid and Euclid). Cf. Poliziano, *Le Selve e la Strega* ed. Del Lungo, p. 238; Maïer, *Ange Politien* pp. 432-5; Poliziano, *Miscell.* II, ed. Branca-Pastore Stocchi, vol. I (Introduzione) p. 6 n. 13 and Branca, *Poliziano* p. 86 n. 22.

18,10 extra ordinem: Poliziano had dealt with *De sophisticis elenchis* before turning to the *Analytica* and the *Topics*, whereas in the *Organon* it traditionally comes last.

18,11 intactum...opus: however, by reference to an inventory of Latin commentaries on Aristotle drawn up by Lohr it is possible to establish that from the twelfth century to 1492 at least 63 commentaries were written on *De sophisticis elenchis*. The authors include Robert Grosseteste, Albertus Magnus, Egidio Romano, Johannes Duns Scotus, Walter Burley, William of Ockham and Jean Buridan. Up to 1492 at least 22 commentaries were written in the fifteenth century, of which at least 13 between 1450 and 1492. Cf. C. H. Lohr, 'Medieval Latin Aristotle Commentaries', in *Traditio* 23 (1967), pp. 313-413; 24 (1968), pp. 149-245; 26 (1970), pp. 135-216; 27 (1971), pp. 251-351; 28 (1972), pp. 281-396; 29 (1973), pp. 93-197; 30 (1974), pp. 119-44. Cf. also S. Ebbesen, *Commentators and Commentaries on Aristotle's Sophistici Elenchi. A Study on Post-Aristotelian Ancient and Medieval Writings on Fallacies*, Leiden 1981.

Poliziano was undoubtedly aware of the many commentaries written on *De sophisticis elenchis*. By the words 'intactum ab aliis' he must therefore have meant: untouched by the scholars *of his day*, just as he declares below, referring to the *Analytica priora*: 'a *nostrae aetatis* philosophis... praetereuntur' (16-18). Even so, the statement should not be taken literally.

18,11 pene inenodabile: *De sophisticis elenchis* is a notoriously difficult text; cf. Ebbesen (cited above), vol. I pp. 7-8.

18,12-13 Resolutoria...vocantur: i.e. the *Analytica priora* of Aristotle. The title *Priores Resolutorii* goes back to Boethius; cf. *In Isagogen Porphyrii Comm. editio prima* I 5 p. 13,3-4 ed. Brandt (*Corp. Script. Ecclesiast. Lat.* vol. XXXXVIII): Priores Resolutorios, quos Graeci 'Αναλυτικούς vocant; *ibidem* p. 13,5-6 and 11; *Comm. in Libr. Arist.* περὶ ἑρμηνείας *secunda editio* IV 10 p. 293,26-7 ed. Meiser; *ibidem* II 6 p. 121,29 and IV 10 p. 264,6; *Arist. Lib.* περὶ ἑρμηνείας *a Boetio translatus* II 10 p. 135,6-8 ed. Meiser; *De diff. top.* I (first lines, *Patrol. Lat.* ed. Migne vol. LXIV col. 1173): ea quidem pars (rationis disserendi) quae judicium purgat atque instruit, ab illis (Peripateticis) analytice vocata, a nobis potest resolutoria nuncupari; *ibidem* II col. 1184.

18,14-18 Qui...praetereuntur: cf. Boeth. *Comm. in Libr. Arist.* περὶ ἑρμηνείας *secunda editio* IV 10 p. 293,27-294,4 ed. Meiser: Dicit autem Porphyrius fuisse quosdam sui temporis, qui hunc exponerent librum (i.e. *Analytica priora* I), et quoniam ab Hermino vel Aspasio vel Alexandro expositiones singulas proferentes multa contraria et expositionibus male ab illis editis dissidentia reperirent, arbitratos fuisse librum hunc Aristotelis, ut dignum esset, exponi non posse multosque illius temporis viros totam huius libri praeterisse doctrinam, quod inexplicabilem putarent esse caliginem.

With reference to Poliziano's assertion that most of the professors of his day were afraid of discussing the *Analytica priora* at the universities it is worth noting that in the fifteenth century (up to 1492) at least 36 commentaries were written on the *Priora*, of which at least 17 between 1450 and 1492. The majority of these are the obvious products or by-products of university teaching. Cf. Lohr's inventory of commentaries, cited at 18,11. Poliziano's own teacher Argyropoulos translated the first seven chapters of the *Priora* twice; the first version dates from before 1457, the second from before 1469. Cf. *Aristoteles Latinus* III 1-4: *Analytica Priora*, ed. Minio-Paluello, praefatio pp. xli-xlii. Ermolao Barbaro (1454-93), a friend of Poliziano, completed a translation of the entire *Organon* in 1484, according to his own testimony. This translation has never been found, unlike a commentary by Barbaro on the *Priora*. Cf. P. O. Kristeller, 'Un codice padovano di Aristotile postillato da Francesco ed Ermolao Barbaro', in *Studies in Renaissance Thought and Letters*, Roma 1969², pp. 342-3. Between the twelfth century and 1492 at least 76 commentaries were written on the *Priora*.

18,18-19 Quis...sumpsero: Cic. *Pro Arch.* 6,13 Quare quis tandem me reprehendat aut *quis mihi iure succenseat, si,* quantum ceteris ad suas res obeundas, quantum ad festos dies ludorum celebrandos, quantum ad alias voluptates et ad ipsam requiem animi et corporis conceditur temporum, quantum alii tribuunt tempestivis conviviis, quantum denique alveolo, quantum pilae, tantum mihi egomet ad haec studia recolenda *sumpsero?*

18,21 philosophastrum: August. *De civ. Dei* II 27,1 Vir gravis et *philosophaster* Tullius. Poliziano here uses the word 'philosophaster' in the sense of 'a would-be philosopher, dilettante'. With the play on Augustine's epithet for Cicero the word is charged with irony (so also the previous sentence, which relies on *Pro Arch.* 6,13): 'for my part you people can call me a would-be philosopher (I shall still be a man of the stature of Cicero)'. Poliziano uses the same epithet again in a letter to Pico, *Ep.* lib. XII, *Op.* p. 168 quanquam popularia ista vos philosophi magni contemnitis, mihi tamen *philosophastro* adhuc venia dabitur, credo, si pluris id spectaculum feci quam tuum quoque convivium. (The letter was written after 15 July 1493: cf. M. Martelli, 'Il "Libro delle Epistole" di Angelo Poliziano', in *Interpres* 1 (1978), p. 187.)

18,22-23 sermo...repens: Hor. *Ep.* II 1,250-1 Nec *sermones* ego mallem / *repentis per humum* quam res componere gestas. *Ars poet.* 23 Denique sit quidvis, *simplex* dumtaxat et unum; 28 serpit *humi* tutus nimium. Poliziano stressed his preference for a simple and concrete approach to problems and for comprehensible, everyday language in the *Praelectio de dialectica.* There he rejects the metaphysical dialectic so beloved of Ficino as 'remota nimis nimisque etiam fortassis ardua' (cf. p. 53 above) and continues: Itaque operae pretium, credo, faciemus, si institutam orationem quasi de fastigio deducamus in planum, hoc est si ad ea quae sunt instituti operis propria descendamus. And at the end he assures his audience that he favours a different style of teaching from the Scholastics: Nec vero aut verbositate nimia aut perplexitate orationis aut quaestionum molibus vestrae mentis acies retundetur. Et enim perspicua brevitas atque expeditus erit nostrae orationis cursus. Dubitationes autem nec omnes nec ubique aut interponemus aut omittemus, sic ut vestra quam commodissime exerceantur ingenia, non fatigentur.

18,22-23 Ceterum...fabellam: Cic. *De off.* I 37,135 Habentur autem plerumque *sermones* aut de domesticis negotiis aut de re publica aut de artium studiis atque doctrina... Animadvertendum est etiam, quatenus *sermo* delectationem habeat, et *ut* incipiendi ratio fuerit, *ita sit desinendi* modus.

In the story with which he began the *Lamia*, Poliziano compares the philosophers who wish to prohibit him from teaching philosophy with lamias; in the fable with which he ends, he calls them conceited owls. Lamias are underhand creatures, and conceited philosophers are a danger to mankind (19,7-8 cum magno ipsarum malo).

18,23-26 Siquidem...peperit: Arist. *Metaph.* I 2, 982 b 18 and 12 διὸ καὶ φιλόμυθος ὁ φιλόσοφός πώς ἐστιν· ὁ γὰρ μῦθος σύγκειται ἐκ θαυμασίων... διὰ γὰρ τὸ θαυμάζειν οἱ ἄνθρωποι καὶ νῦν καὶ τὸ πρῶτον ἤρξαντο φιλοσοφεῖν.

18,26-19,10 audite...habent: Dion Chrysost. *Or.* 72,14-15 ξυνετίθει λόγον Αἴσωπος τοιοῦτον, ὡς τὰ ὄρνεα ξυνῆλθε πρὸς τὴν γλαῦκα καὶ ἐδεῖτο τῆς μὲν ἀπὸ τῶν οἰκοδομημάτων ὀπῆς (σκέπης crit. edn.) ἀπανίστασθαι, πρὸς δὲ τὰ δένδρα τὴν καλιάν, ὥσπερ καὶ αὐτά, καὶ τοὺς τούτων μεταπήγνυσθαι κλῶνας, ἀφ' ὧν καὶ ᾄδειν ἔστιν εὐσημότερον· καὶ δὴ καὶ πρὸς δρῦν ταυτηνὶ ἄρτι φυομένην, ἐπειδὰν πρὸς ὥραν ἀφίκηται, ἑτοίμως ἔχειν ἱζάνειν καὶ τῆς χλοερᾶς κόμης ἀπόνασθαι. Ἀλλ' οὖν τήν γε γλαῦκα μὴ τοῦτο τοῖς ὀρνέοις ποιεῖν παραινεῖν μηδὲ φυτοῦ βλάστῃ ἐφήδεσθαι ἰξὸν πεφυκότος φέρειν, πτηνοῖς ὄλεθρον· Τὰ δὲ μήτε τῆς ξυμβουλῆς ἀπεδέχετο τὴν γλαῦκα, τοὐναντίον δὲ ἔχαιρε τῇ δρυῒ φυομένῃ, ἐπειδή τε ἱκανὴ ἦν, καθίσαντα ἐπ' αὐτὴν ᾖδεν. Γενομένου δὲ τοῦ ἰξοῦ ῥᾳδίως ἤδη ὑπὸ τῶν ἀνθρώπων ἁλισκόμενα μετενόουν καὶ τὴν γλαῦκα ἐθαύμαζον ἐπὶ τῇ ξυμβουλῇ. Καὶ νῦν ἔτι οὕτως ἔχουσιν, ὡς δεινῆς καί σοφῆς οὔσης αὐτῆς, καὶ διὰ τοῦτο ἐθέλουσι πλησιάζειν, ἡγούμενα ἀγαθόν τι ἀπολαύειν τῆς ξυνουσίας· ἔπειτα οἶμαι προσίασι μάτην ἐπὶ κακῷ. Ἡ μὲν γὰρ ἀρχαία γλαὺξ τῷ ὄντι φρονίμη τε ἦν καὶ ξυμβουλεύειν ἐδύνατο, αἱ δὲ νῦν μόνον τὰ πτερὰ ἔχουσιν ἐκείνης καὶ τοὺς ὀφθαλμοὺς καὶ τὸ ῥάμφος, τὰ δὲ ἄλλα ἀφρονέστεραί εἰσι τῶν ἄλλων ὀρνέων.

In *Or.* 72 (*De habitu*) Dion goes into the curious phenomenon that someone with the outward appearance of a philosopher is so often importuned. He looks for an explanation in the sense of inferiority that people have: they think philosophers despise them. Furthermore many people can't stand philosophers because they always want to read them chapter and verse. But there are some who go up to someone who looks like a philosopher because they expect some word of wisdom from him. Such a person they never leave alone, just as the birds never leave an owl alone (this is followed by the fable of the owl and the birds). As in Dion's *oratio* the fable rounds off the argument of the *Lamia*.

18,27   ne...nidificaret: τῆς μὲν ἀπὸ τῶν οἰκοδομημάτων ὀπῆς (σκέπης crit. edn.) ἀπανίστασθαι. The reading ὀπῆς occurs in MSS U (Urbinas 124), B (Parisinus 2958) and H (Vaticanus gr. 91); Cf. Dion, *Or.* ed. Von Arnim ad locum and the Prolegomena pp. viii-x.

18,28   vernari: ᾄδειν. Cf. Ovid, *Trist.* III 12,8 vernat avis. Passive forms of the verb 'vernare' are very rare in classical Latin. I am aware of only two examples, viz. Venant. Fortun. *Carm.* III 4,6 assiduo Favoni sibilo modulante vernatur, and *Corpus Inscriptionum Latinarum* vol. VI pars IV fasc. II p. 3302 n. 32433 vernatus odore. Here are two examples from medieval Latin: Agnellus, *Liber pontificalis ecclesiae Ravennatis*, in *Monumenta Germaniae Historica, Scriptores rerum Langobardicarum et Italicarum* p. 313,9 Marmora cum radiis vernantur, and *Vita Eligii episcopi Noviomagensis*, in *Mon. Germ. Hist.*, Scriptores rerum Merovingicarum vol. IV p. 656,14 vernatur. Cf. P. Flobert, *Les verbes déponents latins des origines à Charlemagne*, Paris 1975, p. 243.

18,34   leve...volaticum: Sen. *Ep. mor.* V 42,5 Meministi, cum quendam adfirmares esse in tua potestate, dixisse me *volaticum* esse ac *levem* et te non pedem eius tenere, sed pennam?

18,36-37   gregatim...cantilant: καθίσαντα ἐπ᾽ αὐτὴν ᾖδεν. Apul. *Metam.* IV 8 Estur ac potatur incondite, pulmentis acervatim, panibus aggeratim (*aggregatim* δ), poculis agminatim ingestis. Clamore *ludunt*, strepitu *cantilant*, conviciis iocantur. (This passage is also used in 3,27.) 'aggregatim' is the reading in δ = MS d'Orvillianus (cf. Apul. *Op.* ed. Hildebrand ad locum and vol. I, Praefatio pp. xiii, lix, lxxii). Cassiod. *Variae* VIII 33,6 Conludunt illic *gregatim* laetissime pisces.

18,36   ramis involitant: cf. Hor. *Carm.* IV 10,3 quae nunc umeris *involitant* deciderint comae. **lasciviunt, subsultant:** Apul. *Metam.* VI 6

Currum deae prosequentes gannitu constrepenti *lasciviunt* passeres et ceterae, quae dulce *cantitant, aves* melleis modulis suave resonantes adventum deae pronuntiant; *ibidem* V 22 extimae plumulae tenellae ac delicatae tremule resultantes inquieta *lasciviunt.*

19,2   sera penitentia: cf. Phaedr. *Fab.* I 13,1-2 Qui se laudari gaudet verbis subdolis / fere (*serae* D) dat poenas *paenitentia.* 'serae' is the reading in D = a fragment now in the Biblioteca Vaticana (cf. Phaedr. *Fab.* ed. Brenot ad locum and the introd., p. xi). Did Poliziano read 'serae...penitentiae' (or 'sera...penitentia') in his Phaedrus text?

19,3   ubi ubi: cf. 10,36 and the note.

19,4-5   quasi...circumvolitant: ἐθέλουσι πλησιάζειν.

19,6   stipantque...caterva: Verg. *Aen.* IV 136 magna stipante caterva (about queen Dido, 'attended by a mighty throng').

INDEX OF NAMES AND SUBJECTS

INDEX OF SOURCES AND OTHER PASSAGES CITED IN THE COMMENTARY